项目支持：
教育部人文社科重点研究基地重大项目(16JJD840012)成果
首都经济贸易大学中国老龄协会老龄科研基地研究成果

经济管理学术文库 • 经济类

# 需求侧视域下我国养老服务保障研究

Research on Securing China's Elder Care Service from a Demand-side Perspective

王永梅／著

经济管理出版社
ECONOMY & MANAGEMENT PUBLISHING HOUSE

**图书在版编目（CIP）数据**

需求侧视域下我国养老服务保障研究/王永梅著．—北京：经济管理出版社，2020.6
ISBN 978－7－5096－7150－4

Ⅰ．①需…　Ⅱ．①王…　Ⅲ．①养老—社会服务—研究—中国　Ⅳ．①D669.6

中国版本图书馆 CIP 数据核字(2020)第 093491 号

组稿编辑：韩　峰
责任编辑：曹　靖　郭　飞
责任印制：黄章平
责任校对：董杉珊

出版发行：经济管理出版社
（北京市海淀区北蜂窝 8 号中雅大厦 A 座 11 层　100038）
网　　址：www. E－mp. com. cn
电　　话：（010）51915602
印　　刷：北京玺诚印务有限公司
经　　销：新华书店
开　　本：720mm×1000mm/16
印　　张：11.75
字　　数：204 千字
版　　次：2020 年 8 月第 1 版　　2020 年 8 月第 1 次印刷
书　　号：ISBN 978－7－5096－7150－4
定　　价：78.00 元

# 绪　论

如果问哪项事物会对当今和未来的中国产生全面和深远的影响？那么人口老龄化无疑是其中最重要的一项，这场“无声的革命”已经并将持续通过对政治、经济、社会、文化和生态等影响而深刻塑造中国的全面现代化过程。最新颁布的《国家积极应对人口老龄化中长期规划》已将积极应对人口老龄化上升为国家战略，各部门、各行业以及全体社会成员都将不可避免地介入其中。作为积极应对人口老龄化的重要举措，养老服务（Services for Elderly）得到了国家和社会的高度关注，民政部在 2018 年专门成立养老服务司就是最有力的证明。事实上，自 2006 年以来，我国一直在蹄急步稳地开展养老服务相关工作并取得了显著成效，“居家为基础、社区为依托、机构充分发展、医养有机结合的多层次养老服务体系”已基本形成，例如，仅居家社区养老服务机构和设施的数量就从 2014 年的 5.9 万个增加到了 2018 年的 13.6 万个，五年来增长了约 130%①；截止到 2019 年 7 月，全国医养结合机构也已超过 4000 家；全国从事养老服务的人员更是翻了几倍。总之，中国养老服务发展得如火如荼，在未来一段时期仍将是理论和实践的热点。

与其他公共服务类似，养老服务在中国主要因应经济社会转型和民众需求而产生并发展，在经历了计划救济、制度构建和主动发展之后，目前已取得了明显的成效，亿万老年人及其家庭从中受益，养老服务业开始蓬勃发展。随着社会主要矛盾的转型，新时期养老的主要矛盾也逐渐转变为老年人日益增长的美好生活需要和老龄事业发展不平衡、不充分的矛盾，养老服务领域所暴露出来的诸如目标不明确、均衡性不足、供需不平衡、可持续性较差等问题也日益凸显。预测显

① 根据民政部《2014 年社会服务发展统计公报》和《2018 年民政事业发展统计公报》数据计算所得。

示，我国人口老龄化将在未来 30 年翻倍增长，即从 2019 年底的 18.1% 增长至 2050 年的超过 35%，老年人口规模也将从当前的 2.54 亿人增长至 2050 年的约 4.8 亿人，养老服务需求规模将持续扩大；加之更具活力的“新老年群体”开始涌现，他们对于美好生活的需求必将转化为对养老服务的更高要求。总的来看，我国养老服务保障亟待从低水平均衡的初级阶段向高质量阶段迈进。

古人云“有道无术，术尚可求；有术无道，止于术”。面对养老服务实践领域所暴露出来的问题，学界也开始反思养老服务的本质规律和发展的初衷、目的，“回头看”已经成为当前养老服务理论界的一个研究热点，并形成了一些有价值的研究成果。但是，仍有不少基础性问题悬而未解，例如养老服务（特别是基本养老服务）的内容和目标是什么？作为一种重要的民生举措，它与现代社会保障体系的关系是怎样的？政府和市场在养老服务保障中的作用应该是怎样的？如何确保它们各司其职？在中国特色老龄社会治理中，养老服务保障处于怎样的位置？应该如何发挥它“黏合”或“撬动”各方力量的功能？在全面现代化建设过程中，养老服务高质量发展的目标和指标体系是什么？应该如何推进养老服务的高质量发展？等等。需要说明的是，养老服务与医疗服务存在本质区别，本书尝试从需求侧探究养老服务的规律性，将其分而论之是很必要的。因此，本书所探讨的养老服务是指《老年人权益保障法》提到的“为居家的老年人提供生活照料、紧急救援、医疗护理、精神慰藉、心理咨询等”中除医疗护理之外的服务。

笔者的博士论文关注了养老服务问题，对养老服务需求端进行了深入研究。在博士论文结尾处笔者站在更广阔的视域提出了“养老服务保障”的概念，读博士后期间又沿着这一方向进行了拓展研究，基本完成了从“使用现状”“使用动力”到“使用效果”的全方位研究。本书是对笔者博士期间和博士后期间工作的提炼与汇总。正文开始之前，简单介绍一下笔者关于我国养老服务保障的基本认知。

### （一）养老服务保障是我国社会保障体系建设的一个有机组成部分

一方面，养老服务保障是社会保障制度的应有之义。按照李珍（2017）的社会保障制度的定义①，社会保障包括基本生活保障和医疗服务保障，其中基本生

① 李珍（2017）在《社会保障理论（第四版）》中对社会保障制度进行定义，它是国家通过立法并依法采取强制手段对国民收入进行再分配，对暂时或永久失去劳动能力及因各种原因造成生活困难的社会成员提供基本生活保障和基本医疗服务的各种正式制度的总称。社会保障制度通过分散个人的生老病死的风险或者减灭个人陷入贫困的风险，以保证劳动力再生产、社会安定和经济有序进行。

活保障可以通过现金转移支付实现，也可以通过实物或服务的形式实现，可见服务保障是社会保障的一种重要形式。养老服务是在工业化、人口老龄化和家庭现代化背景下产生的，其作用是保障个体在老年期的基本生活需求和持续发展，由于老年人对于服务的需求更为刚性，因此养老服务也成为社会保障在养老领域的重要实现形式。事实上，邬沧萍（2000）在其《社会老年学》中就明确提出“老年社会服务是一种社会保障”。可能由于业务部门的分割，很长时间以来，我国养老服务的发展并未充分体现社会保障的运作思维；而且，目前在学界养老服务研究者不了解社会保障，社会保障研究者又对养老服务知之不足，这种局面对于养老服务的高质量可持续发展非常不利。既然养老服务是社会保障的一个有机组成部分，那么希望“养老服务保障”这一概念的提出，可以将两股研究力量进行整合，进而促使业务部门分割的局面有所好转，更好地做好养老服务保障工作。

另一方面，社会保障思维或许可以为养老服务发展打开思路。首先，养老服务是一种兼具保基本和高福利的社会保障形式。我国养老服务发端于传统社会的救济，类似于社会救助，由于社会救助是一种保障个体最低生活需要的制度，因此脱胎于救济的养老服务仍保留着“保基本”的典型特征。从现在社会保障体系来看，养老服务通常被划归为福利范畴，社会福利是一种最高层次的社会保障形式，它是一种以社会成员过上好生活为目标的制度，因此，以全体老人美好生活为己任的养老服务又具有社会福利的属性。可见，养老服务兼具保基本和高福利的属性。其次，社会保障关于各方职责的划分有助于我们更清晰地认知养老服务。类似于养老保险划分为基本养老保险与企业年金、商业保险，养老服务也可以划分为基本养老服务和一般养老服务，前者应由政府立法进行兜底保障，后者应交由市场配置资源。遗憾的是，在基本养老保险已然清晰并实现制度全覆盖的时候，基本养老服务的规律性仍然不清晰，一般养老服务的发展也尚未厘清。当然，这与我国尚处于养老服务发展的初级阶段、服务的规律性远比金钱更为复杂有关，这也意味着面对未来老龄化的深度发展，养老服务保障尚有很多议题需要探讨。最后，将养老服务明确纳入社会保障体系，可以为创新养老服务模式提供更多可能。当前，诸如老残保障难协同、失独老人保障不顺、养老服务均等化不足等问题仍然比较突出。养老服务保障的提出可以使我们在社会救助、社会福利、慈善事业等综合视域下进行统筹，或许可以实现对所有老人进行协同性和一致性的服务保障，而且社会保障资金（保险、津贴、救助等）也可以为服务供给提供更多可能，近年来推进的以保险撬动服务的长期护理保险制度就是一个最佳范例。

（二）养老服务是一种普惠但有侧重的社会服务，兼顾生存与发展

养老服务之所以复杂是因为它既要遵循社会保障的规律性，也要遵循服务科学与社会服务（Social Service）的规律性。不同于有形产品，服务具有无形性、同时性、不可储存性和缺乏所有权等特征，通常是与产品连在一起或者单独出售的活动、利益或满足感。社会服务产生于“二战”之后，因应经济财富积累、人口变迁和大量社会问题涌现而产生，是后现代社会的重要特征①，关乎全体公民福祉的提升和社会的和谐。进入21世纪以来，中国也加大了社会服务建设，其目标是要保持、改善和提高个人和家庭社会生存能力；要预防社会问题的产生，促进社会融合；要保证社会公正，实现社会和谐，由政府、企业、社会组织、公民个人及其家庭和亲属等共同参与实现。社会服务包括基本社会服务与其他社会服务两类，其中，前者是国家或政府对儿童、老年人、残疾人、流浪乞讨人员等困难群体以及有暂时困难的人群所提供的常规性基本公共服务之外的追加服务。养老服务就是在我国大力发展社会服务的大背景下产生并发展的。

首先，养老服务是衍生于经济社会制度改革的一种社会服务。历史制度主义注重从制度创设或政策发起的经济社会背景来看一项事物的发展，在此从经济社会体制改革来梳理中国的养老服务发展。中华人民共和国成立特别是改革开放以来，中国的经济体制改革、社会体制改革、人口和家庭结构变化使老年人的养老方式（谁来养老、在哪里养老、如何养老等）发生着最剧烈的变革，进而催生了社会养老服务的发展。从经济体制改革来看，深化企业改革、加快推进城镇化、深化收入分配改革、健全民生保障体系等使老年人的养老资源发生了剧烈变化，家庭养老资源和“单位制”养老资源均难以为继，留守老人养老困境日益突出，为社会养老方式的产生奠定了重要基础。从社会体制改革来看，进入21世纪以来，国家开始加强和创新社会管理并在“十二五”规划中重点加以布局，社会管理体制机制（特别是基层）的完善对于“居家为基础、社区为依托”的养老服务体系奠定了重要基础。加之人口老龄化加速发展、家庭结构和家庭功能发生了深刻变化，因此，政府做出了走“社会养老”道路的战略决策，传统养

① 马克思将社会形态归纳为三种，即人的依赖性社会（即前资本主义社会或前现代社会）、以物的依赖性为基础的人的独立性社会（即资本主义市场经济社会或现代社会）、以个人全面发展和掌握他们共同的生产能力为基础的自由个性社会（即通常人的自由全面发展的共产主义社会或后现代社会）。

老方式开始向新的社会支持体系下的养老方式转型，作为社会养老方式的载体，养老服务应运而生。

其次，养老服务保障老年人的生存权和发展权，赋权增能是其灵魂。或许由于中国尚处于养老服务发展的初级阶段，主要矛盾仍体现为照料需求与供给不到位的矛盾，导致社会对于养老服务的认知有些偏颇，一度引起“废老”的质疑。社会服务的初衷在于保证公民的生存权和发展权，两者均不可偏废，例如瑞典就规定社会服务的目标在于解放和发展个人和群体具备的与生俱来的资源，丹麦社会服务的目标是提高每个接受者自理更生的能力。尽管养老服务侧重于照料和照护，但其助老年人自理、自立的初衷不可偏废，更不能“吞噬”其独立生活能力，因此，在现代化过程中赋权增能和促进老年人自由全面发展应贯穿于养老服务的始终。这是积极老龄化（Productive Aging）的客观要求，是实现老年人美好生活愿望、促进其自由全面发展的内在要求，更是新时期理顺我国老龄社会治理思路的必然要求。总的来看，在养老服务发展中贯彻的赋权增能是指：要全方位地增强（准）老年人的健康资本、经济资本、人力资本、社会资本和心理资本等，保障老年人享受各项养老服务的权益，为其实现美好生活和自由全面发展[①]奠定基础。

最后，我国的经济社会发展促使养老服务将由补缺型向普惠型发展。选择性和普遍性福利之争一直伴随着西方福利制度的发展，我国正在着力构建中国特色民生保障制度，关于补缺还是普惠的思考也体现在诸多领域，养老服务就是其中之一。养老服务由补缺型向普惠型转变主要基于三个原因。一是人口老龄化的深度发展使养老服务需求呈现普遍性，不论困境与否都可能对社会化的养老服务产生需求，普遍且急迫。二是家庭现代化使家庭照料资源进一步萎缩，很多养老需求将不可避免地转化为对社会养老服务的需求。三是新时期老年人的美好生活需求将“溢出”很多新的服务需求，尽管有一些需求可以诉诸智能化手段或其他服务，但总体需求呈上涨趋势是必然的。推进养老服务普惠型发展需要注意三点：一是“水平要适度”，防止过高的福利弱化家庭养老功能、降低社会活力等，同时更要把握基本养老服务的“保基本”特征。二是“代际要公平”，要从长远发展和可持续发展的视角确保养老服务的代际公平性，做好当期和长期的养

① 人的全面发展则是马克思主义的理想追求。自由是诺贝尔经济学奖获得者阿马蒂亚·森的理论基点，他在《以自由看待发展》一书中指出：自由是发展的首要目的，自由也是促进发展的不可缺少的重要手段。

老资源代际配置。三是“要动态把握”，养老服务的供需平衡需要在动态视域下予以把握。

（三）非均衡发展和供需失衡是我国养老服务保障面临的重大挑战

试想一下，如果新时期养老服务领域的主要矛盾能得到缓解，那么将是怎样的图景？必将是所有老年人对于美好生活的需求可以因养老服务的充分且平衡供给而得到满足。事实上，我们距离这样的目标还有很远的路要走，破解养老服务的供需失衡和非均衡发展的难题将是畅通我国养老服务保障的必经之路。

首先，养老服务保障的非均衡发展需引起各方关注。根据社会保障学者对于非均衡的理解，这里的非均衡对应的是经济不平等或区域不平衡，是指社会保障经济福利在城乡省际和区域之间的经济不平等和不平衡，包括社会保障的静态、动态以及与经济社会发展的适应性等各层面的非均衡。目前，养老服务保障的非均衡发展主要体现在三个方面。一是城乡之间的非均衡。城乡倒置是中国人口老龄化的重要特征，农村人口老龄化程度明显高于城市，但农村养老服务的供给整体发展严重滞后，例如，农村社区养老院覆盖率仅相当于城市的一半，托老所或老年日间照料中心仅相当于城市的1/5；与城市养老服务内容丰富且供给相对充分相比，农村养老服务单一且供给严重不足。二是区域之间的非均衡。以农村养老服务为例，其供给水平并未呈现自东向西的阶梯状分布，上海和北京的供给水平遥遥领先于其他省份，河南、贵州、云南、四川、河北等是供给水平最低的省份，可见这与人口老龄化程度并不完全对应。不同区域的城市之间养老服务供给也存在较大差异。三是群体之间的非均衡。虽然养老服务的非均衡性并不像养老金的“双轨制”那样明显，但是在体制内外、单位之间以及不同身份所属等都存在不同程度的非均衡发展。总之，针对养老服务保障的非均衡性，需要尽快掌握其规律性并进行调查摸底，进而制定促进其均衡发展的路径。

其次，养老服务的供需失衡亟待破解。如果说非均衡是宏观层面的经济学描述，那么供需失衡则是微观层面的社会学透视。从机构养老服务来看，2018 年的民政部统计公报显示，截至 2018 年底的全国各类养老机构中的养老床位为727.1 万张[①]，按照 2018 年底我国 2.49 亿人的老年人口规模，每千名老人拥有养老床位 35 ~ 40 张[②]计算，仍有 100 多万张养老床位的缺口；即使在养老床位存

① 资料来源：民政部《2018 年民政事业发展统计公报》。

② 2016 年民政部颁布的《民政事业发展第十三个五年规划》中提出“到 2020 年每千名老年人口拥有养老床位数达到 35 ~ 40 张”。

在100多万张缺口的情况下，养老机构床位空置率却一直攀升，甚至超过了50%。从居家养老服务来看，全国数据统计显示，需求差（服务需求－服务供给＝需求差）和利用差（服务供给－服务利用＝利用差）同时并存，有的服务过剩率甚至是利用率的40～50倍，例如陪同看病的利用率为0.7%，过剩率为20.0%；老年饭桌或送饭的利用率为0.4%，过剩率为19.1%。另外，从服务内容来看，除生活照料、家务料理、文体娱乐等之外，临终关怀、康复护理和生产服务也是老年群体非常需要的，但是供给则明显不足，例如因老年临终关怀服务不足导致我国死亡质量（Qulity of Death）一直在低位徘徊。上述问题，或许与我们对于老年人的服务需求把握不透、服务供给模式仍处在探索中有一定的关系。

不论是非均衡发展还是供需失衡，都需要在发展中予以解决。目前的情况是，我们对于养老服务非均衡发展的规律性和现状并不明了，而且对于供需失衡的深层次问题也尚未透析。接下来需要动态把握老年群体的需求，明确供给方式，以养老服务业绩框架为指导，客观地评估养老服务保障的非均衡性，同时调研使用者主观上的均衡感知等，进而有针对性地推进养老服务保障的均衡发展。

（四）破解需求侧的规律性是推进养老服务保障高质量发展的关键

从“服务链”的角度来说，养老服务整个链条包括需求方、供给方、服务本身和事业环境因素等元素。从供给方来看，由于我国正处于社会转型期，政府和社会在公共事务上的职责并不清晰，政府主导的供给模式往往以“计划经济”思维为老年人“配给”养老服务，常常导致供需错位。加之在供给侧结构性改革的大背景下，学者大多从供给侧分析原因并提出对策建议。从服务输送来看，养老服务输送涉及多个主体（如政府、市场或企业、社区、社会组织等），一方面各主体之间的职责比较模糊，另一方面职责和能力不相匹配，导致输送过程也不太通畅。从服务科学来看，服务是一个价值共建系统，包括服务体系和用户主体两部分，后者是决定整个服务系统价值实现的关键因素。从服务使用方来看，信息不对称导致老年人对于养老服务的认知存在盲点或偏差，传统的“养儿防老”观念也形成了一种阻力。可以说，我们或许知道哪些人应该使用养老服务，但是对于究竟使用养老服务的是哪些人并不十分了解。就像安德森卫生服务利用模型诞生的目的，是为了解美国医疗卫生服务的使用情况，在我国养老服务保障即将从初级阶段向高质量阶段迈进的关键时期，也亟须采用合理的方式方法了解养老服务被使用的现状和规律，这也是笔者近年来关注的焦点。

本书将聚焦于需求侧探讨养老服务的使用问题。关注的问题有三个：一是目前的养老服务究竟在被哪些人使用？二是我国老年人使用养老服务的动力基础是什么？三是老年人使用养老服务对于他们的生活质量是否有改善？如果有改善，那么改善效应有多大？需要说明的是，本研究拟采用国内大型抽样调查数据进行分析，机构养老并不包含在其中，所以本书重点聚焦于居家养老服务。

本书共分 7 章。第 1 章导论，主要介绍研究背景、研究问题和研究意义。第 2 章文献与理论分析，围绕文献研究、理论基础、文献述评等展开，为后续研究奠定基础。第 3 章研究设计，将首先构建理论框架，进而提出研究框架与研究假设，最后设计技术路线，指导后续实证研究。第 4 章我国老年人使用居家养老服务的现状研究，是围绕第一个研究问题开展的实证研究，明晰目前究竟是哪些人在使用居家养老服务。第 5 章老年人使用养老服务的行为动力研究，是围绕第二个研究问题开展的实证研究，在了解老年人对待养老服务的行为态度的基础上，深入了解收入水平和教育程度的作用机制。第 6 章居家养老服务对老年人生活质量的影响研究，是围绕第三个研究问题开展的实证研究，采用倾向值分析技术获得居家养老服务的干预效应，并采用两期全国数据获得干预效应的发展趋势。第 7 章总论与对策建议，主要是对实证研究结论进行总结和分析，并在此基础上提出对策建议。

本书得以付梓，与教育部人文社会科学重点研究基地重大项目“面向全面小康社会的老年长期照料体系研究”（16JJD840012）的支持密不可分。

本书适用于开展从事老龄研究的科研人员和研究生，也适用于在政府老龄部门工作的人员、为老人服务的工作者和普通读者，对于做老龄市场开发的企业人员也有一定的参阅价值。尽管笔者尽力想要透视养老服务需求侧的规律性，但由于养老服务本身的复杂性和自身能力有限，难免出现疏漏和不足之处。在此，仅以此书抛砖引玉，希望广大读者在对本书批评、指正的过程中，加深对中国社会化养老服务的理解与认识，共同为推进我国养老服务保障的高质量发展贡献力量。

# 目　　录

# 第1章　导论

作为现代人口转变的成果之一，人口老龄化导致伦理式家庭养老难以为继，迫切需要社会支持下的契约式社会养老加以应对。2000年我国进入老龄社会之初，政府就结合经济、社会体制改革做出了走“家庭养老与社会养老相结合”的社会化养老道路的战略决策①，养老方式的转变也因此表现为在家庭养老基础削弱之后，向新的社会支持体系下养老方式建立过程中探索动态平衡的努力（杜鹏，2016）。大力发展养老服务是社会养老方式的核心举措之一，因此，养老服务近些年来得到了较快发展，然而养老服务固然可以通过政策引导和市场作用迅速发展起来，但是文化观念的转变将注定是一个长期且痛苦的过程。可以说，近二十年来“由谁养老、在哪里养老以及如何养老”在中国大地上发生着最剧烈的变革，显性方面表现在养老服务的发展在政策支持下紧锣密布、如火如荼进行着；隐性方面则体现在文化观念转变上，传统与现代、伦理与契约、情感与理性之间不断地发生着冲突、碰撞与交融。

2010年，《社会养老服务体系建设规划（2011—2015）》的颁布标志着我国进入了社会养老服务大发展的新时期。从福利经济学来看，经济效率（Economic Efficiency）是决定社会福利最大化的关键，经济效率要想实现帕累托最优则必须使交换和生产同时达到最优条件（勒纳，2016），即养老服务的消费市场和生产资料市场要同时达到最优配置，所生产（供给）的养老服务能够最大限度地产生效用（Utility）（利用）是必要条件之一。然而，当前我国养老服务供需失衡严重，并未达到最优配置，一是服务内容不匹配，“供给差”和“需求差”同时

① 2000年中共中央、国务院在《关于加强老龄工作的决定》中提到“老年人是社会的重要组成部分”，而且“坚持家庭养老与社会养老相结合，充分发挥家庭养老的积极作用，建立和完善老年社会服务体系”。

并存（王莉莉，2012），例如在100多万张养老床位缺口的情况下，床位空置率却超过50%（杨团，2016）；二是服务对象不精准，例如一些公办养老机构偏离了政府“保基本、保困难、兜底线”的方向，没有做到“雪中送炭”，反倒为富裕老人养老“锦上添花”了（辜胜阻等，2017）；三是服务利用动力不足，虽然“9073”养老格局预期7%的老年人将会使用居家养老服务，事实上这一比例不足6%，而且每一项服务的利用率大多不足1%①。可以说，政府在养老服务上的投入与老年人的“获得感”并不成正比（甄炳亮，2016）。而且，目前缺乏养老服务效应的评估体系，对于养老服务的效应如何并未掌握。

党的十九大提出中国特色社会主义进入新时代，社会主要矛盾转型体现在养老领域即是，老年人日益增长的美好生活需要和老龄事业发展不平衡、不充分的矛盾（彭希哲，2017），而且人口老龄化也将进入急速发展阶段，届时对于经济效率、社会福利以及社会公平的要求将进一步提高，新国情呼唤新对策（叶宝林、钟云琴，2004；陆杰华、郭冉，2016），在养老服务领域亟须研究破解供需失衡的矛盾。现有研究大多集中于加强供给侧改革或者削减养老服务链各要素之间的界面障碍（Interface Barrier），比如供给主体协同、服务内容创新或者打通供需渠道等（王莉莉，2012；辜胜阻等，2017；林宝，2017），鲜少关注服务使用本身，然而，服务使用环节直接决定着服务效用能否产生，同时也是导致供需失衡的源头之一（张润彤、朱晓敏；2011；王莉莉，2012）。本书将重点关注养老服务使用（Service Utilization）的问题，拟站在需求侧“自下而上”地研究老年人使用养老服务的规律性，包括哪些人更倾向于使用养老服务、他们为什么会使用、使用之后会带来哪些影响？重点是尝试提出养老服务使用的行为模型，进而提出破解养老服务供需失衡的对策建议，从而为提高老年人的福祉、促进养老服务体系的高质量发展、巩固社会化的养老方式而贡献力量。

## 1.1 研究背景

人口老龄化已成为21世纪人类社会共同面临的重大挑战，与全球化、城镇

① 资料来源：2014年中国老年人社会追踪调查（CLASS）数据。

化和工业化一道成为重塑世界发展格局的基础性力量之一。数十年来，我国也实现了从“高出生率、高死亡率、低自然增长率”向“低出生率、低死亡率、低自然增长率”的现代人口转变（刘爽，2010），由此带来的人口老龄化也日益被提上经济社会发展的议程。2000年，我国正式进入老龄化社会，此后人口老龄化呈迅速攀升的态势，国家统计局数据显示：截至2019年底，中国60周岁及以上老年人口规模达2.54亿人，占总人口的18.1%，其中，65周岁及以上老年人口规模达1.76亿人，占总人口的12.6%；翟振武等（2015）预测显示我国60周岁及以上人口约占世界人口总量的24.3%，说明了我国人口老龄化的国际压力非常大。出于对人口老龄化和经济社会发展的综合考量，我国在2015年做出了“全面实施一对夫妇可生育两个孩子”（简称全面“二孩”）的生育政策调整，然而预测显示，生育政策的调整完善对于人口老龄化的影响有限，也不会影响到未来60年内的老年人口规模（翟振武等，2016）。全面二孩政策实施之后，从我国人口老龄化发展趋势可以看出（如图1－1所示），在“十四五”到“十六五”时期人口老龄化程度将相继超过20%和25%，老年人口规模相继突破3亿人和4亿人，到2050年，老龄化程度甚至将达到34%，老年人口规模超过4.7亿人。加之我国人口老龄化还伴随着少子化、空巢化和高龄化等特征，家庭所能提供的养老支持在不断弱化；2020年我国将全面建成小康社会，没有全体老人的养老保障就没有全面小康。总之，我国的全面现代化征程将叠加人口深度老龄化，这必将对我国政府和社会各界提出更为严峻的挑战。

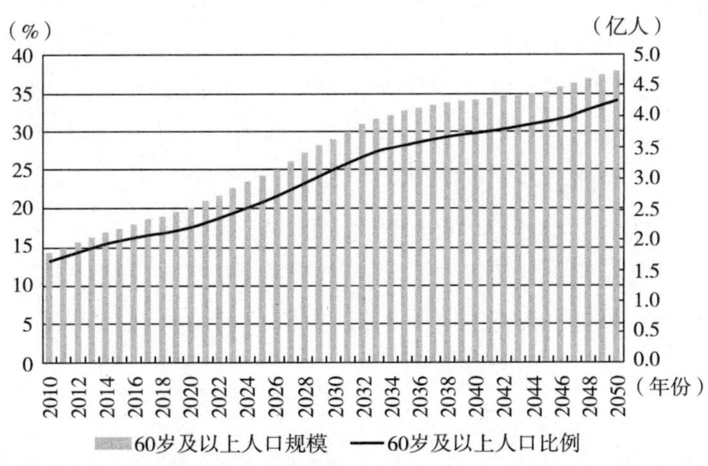


**图1－1 全面“二孩”政策实施后中国人口老龄化发展趋势预测**

资料来源：中国人民大学人口与发展研究中心预测。

### 1.1.1 大力发展社会养老服务是中国特色养老道路的重要组成部分

中国社会的乡土特征使传统自给自足的自然经济中形成了以“家”为单位的生产和生活方式，家庭养老成为一种代际之间的反馈模式（费孝通，2013）；统治阶级把敬老、崇老、养老作为治国之根本，鉴于此，国家也从治理的角度对家庭养老做了规范，要求子女为父母提供衣食住行等供养；如有违反，则可能面临刑罚。

然而，工业化和城市化的发展不断冲击着传统的养老方式。在 20 世纪 80 年代以前，土地由家庭私有变为集体所有，标志着生产关系发生了根本性转变，即从家庭式农业经济转向以工资为生。尽管囿于伦理规范的约束，尚未冲击到传统的家庭赡养结构，但家庭成员之间经济关系改变为养老方式转变埋下了伏笔。自从 1978 年改革开放以来，工业化进程加快，工资制度和养老金制度的完善弱化了亲子之间的经济往来（郭志刚、陈功，1998），养老活动也因家庭规模小型化带来的资源不足开始由儿子独自承担向儿女共同承担转变（张航空，2011）；同时，城市化进程加快导致了青壮年人口外流频繁，老年人居住空巢现象越来越普遍（孙鹃娟，2013），这些都不可避免地冲击着传统的家庭赡养结构，这对于严峻的人口老龄化形势来说无疑是雪上加霜。

20 世纪末，政府和学界经过探索和比较做出了走“社会化养老”道路的战略抉择，认为社会化养老不是人们愿意选择和不愿意选择的事情，而是一种历史的必然（邬沧萍，1998；张文范，1998；穆光宗，2002；王树新，2004；姜向群，2007），并在 2013 年新修订的《老年人权益保障法》中予以了明确①，因而养老方式的转变表现为在家庭养老基础削弱之后，向新的社会支持体系下养老方式建立的过程中探索动态平衡的努力（杜鹏，2016），社会支持下的养老方式集中体现为建立完善的社会养老保障制度，其中，发展养老服务则是其中重要的一环（郑功成，2011；丁建定，2013；李兵，2014；刘继同，2016）。

发展社会养老服务还肩负着助力经济转型发展的任务。我国经济正处于由工业主导向服务业主导加快转变的阶段，将应对人口老龄化的挑战融入经济转型发展之中也是必然选择，作为服务业的一种，社会养老服务受到了学界和政府的高

① 新修订的《老年人权益保障法》明确规定：“国家建立和完善以居家为基础、社区为依托、机构为支撑的社会养老服务体系”，《国民经济和社会发展“十三五”规划》中将机构的作用由“支撑”改为“补充”。

度关注。自从2010年以来，国家出台了一系列政策来促进养老服务的发展，其中国务院在2013年颁布的《关于加快发展养老服务业的若干意见》中明确提出，要大力发展“养老服务业”并“充分发挥市场在资源配置中的基础性作用”；2016年颁布了《全面放开养老服务市场，提升养老服务质量的若干意见》；2019年国务院办公厅又颁布了《关于推进养老服务发展的意见》。可以说，“银龄经济”正在成为我国经济转型发展的引擎之一。

### 1.1.2 发展中的养老服务呈现出需求差和利用差并存的矛盾局面

我国养老服务的雏形产生于中华人民共和国成立之初，当时养老政策规定城市老人由原单位供养，农村老人靠家庭养老，国家为“三无”和“五保”等弱势老人提供基本的养老服务。然而，人口老龄化的加剧以及经济社会的发展，使养老保障对象需要由补缺型向普惠型转变（杜鹏、王永梅，2016），与此同时，政治和经济体制改革的深入也使国家开始了“社会福利社会办”的改革探索，出台了多项政策鼓励社会力量参与养老服务发展，奠定了社会养老服务发展的思想基础。2000年进入老龄社会之后，国家和政府开始重视社会养老服务的顶层设计，在一系列文件中对养老机构、养老床位、养老设施、服务人员等的数量以及服务内容都做了规划。特别是在2010年之后，国家相继颁布了《社会养老服务体系建设规划（2011—2015）》《国务院关于加快发展养老服务业的若干意见》《全面放开养老服务市场提高养老服务质量》等重要文件，使市场资本对于“银龄经济”也表现出了极大的兴趣。因此，我国的养老服务正在由救助型向普惠型、大众化方向发展，服务内容也在老年人内在需求和市场资本的共同作用下日渐丰富。那么，当前这些社会养老服务的供需状况如何？

从机构养老服务来看，2015年民政部统计公报显示：截至2015年底，全国各类养老机构中的养老床位为669.8万张①，按照2015年底我国2.22亿的老年人口规模，每千名老人拥有35～40张养老床位的目标②计算，目前仍有100多万张养老床位缺口；但同时也应注意到，即使存在100多万张养老床位缺口的情况下，但养老机构床位空置率却一直攀升，2015年甚至超过了50%（唐钧，2015；杨团，2016）。从居家养老服务来看，王莉莉（2012）首次采用“服务需求－服

① 资料来源：国家统计局公布的《2015年国民经济和社会发展统计公报》2016年2月。

② 2016年民政部颁布的《民政事业发展第十三个五年规划》中提出“到2020年每千名老年人口拥有养老床位数达到35－40张”。

务供给=需求差”（服务缺口）、“服务供给－服务利用=利用差”（服务过剩）的方法考量了我国居家养老服务的供需情况，结果发现需求差和利用差同时并存，而且有的服务过剩率甚至是利用率的40~50倍（例如：陪同看病的利用率为0.7%，过剩率为20.0%；老年饭桌或送饭的利用率为0.4%，过剩率为19.1%）①。

在我国发展社会养老服务方兴未艾之时，出现如此严重的需求差和利用差并存的矛盾局面，引起了政府和学界的高度关注（丁志宏、王莉莉，2011；王莉莉，2012；唐钧，2015；章萍，2015；甄炳亮，2016；边恕、黎蔺娴、孙雅娜，2016；林宝，2016）。一是因为供需失衡影响着庞大的老年群体能否得到有效的服务保障；二是因为它关系着社会养老服务供给侧改革的方向及其效果；三是因为它决定着整个社会福利经济的效率，进而决定着社会福利能否实现最大化。故而，探究社会养老服务需求差和利用差同时并存的深层次原因，已经成为完善社会养老服务体系、积极应对人口老龄化的核心任务之一。

### 1.1.3 养老服务使用的“行为黑箱”不明给养老服务保障带来挑战

对于上述供需失衡现象，学者大多从“服务链”的角度进行了分析（王莉莉，2013；边恕、黎蔺娴、孙雅娜，2016）。从服务供给方来看，由于我国正处于社会转型期，政府和社会在公共事务方面的职责并不清晰，政府主导的供给模式往往以“计划经济”思维为老年人“配给”养老服务，忽视了老年人的个性化需求，从而导致供需错位。从服务输送过程来看，我国社会养老服务输送涉及多个主体（如政府、市场或企业、社区、社会组织等）且各主体之间的职责模糊，比如社区职责不明往往使社区养老流于形式，从而导致输送过程不通畅。从服务利用来看，信息不对称使老年人对于社会养老服务的认知存在盲点或偏差（吉鹏，2013；谭琪琦、左停，2016），而且老年人固有的“养儿防老”观念对于其使用社会养老服务也形成了一种阻力（姜向群、郑研辉，2015）。如果说目前所表现出来的老年人养老服务利用动力不足只是一种消费滞后效应，那么日后的服务利用率自然会逐渐提高；如果是养老服务的供需机理存在问题，而且得不到及时纠正，那么这种失衡现象将会越来越严重，因此，学术研究需要透过现象深窥其本质，从而对当前的现象进行审视和干预。

① 王莉莉所使用的数据为2006年的“中国城乡老年人生活状况调查数据”。

作为一种服务类型，社会养老服务的发展自然遵循服务科学的规律。服务科学告诉我们，服务是一个价值共建系统，包括服务体系和用户主体两部分（张润彤、朱晓敏，2011），其中用户主体是决定整个服务系统价值实现的关键因素，深入分析服务使用主体的因素可能是破解供需失衡难题的途径之一，也就是说要想知道如何科学合理地供给养老服务，首先需要了解这些服务是被什么样的主体怎样加以使用的，即行为科学所关注的要了解养老服务使用的行为主体和行为动力。就行为主体而言，由于养老在我国一直属于代际反哺活动（费孝通，2013），之所以推向政府和社会是因为家庭成员难以继续承担养老压力，这就注定养老服务利用的行为主体并非单纯指老年人，而是整个家庭（特别是重要的家庭成员），然而目前学术研究并未就此达成一致意见。就行为动力而言，虽然政策希望人们"首选居家养老，次之是社区养老，实在不行再选择机构养老"，但这并不代表人们的行为逻辑，行为的产生与发展往往受到诸如国家制度以及个体认知、态度和观念等的影响，而且具有文化性、时代性和世代性等特征（马奇、奥尔森，2011；王菲，2014），王莉莉（2013）也指出亟须以"自下而上"的视角来研究社会养老服务的利用规律。因此，剖析养老服务利用的"行为黑箱"（Black Box）可能是破解供需失衡的必经之路。

总体而言，养老服务使用的"行为黑箱"是指老年人（包括家庭成员）出于什么原因而去使用养老服务，这些因素是怎样影响其最终的服务使用行为的。在养老方式急剧变革的时代，养老究竟要靠"家庭"还是靠"社会"不只是政府与社会在纠结，老年人及其家庭更是深受其扰①。"行为黑箱"的剖析有助于理顺养老服务链，对于深入了解养老服务使用的行为规律也是非常关键的。我们知道，养老市场全面放开之后，养老服务势必越来越丰富、可供选择的方式也会更加多样，彼时政府和学界面对的将不再是老年人及家庭是否会选择使用养老服务，而是他们将如何进行选择或组合的问题，而这将是非常富有弹性和挑战的问题。目前，国内外对于老年人使用养老服务的研究还非常有限，为数不多的研究大多采用了安德森卫生服务利用行为模型（Andersen Behavior Model of Health Service Utilization）（Anderson，1973），虽然该模型被称为行为模型，但其预测因素大多属于流行病学因素，而且着重于医疗卫生服务的利用问题，难以解释养老

① 这种纠结可以在报纸语言的转变中窥豹一斑，比如1985年为"只生一个好，政府来养老"，1995年为"只生一个好，政府帮养老"，2005年为"养老不能靠政府"，2012年变为了"推迟退休好，自己来养老"。

服务使用的行为规律，因此，亟须站在行为学的视角来剖析养老服务使用的“行为黑箱”，探讨其发生发展的规律性。

### 1.1.4 养老服务高质量发展亟须对其效应进行评估，目前尚未开展

高质量发展是适应中国社会主要矛盾变化和全面建成小康社会的一种必然要求，已经成为新时代中国经济鲜明的特征。党的十九大报告明确指出，“我国经济已由高速增长阶段转向高质量发展阶段，正处在转变发展方式、优化经济结构、转换增长动力的攻关期”，2018 年被认为是中国高质量发展的元年（任保平、文丰安，2018）。就养老服务而言，诸多瓶颈都提示我们要突破低质量发展困境。无论是养老服务的供需失衡现象，还是养老服务质量不达标问题（张泽浩、肖瑶、雷佳，2018），还有养老服务发展的“玻璃门”“旋转门”“弹簧门”和“卷帘门”等现象，都是社会养老服务低水平发展的重要表现。如何促进养老服务本身的创新发展以及体制机制建设，已经成为亟待解决的问题，也是实现高质量发展的关键。新时代老年人的服务需求日益丰富和多元，对于养老服务的要求越来越高，需要高质量发展予以回应。新时代的老人养老期待更加丰富，而且伴随着经济社会的发展，老年人对于养老服务要求将更加多元。

效应评估（Effect Evaluation）是实现养老服务高质量发展的重要一环。要想实现高质量发展就需要对当前的发展情况进行评价，从评价范围来看，可以分为典型评估和全面评估，前者多指对某些试点的情况进行评估，后者则是对整体情况进行评估；从评价方法来看，可以分为定性比较和定量评价，前者多是若干专家通过调研感知获得评价结果，后者则是基于数据分析得到评价结果；从评估结果来看，典型的定性评价一般会呈现某个案例的结果，难以像量化分析那样呈现出一个全面的效应结果。目前诸如居家养老服务试点改革评估、养老服务质量评估等大多属于定性的典型评估，有一些研究尽管做到了定量评估，但并非全国层面的结果，仍然难以从全国范围给社会养老服务效应下一个结论。我国养老服务效应评估中存在的问题，一是大多是对服务模式本身进行评估，缺少对服务接受者主客观效应的评价；二是大多是对试点单位的小范围评估，缺少全国层面的定量分析；三是服务效应的指标选取还比较乱。

## 1.2 研究问题

如前所述，作为养老服务从产生到被使用整个链条上的一环，服务使用环节关系到整个链条的价值能否产生，因此，一方面我们需要剖析养老服务使用的“行为黑箱”，另一方面需要评估老年人使用了养老服务之后的结果如何，即评估其效应。为了回答这两方面问题，将依次围绕以下三个问题进行展开：

第一，目前究竟是什么样的人在使用养老服务？即明晰行为主体。正如刘凤芹和徐月宾（2016）有关社会救助的“谁在享有公共救助资源”之问，我们也需要知道“谁在享用养老服务”，因为只有知道了服务使用主体的特征，才能对政策效果进行反思并进行改良。本部分旨在通过把握当前使用养老服务的群体特征，从而来反思养老服务政策。一直以来，政府和学界认为养老服务的利用者理所应当是老年人，然而从理论上来看并非如此，因为养老服务产生于家庭成员难以继续承担养老压力，需要社会予以支持（至少在中国文化背景下是如此），故而养老服务使用自然是老年人和家庭成员共同的事情，那么他们是怎样的一种主体构成形态呢？目前尚不得而知。

第二，老年人使用养老服务的行为动力是怎样的？动力机制如何？首先，可以通过了解养老服务使用的决策过程来了解究竟哪些人参与了使用或不使用养老服务的决定。而后，重点了解这些决策者为什么会（选择）使用养老服务，这是“行为黑箱”的核心内容（也即行为态度），也是本研究关注的行为动力所在。其次，了解老年人的行为态度是否可以预测使用行为？因为只有可以解释行为的因素才往往更值得关注。回归分析法和路径分析法常常被用来考察自变量对于因变量的解释率，本部分也将拟以这两种方法来考察所探究出的行为动力对于服务使用行为的预测关系。最后，这些动力因素之间的影响关系是怎样的？即明确作用机制。如果各因素之间存在相互作用，无非是调节效应（Moderating Effect）或中介效应（Mediating Effect）。本书将在文献梳理的基础上提出研究假设，而后采用实证方法予以验证，明晰行为动力因素之间的作用机制。

第三，老年人使用养老服务能否给他们带来福祉？大约为多少？生活质量

(Quaility of Life）产生于20世纪60年代，通常用来衡量社会发展和人民大众的福利，也是人类社会第二次现代化的核心目标之一。因生活质量可以全面地评价生活优劣并从社会发展结果角度来考察人口的生活状况，国内外都将其作为评估社会政策效果的一种有效工具；另外，以生活质量为基础的评估可以加深政府对社会问题的认知，并促进其科学高效地配置公共资源。因此，本研究将以生活质量为参照来评估养老服务能否改善老年人带来福祉，改善量为多少？

## 1.3 研究意义

### 1.3.1 理论意义

不论是福利经济学还是服务科学，都认为服务使用决定着整个服务体系的效率。学界对于服务使用的关注起源于20世纪60年代美国的医疗卫生领域，试图通过了解服务使用来推进医疗卫生服务的均等化并发展出了安德森卫生服务利用模型（Andersen，1973）。该理论模型可谓是国内外一家独大，养老服务使用的研究大多也采用了此模型（Krout，1984；Robert，Lauri，1993；王莉莉，2012；张文娟、魏蒙，2014），认为前倾因素（Predisposing Variables）、能力因素（Enabling Variables）和需求因素（Need Variables）[①] 影响养老服务使用。

随着研究的不断深入，学者发现采用安德森模型来研究养老服务使用存在不当之处。第一，与医疗卫生服务不同，养老服务是由于发生在家庭内部的养老活动难以为继才推向了政府或社会，而医疗卫生服务从来没有发生在家庭内部，它的使用自然很少牵涉到家庭伦理，所以不能简单地用卫生服务使用的规律来理解养老服务使用的规律。第二，安德森模型的产生是希望掌握和预测医疗卫生服务分布情况（王庆安等，2006），所以沿用了医学的流行病学研究模

① 前倾因素是指没有生病之前什么特征的人倾向于使用医疗服务，包括人口学特征、社会结构因素（比如职业、种族、宗教信仰等）、个体有关健康的观念（比如健康知识、健康态度以及价值观等）；能力因素是指个体在获得健康与医疗服务方面的能力，如个人/家庭资源（收入与储蓄、健康医疗保险等）、社区资源等；需求因素则是指个人感受到的某些健康与医疗服务相关的需求，包括自评健康状况与临床评估等。

式，其所预测的因素大都属于流行病学因素（如性别、年龄、婚姻、患病情况、经济状况、家庭成员、社区资源等），难以解释本研究关注的行为动力问题。另外，与国外养老服务使用不同，乡土特征注定了我国老年人的养老服务使用还具有丰富的家庭伦理和社会文化含义，这也是医疗卫生服务使用不能涉及的。

这就提示我们，不能将养老服务简单地等同于医疗卫生服务，更不能用医疗卫生服务利用模型来预测养老服务使用；而且，中国的养老服务使用具有更深刻的社会文化意义，在探讨其使用规律时应综合考量社会文化的影响。本研究将基于行为科学的视角提出养老服务使用的理论框架，而后基于抽样调查和典型调查对研究框架予以验证，以期提出适合中国国情的养老服务使用模型。

同时，虽然我国养老服务如火如荼地发展，但其发展效果究竟如何呢？目前尚未形成一个明确的评判结果。而这是绩效治理导向视域下衡量我国养老服务"投入—产出"的一个重要指标，更是完善中国特色养老服务保障理论的核心内容之一。如果要对养老服务效应进行评估，要选择什么作为因变量呢？理论框架又应如何呢？本研究都将进行一定的理论推进。

### 1.3.2 现实价值

福利经济学认为，社会福利的提供一方面要实现社会福利的最大化，另一方面要实现个体福利的最大化，即效率和公平并重（高启杰，2012；吕文慧，2007）。尽管国家近年来在推动社会福利最大化方面做了较大努力，但是由于受到社会、经济地位和制度约束，不是所有的老年人在养老服务使用方面都能实现个人福利最大化，这也阻碍了社会福利的最优化（施巍巍等，2015）。从现象上来看，快速发展的养老服务并没有带来服务使用的同等幅度提升，例如，虽然"9073"养老格局预期7%的老年人会使用居家养老服务，但是数据显示直到2014年这一比例仍不足6%，每一项服务的使用率绝大多数不足1%[①]。那么，问题就产生了，国家和政府希望通过发展养老服务来解决那些难以依靠自己和家庭进行养老的老年人老有所养，但事实上老年人及其家庭似乎并不太愿意或者有足够的条件去使用这些服务（刘丹青，2014；王营，2016），这样就导致在养老服务"相对过剩"的情况下老年人的"获得感"仍然比较低（甄炳亮，2016），

① 资料来源：2014年中国老年社会追踪调查（CLASS）数据。

长此下去，不但老年人的福祉难以得到保障，而且养老服务的功能也难以充分发挥出来，更重要的是整个社会的经济效率也将会受到影响。因此，不仅需要通过政策来调整养老服务的供给，比如全面放开养老服务市场，理顺政府、社会和家庭的职责等；同时，也应着力提高老年人及其家庭使用养老服务的能力、意识与机会，比如“全面建立针对经济困难高龄、失能老年人的补贴制度”①，动员和鼓励老年人及其家庭去使用养老服务等。

那么，应该如何动员和鼓励那些自我和家庭都难以实现顺利养老的老人去使用养老服务呢？本研究的发现将可以为实践提供思路，因为本研究所构建的养老服务使用模型，可以让我们明晰养老服务使用的主体和行为规律、动力因素及其作用机制、服务使用效果等，在实践中可以据此提出干预策略，从而让更多的老年人及其家庭得到养老服务的实惠，最终实现国家发展养老服务的价值和意义，这也是本研究的现实价值所在。

### 1.3.3 政策意义

2013 年 4 月，党中央明确提出“宏观政策要稳，微观政策要活，社会政策要托底”，这也是社会政策概念第一次进入官方话语，在某种程度上成为国家政治意志和战略性议题（刘继同，2016）。作为社会政策的一种，养老服务政策在中国尚处于探索期，养老服务领域的相关研究还肩负着指导政策实践的重任，以此避免因理论匮乏而遭受诟病的命运（Smith，Larimer，2013）。

从现有研究来看，社会服务领域基于用户特性的理论已有所发展（Sibeon，1989；Thompson，1995），但是在我国养老服务政策制定中仍鲜少应用。社会政策在建立之初通常会借鉴西方发展思路，以个体主义为逻辑核心的西方政策难免会影响我国政策的对象界定，至少在社会福利政策方面有所体现，比如残疾人保障、儿童教育及老年福利政策等大多针对个体而设定，难免会破坏对象的整体性，以流动儿童教育为例，由于公共政策缺乏家庭视角的纳入，导致政策并未发挥出预期效果（徐晓新、张秀兰，2016）；养老服务政策亦通常直指老年人个体，规定老年人在达到特定年龄、生理、经济等条件后可以享受养老服务，作为补充性的养老服务应针对家庭整体而非老年人个体。本研究所构建的模型将会明晰养

① 资料来源：2016 年颁布的《国民经济和社会发展十三五规划》的第六十五章“积极应对人口老龄化”。

老服务的使用主体，并据此提出家庭瞄准机制，为建立家庭友好型的养老服务政策奠定基础。同时，将以老年人生活质量为因变量，探讨养老服务在改善老年人生活质量方面的效应，同时，分城乡和人群的结果展示，也将使我们更明晰养老服务资源配置的合理性，从而为推进养老服务的高质量发展提供政策参考。

# 第 2 章　文献与理论分析

## 2.1　文献研究

### 2.1.1　相关概念界定

#### 2.1.1.1　养老方式转变：养老服务是对家庭养老功能的一种补充

养老服务产生于社会养老方式的推行，因此，界定养老服务的首要任务是厘清什么是社会养老，它与家庭养老之间的关系是怎样的。

从人类社会发展来看，养老方式的选择是由生产力水平、社会结构、家庭结构以及文化类型等因素共同决定的（穆光宗、姚远，1999），到目前为止，形成了家庭养老和社会养老两种基本模式（姜向群，2007）。在传统的小农经济时代，无论是西方文化圈还是东亚文化圈，家庭都承担着最主要的养老责任；社会养老产生于社会化大生产的经济基础之上，核心做法是将传统发生在家庭或家族内部的代际供养问题放在整个社会范畴内予以考量，实现分散养老风险、调整收入再分配并确保老有所养（人口研究编辑部，1999；穆光宗、姚远，1999）。关于社会养老与家庭养老之间的关系，目前有“功能区分论”和“平衡协调论”两种观点，“功能区分论”认为两者的功能不同，家庭在面对老年人的非规律性事件时反应迅速、直接而且细致，这是社会养老难以做到的；社会养老可以在较高层面化解养老风险、平衡代际关系，确保家庭发展能力，这又是家庭养老自身无法做到的；“平衡协调论”则认为既然两种养老方式都有其不可替代的优势，那么

在现实生活中就应该平衡好两者之间的关系，做到优势互补，以老年照护为例，社会服务时而补充家庭照护，时而提供咨询支持，时而替换家人照护（李学斌，2009），共同为老年人的福祉而发挥作用。

在夯实家庭养老基础性地位的同时，建立完善社会养老保障制度即是将两者进行有机结合的重要方法。社会保障制度一般包括社会福利制度、社会保险制度、社会福利服务以及社会救助制度（郑功成，2011；丁建定，2013），国家福利与社会发展经验表明，由以“经济保障”为主的社会保障体系升级为以“服务保障”为主的现代社会服务体系是现代社会福利制度发展普遍规律（刘继同，2016）。具体到社会养老保障而言，2018 年底我国参加养老保险的人数为 9.4 亿人，养老金覆盖率超过 95%①，并且大部分省份也出台了针对高龄、失能和贫困老人等的养老补贴或最低生活保障金，可以说，养老的经济保障取得了长足进步；学者也指出，由于高龄、失能老年人口的大规模增长，加上家庭照护能力的不断弱化，我国养老保障已经由资金保障向服务保障转变（杜鹏、王永梅，2016），人口老龄化必将催生出庞大的老年社会服务部门。

2.1.1.2 追加性社会福利：养老服务是公民老年期的一项基本社会服务

作为一种特殊的社会服务，养老服务不仅具有一般社会服务的共性，而且还具有某些个性。为了明确其内涵，需要对社会服务、养老服务甚至是公共服务以及它们之间的关系进行梳理，特别是了解各自的理论基础。

福利经济学催生了公共服务，社会服务属于公共服务的一种。福利经济学诞生于 19 世纪末 20 世纪初，旨在最大化社会经济福利（庇古，2014）②，帕累托提出增进社会福利时应考虑：一要使每个社会成员的情况变好；二要在没有使任何一个社会成员境况变坏的前提下，使至少一个社会成员的境况变好（郑功成，2000），也就是说“福利分配越均等，社会福利越大”。作为平衡收入分配、提高资源配置效率和增进公民社会福利的公共服务应运而生，它可以满足全体公民在生活、生存与发展上的某种需要，而且不分种族、收入和地位等都可以公平普遍地享有（陈昌盛、蔡跃洲，2007）。2012 年，我国在《国家基本公共服务体系“十二五”规划》中明确指出公共服务涉及“公共教育、劳动就业服务、社会保障、基本社会服务、医疗卫生、人口计生、住房保障、公共文化”八个领域，基

① 资料来源：《2018 年度人力资源和社会保障事业发展统计公报》。

② 福利经济学关注如何进行资源配置以提高效率、如何进行收入分配以实现公平以及如何进行集体选择以增进社会福利等内容。

本社会服务就是其中之一，旨在维护和保障全体公民（尤其是社会困难群体和特殊群体，如老年人、残疾人、儿童、失业者、贫穷者等）的生存发展权和尊严生活需求，内容涉及日常劳务帮助和照顾服务支持等。

发展养老服务也是国家和社会对于基本人权理论的回应。基本人权理论认为，每个人及群体都享有政府和社会保障其在政治、经济、社会和文化领域的“人作为人”和“把人看作为人”的人身、安全、生存和发展权利。1948 年，联合国《世界人权宣言》提出：“人人有权享受为维持他本人和家属的健康和福利所需的生活水准，包括食物、衣着、住房、医疗和必要的社会服务；在遭到失业、疾病、残废、守寡、衰老或在其他不能控制的情况下丧失谋生能力时，有权享受保障。”我国在《中国的人权状况》一书中也将生存权和发展权作为首要人权（何东平、关今华，2008）。因此，在传统的家庭养老模式难以为继之时，政府和社会就有责任维护老年人的生存与发展，其中发展社会养老服务就是其应有之义，2013 年，在新修订的《老年人权益保障法》中也予以了明确，即单独将“社会服务”成章加以规定。

生命历程论（Life Course Theory）注定了养老服务是一种追加性的社会服务。起源于 20 世纪 60 年的生命历程理论在社会政策创制过程中起了重要作用（Elder，Glen，1998）。该理论认为人的发展是终生的，个体生命轨迹在某些特殊敏感时期会发生改变，导致缺乏或丧失自我社会服务能力，而且外界社会服务的介入可以改变个体生命轨迹，从而优化整个生命历程（Settersten，2003；Leisering，Leibfrid，1999；King，2007）。老年期作为个体生命历程的最后一个阶段，因为衰老、疾病等原因使个体必然会面临或长或短的生活不能自理期，这就产生了最本质、原生性的养老服务需求（吴玉韶、党俊武，2014）。虽然老年期对于医疗卫生服务的需求也在增长，但它并不是个体到了老年期才产生的，医疗卫生服务属于常规性公共服务范畴，于是，针对常规性公共服务无法涵盖到一些特殊人群（如儿童、老年人、残疾人等）政策创制了追加性社会服务，养老服务就属于其中之一。总之，养老服务是家庭养老功能外推的一种表现，但医疗卫生服务不是，因为它从来就没有发生在家庭内部。

综上所述，本书认为养老服务是：所有公民在老年期可以免费或有偿享有的一种来自于社会力量（如政府、社会或市场等）而非家庭成员的照护服务，而老年人家庭及其成员仍能健康发展的一种社会服务目的是确保个体在衰老之后仍能正常生存、发展，享有有尊严的生活。

#### 2.1.1.3 形散而神聚：居家养老服务和机构养老服务的异曲同工之妙

如果说养老服务制度是由社会形态和经济制度决定，那么，社会化的养老服务形式则是由经济发展水平、社会发展理念与社会文化观念所共同决定。适度普惠福利理论认为，人人都应该公平地享有基本社会保障制度、社会福利制度与社会福利服务，所以我国的养老服务是针对全体60周岁及以上的老年群体的。基本公共服务均等化理论认为，政府应确保所有成员都可以享有与其自身权利和需求相关的社会服务，虽然目前我国城乡社会养老服务发展尚不均衡（丁志宏、王莉莉，2012），但城乡老年人均等地享有社会养老服务的身份是没有区别的。福利多元主义理论认为，政府、社会、市场和家庭作为单独福利提供方都有一定缺陷，四者在福利提供方面的关系是相互补充的，考虑到我国“未富先老”的经济现实和政府职能转变的政治体制改革，目前我国施行“政府主导、多方参与”的养老服务供给原则。因此，以不同形式最大限度地满足全国所有老年人的养老服务需求是现阶段我国建设社会养老服务体系的根本宗旨。

鉴于上述考虑，2010年，我国颁布了《社会养老服务体系建设规划(2011—2015)》，提到要建立“以居家为基础、社区为依托、机构为支撑”的养老服务体系，2016年的《国民经济和社会发展“十三五”规划》将其改为“以居家为基础、社区为依托、机构为补充”，后来又完善为“居家为基础、社区为依托、机构充分发展、医养有机结合的多层次社会化养老服务体系”。关于居家、社区、机构三者的关系，学界也进行了分析。如果按照养老地点来分，那么居家养老服务和社区养老服务都是服务于“居住在家中、60周岁及以上的全体老年人”，也是回应“在地养老”（Ageing in Place）的养老服务需求；机构养老服务则是针对居住在养老机构中的老年人的服务需求。如果按照服务对象来看，那么居家养老服务的对象更宽泛（凡是在家中居住的60周岁及以上老年人都可以，不论是否可以自理），政策的选择性也较弱；而机构养老服务则主要是针对完全失能或者年迈的孤寡者等少部分老年群体（丁建定，2013），尤其是公办养老院更是如此，主要通过评估机制来做到服务对象的选择性。但也应该注意到当前我国养老院类型日益多元化，加之资源配置不甚合理，导致实际居住在养老院的老年人也不仅限于失能和孤寡老人。

不论是居家养老服务还是机构养老服务，其根本目的都是要帮助家庭赡养老人，确保并不断地提高我国老年人的生活质量。因此，在条件允许的情况下，凡是能确保或提高老年人生活质量的服务都应该被纳入服务范畴。2013年颁布的

《老年人权益保障法》规定居家养老服务应涵盖生活照料、紧急救援、医疗护理、精神慰藉、心理咨询等领域，以上门服务为主的有个人照护、上门做家务、聊天解闷、送餐服务、老年服务热线、应急救助、法律咨询、康复护理等；到社区接受服务的有日间照料、短期托养、老年餐桌、文体娱乐、信息咨询、康复护理等。

需要说明的是，本书将养老服务界定为一种老年期特有的追加性服务，也是家庭养老功能外推的一种表现，而医疗卫生服务（比如上门看病）不算作其中，但考虑到护理服务（如康复护理、褥疮护理等）对于老年人的普遍性和日常化，所以将其纳入其中。尽管近年来“医养结合”受到关注，养老服务的发展也逐渐向“整合式”方向发展，在探究养老服务使用的规律时还是应该遵循各自的发生发展规律。将两者分而论之的思想也体现在2019年民政部新颁布的《关于进一步扩大养老服务供给促进养老服务消费的实施意见》中，文件提到要“为居家老年人提供生活照料、家务料理、精神慰藉等上门服务”，并未提及医疗服务，这也为我们聚焦养老服务开展研究提供了政策依据。

### 2.1.2 服务使用研究的总体回顾

#### 2.1.2.1 国外研究

人们对于服务使用的关注起源于20世纪六七十年代美国的医疗卫生领域（Health Care，Medical Care）。“二战”之后，美国经济进入繁荣时期，现代医疗卫生体制逐渐建立，但医疗保障制度却相对落后，约翰逊总统（Lyndon Baines Johnson）上任之后拉开了美国医疗制度改革的序幕，并于1965年颁布了《医疗照顾法案》和《医疗援助法案》，希望通过医疗制度改革：一要减少费用并着力解决那些资源不足的人对于医疗服务的需求，二要增加和重新分配医疗照顾资源，使它为那些真正需要的人所用，改善那些因为缺乏医疗服务而不安人的健康状况（王庆安等，2006）。在政策指引和资金支持下，学术界开始关注医疗卫生服务使用问题，比如家庭如何使用医疗卫生服务、怎样测量医疗卫生服务的渠道是否公平、如何在政策上推进医疗卫生服务的均等化等，并取得了丰硕的研究成果，著名的安德森卫生服务利用模型就此产生，这些研究对于深入理解医疗照顾资源是如何被利用的具有重要作用（Andersen，1968；Andersen，Newman，1973）。此后，关于服务使用的研究扩展到了精神卫生服务、公共服务、福利服务、社区服务、灾难服务等领域，所涉及的群体也由一般民众扩展到了病患者、青年人、大学生、妇女、儿童、老年人、移民群体等（Krout，1984；Bass，David，Wendy et al.，1992；Giyeon，Yuri，David et al.，2010；Alun，Joseph，Alison，1982；Scott，Richard，Tolman et al.，2003；James，Ariel，1999；Ya Lin Liu，2003；Duy，Rufina，2012；Steven，1997；Sha－Lai L，2013）。总体来看，国外对于服务使用的研究主要集中在以下几个方面。

第一，研究哪些因素影响服务使用。最经典的研究即是安德森医疗卫生服务利用模型，它从社会和个体两个方面进行了考量，认为前倾因素、能力因素和需求因素等可以影响个体或其家庭的医疗卫生服务利用。其中，前倾因素包括健康问题发生前即已存在或不易改变的特征，比如：基因遗传、人口学变量（如性别、年龄、婚姻状况等）、生活方式、使用经验、社会环境以及对于医疗卫生、医生和疾病的态度与观念等。能力因素主要是促使或妨碍服务利用的社会与经济因素，比如：经济收入、服务费用、健康保险、服务资源与可获得性等。需求因素是指个体的健康水平及其对于健康的主观感受，比如：得了什么病、失能多长时间、健康自评状况、觉得自己需要什么服务等。当然，也有一些学者从社会学、心理学、经济学等视角关注了服务使用影响因素的问题（Alun，Joseph，Alison，1982；Demer，1996；Pescosolido，1992）。

第二，探讨如何测量和评估服务使用水平。随着研究的深入，服务使用的测量问题凸显出来，不同研究者所使用的概念及操作方法往往不一致（Lamvert et al.,1998）。研究者认为老年人服务使用的测量问题更值得探讨，因为他们的很多健康问题与社会状况具有相关性（Proctor 等，2003）。①关于观测时间，一般会考察过去一年、半年、一个季度、一个月、两周或者是每年使用服务的情况。②关于使用水平，一般会考察是否使用了某项服务、使用某种服务的项目数量以及使用某项服务的次数、住院的天数、服药的时长，或者使用服务的频率、居家服务到访的次数等（Denise Burnett，Ada，1995）。③关于服务种类，与本研究相近的养老服务主要有居家送餐服务、膳食/营养服务、交通服务、个人照护服务和家政服务、暂托服务/喘息服务、居家健康服务、病历管理服务、家庭护理服务等，有的将其统称为支持性服务或者正式照料服务。④关于数据收集者，有的是服务机构登记的数据，有的是自我报告的数据，有的是照料者提供的数据，还有一些采用混合数据收集策略（Jing Tan，2009）。有研究者根据服务使用情况将服务使用者进行划分，即没有使用服务的人、选择使用服务的人、多项服务使用者等，这也可以看作服务使用测量的一种方法。

第三，研究服务使用的类型差异和群体差异。最初的研究通常将医疗卫生服务视为同质的，认为所有医疗卫生服务的使用规律是一样的，然而随着研究的深入，研究者发现服务类型不同，其被利用的规律也不同；不同群体的服务使用行为也不同，需要考察其异质性。于是，研究者开始关注诸如痴呆老年人利用精神卫生服务的影响因素、老年人对于不同养老服务的需求与使用差异、居家老人使用医疗服务与社会服务的差异性、不同文化背景的移民群体使用精神卫生服务的情况、大学生使用健康服务的心理预测因素等问题（Skarupski et al.，2008；Cousineau，1996；Kim，Jang，Chiriboga，2010），研究开始走向深入。跨文化研究在服务使用研究中占据重要位置，例如，Duy 和 Rufina（2012）研究了移民到美国的亚裔老年人使用精神卫生服务的情况，发现随着年龄的增长，中国和越南的老年人比其他亚裔老年人更不愿意使用精神卫生服务；Ya – Lin Liu（2003）在研究中提到纽约老龄事务管理局 1991 年的调查和美国人口普查 1993 年的数据都显示，亚太裔老年人使用服务的比例低于西班牙裔、非裔和其他美国白人，美国老龄事务管理局 1997 年数据也显示亚太裔老年人使用社会服务的比例低于非裔、西班牙裔和美国老年人；Thomeer 和 Ange（2015）研究发现，西班牙裔和非裔美国老年人入住养老院的比例低于其他美国人，尽管他们身体健康状况更糟且社会经济地位更差，西班牙裔老年人称将来他们可能会得到非伴侣的同伴照顾，这可能是原因之一。

从国外有关服务使用的研究来看：一则，养老服务作为社会服务的一种，有其自身的特点，在服务利用研究开始走领域化、具体化的趋势下，有必要开展养老服务利用的研究；二则，服务使用具有明显的文化差异性，尤其是养老服务使用更是如此，研究显示中国文化背景的老年人使用养老服务水平普遍较低，应该在研究中予以关注。另外，还有研究者关注了服务使用的决策问题，特别是探讨了家庭成员在服务使用决策中的作用，下文将详述。

#### 2.1.2.2 国内研究

国内学者对于服务使用的关注相对较少，可能与我国社会服务起步较晚和长期以来一直施行计划经济体制有关，是否使用社会服务通常要看政府是否“配给”，并非由个人选择而定。我国对于服务使用的关注开始于 20 世纪 80 年代，主要也是集中在医疗卫生领域，在中国知网中的期刊论文库和学位论文库中用“服务利用”和“服务使用”进行搜索，刊文情况如图 2 – 1 所示。可见，总体刊文数量较少，期刊论文数量近年来明显增长，2006 年以来，学位论文趋于平

缓状态；对于研究主题进行深入分析，发现有关服务使用的研究超过 95% 是关于医疗卫生服务，如门诊服务、医疗服务、保健服务、住院服务等，仅有不到 10 篇文章是关于养老服务使用。与养老服务使用相类似的研究主要是以养老模式（方式）选择、养老服务选择、照料方式选择等为切入点，近年来也形成了一些研究成果，如王莉莉（2012）的《中国老年人居家养老意愿、需求与服务利用研究》博士论文、陶涛和丛聪（2014）的《老年人养老方式选择的影响因素分析》、田北海和王彩云（2014）的《城乡老年人社会养老服务需求特征及影响因素分析》等。

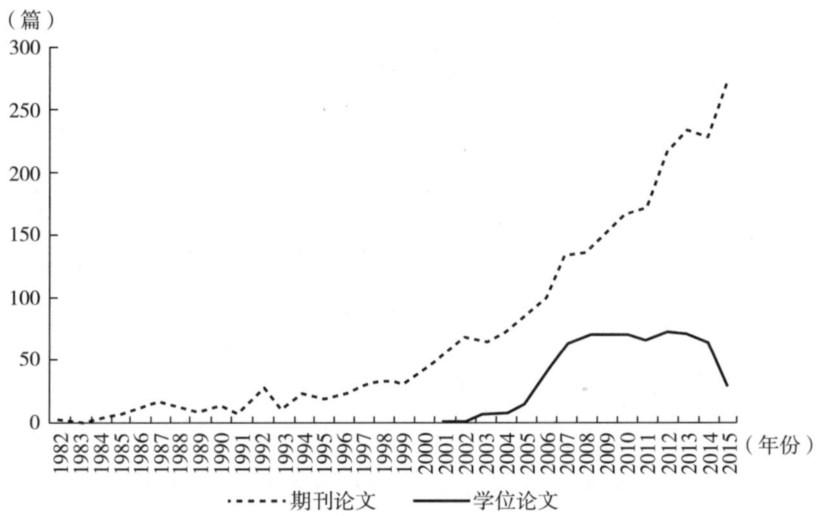


**图 2－1　中国知网中有关服务使用的刊文数量（截止到 2016 年 6 月）**

总体而言，中国养老服务使用研究呈现如下特点。①宏观研究多，微观研究少。养老方式转变和社会养老服务发展，使我国开始关注养老服务使用问题，但关注点基本立足于：在探讨养老服务与家庭养老服务之间关系的框架之下，老年人及其家庭使用社会养老服务的情况，对于服务使用本身的研究相对较少。②研究数量和质量严重不足。文献数量反映出在社会养老服务如火如荼开展之际，学术界对于养老服务是如何被使用的研究确实非常少，与国外所开展的丰富的、深入的研究（如决策过程、群体差异、文化比较等）相比，我国在养老服务使用上的研究太过肤浅。③很少有研究从代际互动的视角关注服务使用。正如前文提到，传统社会中养老是家庭的事，老年人是否使用社会养老服务往往是家庭决策（尤其是父母与子女）的结果，或者说老年人的行为决策是嵌入（Embedded－Ness）在家庭当中的，所以单纯考察老年人的服务利用行为很难系统地反映服务使用的规律。④研究方法比较单一，多学科交叉的研究不足。与国外关注这一问题的研究团队相比，我国仅有人口学、老年学和社会保障学者在关注养老服务使用，缺乏心理学、社会学、行为学和经济学等多学科交叉的研究视角，这也注定了研究难以深入下去。

从服务使用这一问题在美国产生的背景来看，当前我国养老服务也面临着同样的困境，亟须从服务使用的视角进行突破。①人口老龄化趋势和养老方式转变，特别是养老保障从补缺型向普惠型转变，使越来越多的老年人需要在社会的帮助下来应对家庭养老能力不足的问题，在不远的将来，依靠社会养老服务进行养老将成为一种常态。如何更好地为老年人及其家庭提供服务已成为当前最紧要的任务，这就需要充分了解养老服务的使用规律，以此做到精准供给。②经济社会的转型发展使国家开始关注福利经济的发展，近年来，我国人口老龄化不断加剧使老年福利经济成为政府和社会关注的热点，然而，目前养老服务资源配置不均（如城乡、地区差异显著）、供需失衡严重，导致老年福利经济的效率比较低下，对于经济发展的贡献率还非常不足，迫切需要以推动养老服务均等化为契机来提高老年福利经济的效率，这就必然要掌握养老服务利用的规律。③养老服务使用率低位徘徊，养老服务的效用难以发挥。研究背景中提到养老服务的需求差和利用差同时并存，而且最新数据即2014年实施调查并于2016年发布的《中国老年社会追踪调查报告》也显示，大部分居家养老服务的使用率仍不足1%①，如何在服务供给力度不断增强的同时切实提高老年人及其家庭的福祉是当前需要认真思考的问题，这无疑需要从服务使用的规律性着手。④养老活动的文化特异性以及经济社会发展特征，注定了我国需要走一条中国特色的养老道路，体现在养老服务上是：一要立足我国老年人及其家庭的养老关系、传统孝文化等微观特征来发展养老服务；二要从经济转型发展的大趋势出发，不断创新养老服务供给模式，从而实现个体利益与社会利益的双重最大化。总之，掌握养老服务使用的规律不论是对于社会福利最大化、个人福利最大化，还是家庭福利最大化都非常重要。那么，首先需要明确究竟是“谁”在使用养老服务？

① 资料来源：《中国老年社会追踪调查研究报告》。

### 2.1.3 养老服务使用的主体分析

在前文内容中，我们回答了“社会为什么要发展或提供养老服务”，即为了补充家庭养老能力不足、帮助家庭实现顺利养老，并且实现“银龄经济”对于我国经济发展的贡献等。基于此，继续追问，养老服务究竟是为谁提供的呢？这显然是明确养老服务使用行为主体的必经之路。从文献梳理来看，大家对此的看法并一致，主要存在以下两种观点：

第一，认为养老服务是为老年人提供的，老年人是使用养老服务的主体。这是主流观点。在传统中国，家庭是其政治伦理的原点和国家的福利单位，居于国家政策视野的中心地带（徐晓新、张秀兰，2016），近年来，由于受到西方个体主义文化背景下公共政策的影响，个体取代家庭成为基本的福利单元（郑全红，2007），我国的老龄政策也通常将老年人而非家庭作为养老服务的对象。例如，《社会养老服务体系建设规划（2011—2015）》提出“……以满足老年人养老服务需求、提升老年人生活质量为目标，面向所有老年人，提供生活照料、康复护理、精神慰藉、紧急救援和社会参与等设施、组织、人才和技术要素形成的网络”。《国务院关于加快发展养老服务业的若干意见》提出“建立以企业和机构为主体、社区为纽带、满足老年人各种服务需求的居家养老服务网络……上门为居家老年人提供助餐、助浴、助洁、助急、助医等定制服务”，“社会养老服务……着眼于老年人的实际需求”等内容。《老年人权益保障法》也提出“为居家的老年人提供生活照料、紧急救援、医疗护理、精神慰藉、心理咨询等多种形式的服务”。在养老服务供给和使用的相关研究中，国内外学者也大多将老年人作为服务使用主体予以考量（王莉莉，2012；章晓懿、刘帮成，2011；丁志宏、王莉莉，2011；Ya Lin Liu，2004；Lawrence et al.，1994；Mieke et al.，2015）。

第二，认为养老服务是给家庭提供的，老年人和家庭成员都是养老服务利用的应然主体。尽管政府和学界似乎已经接受了“老年人是养老服务使用主体”的观点，然而仔细梳理文献，可以看到在学界对社会化养老的价值和意义进行论证之初，并没有说明社会养老服务就是为老年人提供的。例如，人口研究编辑部所策划的《社会化养老：问题在哪里?》当中，刘贵平（1999）明确指出“社会所提供的养老服务是针对家庭的养老需求，如老年日托、家庭病房护理、购物、家庭生活照料等服务的购买者应该是家庭”。Bass 等（1987）认为，在应用安德森模型研究老年人的服务利用时，应该将家庭成员的因素也考虑进去，实证研究也证明家庭照顾者的特征可以显著地影响服务使用水平。新修订的《老年人权益保障法》规定了家庭养老的基础性地位，以家庭为单位的养老服务政策提升了家庭的重要性（徐晓新、张秀兰，2016）。学者也关注了家庭对于老年人使用养老服务的影响，例如田北海等（2014）研究发现家庭人口数、代际数、上过大学的家庭成员数等会对老年人养老服务需求产生影响；养老服务实践也在探索为照料者提供服务帮助，比如喘息服务。总的来看，持此观点的研究者并未否认前一种观点的不合理之处，也没有明确提出养老服务使用的主体框架，因而，在养老服务使用研究的背景之下，养老服务使用主体的理论框架（也即政策的对象性）有待进一步突破，以此来破解当前遇到的诸多问题，并为家庭友好型养老政策的创制提供思路。

我国社会养老方式的实质是“社会帮助家庭实现顺利养老”（杜鹏，2016），作为被照顾者的老年人和作为照顾者的家庭成员自然都应该被帮助，两者之间的关系也应予以考量。那么，当前这些需要被帮助的人究竟是怎样的群体、他们的行为和经历又会怎样影响其服务使用呢？世代（Cohort）的视角为了解这一人群特征提供了重要抓手，我国学者刘能（2003）曾将当代中国人分为五代，分别是：战争和共和国的一代、“文革”的一代、恢复的一代、“三明治”的一代、“我”字当头的一代。其中与涉及养老活动的有以下三类组合。

第一类组合：战争和共和国的一代与恢复的一代。父辈大多出生于1945年以前，经历了20世纪前半期的动乱和战争，中学多处于战争年代，成长并生活在中华人民共和国成立之初，目睹了旧中国的动荡黑暗和新中国的统一光明，对于改革开放以来的社会进步和发展充满感慨。他们的子女大多出生于1956～1967年，由于受到三年自然灾害和“文革”的影响，这一代人大多并非理想主义追求者，也非物质文明追求者，他们是改革开放的生力军，也是当前社会、政治、经济和文化的精英；同时，由于正值第二次人口生育高峰，所以这一组合的子女数量相对较多。这样的“父母—子女”组合注定了父辈的需求较低且容易满足，子女的照料资源相对充裕而且比较理性。

第二类组合：“文革”的一代与“三明治”的一代。父辈大多出生于1946～1955年，许多人经历了一系列大事件，由于接受的是共产主义教育，很多是理想主义追求者；他们青春年华时正值“文化大革命”，错过了接受良好教育的机会，对于子女及后辈寄托了自身未了的理想。他们的子女大多出生于1968～1979年，他们对于“文革”印象较少，更多地接受了现代的正式教育，有远超乎前

几代人的知识体系和意识形态，同时也具有更深刻的传统文化价值观。这一组合注定了父辈的精神需求相对较高，子女数量也比较多，他们支持和理解子女的倾向明显，子女虽然继承了传统的养老理念，但也开始探索更加理性的养老模式。

第三类组合：恢复的一代和“我”字当头的一代。虽然仍需要对自己的父母进行养老，但恢复的一代大多已进入了老年期。我国在20世纪70年代末80年代初开始施行计划生育政策，所以恢复的一代大多只有一个孩子，是我国首批独生子女父母，他们对于子女养老的预期相对较低，对于社会养老的期望较高。子女一代大多是80年代以后出生，伴随着经济进入高速发展轨道，他们在物质方面具有得天独厚的条件，形成了以自我为中心的发展理念。与前两类组合相比，这一组合中父母对于家庭养老的预期较低，对于社会养老具有相对较高的需求，子女一代则人格相对独立、自我意识比较强，因此，他们所追求的养老模式将更倾向于社会化和理性。

需要说明的是，本研究的目标并不在于分析不同队列的老年人在养老服务使用方面的差异，上述分析内容主要是希望读者对于当前老年人及其家庭有更形象、更深入的认识，以便更好地理解本研究的数据分析结果。

### 2.1.4 养老服务使用的决策过程

虽然学术上尚未刻画出养老服务的使用主体，但老年人与其家庭成员均是养老服务最重要的利益相关方则是肯定无疑的。那么，他们是怎样做出使用或不使用养老服务的决策的呢？

正如贝克尔（2005）在其《家庭论》中所表达的思想：家庭的诸多行为都是出于对家庭利益最大化的考量，而且现代社会中家庭决策正在走向理性化。以医疗卫生服务利用为例，第一代安德森卫生服务利用模型就已聚焦于家庭，认为健康服务利用通常是一个家庭的决策结果，因为是否利用健康服务与一个家庭的健康水平和社会经济特点有着密切的关系（Andersen，1968）。从决策主体来看，Cicirelli（2006）研究发现，老年人照料的决策是由老年人和成年子女共同参与的“双元决策”模式（Dyadic Model）且子女主导着决策过程，老年人往往属于从属角色（Subordinate Role），并且子女与老年人的关系影响着决策结果，通常“母—女”比“母—子”更易于产生良好的结果。Lin Chen（2013）采用危机管理、代际沟通和不确定性管理理论研究了12对上海老年人与其子女在决定入住养老院这件事情上的决策过程，发现两代人在这一问题上考虑的事情不同，而且子女在这一问题上具有主导地位；在照料危机出现时，孝道往往不再是决策过程所考虑的问题。从决策元素来看，Baila 和 Stephanie（1991）研究发现，随着照料时长的增加，由于照料者个体的原因（而非照料者与被照料者关系的）会提高老年人使用正式照料服务的概率；而且，老年人是否使用养老服务不仅决定于家庭的经济状况，还决定于家庭照料资源状况、父母与子女的关系以及一些社会文化因素等（Baila，Stephanie，1991；Virginia et al.，1997）。由于这个决策不仅关系到老年人福利，更关系到家庭福利，所以往往是一个“观察、比较和分析、深思熟虑”之后的一个最佳决策（施巍巍等，2015），这也反映出了理性“经济人”的决策特点。从决策干预来看，正是因为老年人做出接受社会养老服务的选择是非常困难的，迈出这一步可能需要很长时间（Valkila 等，2010；施巍巍等，2015），所以在不出现疾病或者生活不能自理等万不得已的情况时，老年人及其家庭通常很少去考虑养老服务利用的问题；一旦出现了突发情况，家庭往往难以在一时之间做出合理的决策。针对此，社会工作人员认为应该帮助老年人家庭在必要时做出更科学、合理的决策，事实上在国外已经出现了类似于“推进老年照料家庭决策模型”（Advance Elder Care Family Planning Model）的项目（Donna，1999），用来帮助老年家庭做出最佳决策。

从已有研究可以看出，老年人是否使用养老服务通常是多主体参与的决策过程，一则可能是由于老年人自身生理状况不佳而无法做出最佳决策；二则可能是因为配偶或子女等重要的家庭照料者对于未来的照料者或照料资源具有选择权；三则可能是因为老年人和家庭成员都不知道如何进行决策，故而需要外部力量介入。由于我国养老保障的普及是近些年才有的事情，普惠式的社会化养老在中国更是一种新鲜事物，所以中国老年人使用养老服务的决策有着明显的家庭决策痕迹，刻有赡养伦理、代际经济支持和文化观念等烙印，比如送老人进养老院（日间照料中心）可能是违背传统赡养伦理的；或者老年人的花销主要来源于子女，所以无权做出选择；或者老年人的“养儿防老”观念还比较重，阻碍其进行理性选择，等等，这就注定了中国的养老服务使用是比西方文化背景下更复杂的一个文化的、伦理的和经济的决策过程。

### 2.1.5 养老服务使用的影响因素

要想弄清楚养老服务使用的行为动力，那么首先需要明白究竟哪些因素在影响着养老服务使用。据前文可知，由于养老主体模糊不清、决策过程复杂化以及

经济社会转型等使影响因素的梳理变得异常复杂，在此尝试从宏观、中观和微观三个层次进行对养老服务使用的影响因素进行文献梳理。

2.1.5.1　宏观环境因素

如果将养老服务看作一种商品，那么它的“销量”不仅与消费者有关，更与社会环境和社会政策有关。正如本尼迪克特（1987）所说，“个人生活史的主轴是社会遗留下来的传统模式和准备的顺应，每一个人从他诞生时起，他所面临的那些风俗便塑造了他的经验和行为”，老年人的养老方式选择无疑也受到了社会大环境的影响。

第一，现代化进程削弱了“在家养老”与“子女供养”相结合的传统养老方式（张文娟、李树茁，2004），老年人不得不转而投向新生的社会化养老方式，以期来安度晚年。前文中所提到的第三类组合，即恢复的一代和“我”字当头的一代的组合类型更是如此，他们生育子女较少，且子女的自我意识较强，所以大多需要社会养老服务的帮助。同时，社会养老服务的大力发展也为满足老年人的这种需要提供了渠道。事实上，2000 年进入老龄化社会以来，老年人依靠社会养老的人数在不断增加，比例也在持续提高。第二，养老保障的发展提高了老年人的经济水平，激发了老年人使用社会养老服务的动力。程令国等（2013）研究发现新农保降低了老年人在经济来源和照料方面对子女的依赖性，参保老人对社会正式照料的需求有所增加。田玲和姚鹏（2015）通过对 2010 年 CGSS 分析发现，不论是在城市家庭还是农村家庭，拥有养老保险的家庭相对没有养老保险的家庭而言，消费水平明显较高。而且，日本的研究经验也告诉我们，2000 年日本实施长期护理保险制度以来，更多的老年人选择使用长期照护服务。这些都说明养老保障制度的完善可以从侧面刺激老年人使用正式养老服务。第三，养老服务日渐丰富、政策筛选性由严格变为宽松，刺激了老年人的使用意愿。中华人民共和国成立以来，国家养老政策规定：城市老人退休后其养老由原单位负担，农村老人由家庭和子女负责赡养，国家只负责对农村“五保”老人、城市“三无”老人进行救济，即养老服务遵循着“弱势选择”的原则。随着社会经济体制变革，特别是 2000 年进入老龄社会以来，我国养老服务开始由补缺型向普惠型转变，享受养老服务的准入门槛不断降低，越来越多的老年人加入到养老服务使用者的行列。总的来说，社会环境、宏观养老保障制度和社会养老服务的大力发展，均刺激了老年人及其家庭使用社会养老服务的动力。

2.1.5.2 中观家庭因素

家庭是人类社会中一种渗透着情感和传统的基本制度（胡湛、彭希哲，2012），对于规范家庭中代际间的行为具有重要作用。中国传统文化中“家国同构”理念深入人心（吴小英，2012），在经历了近现代以来家庭在国家政策视野中逐渐边缘化之后，近年来由于老龄化的不断加剧使家庭在国家政策创制过程中又受到了关注（徐晓新、张秀兰，2016）。研究发现，现代化进程并没有导致家庭功能的衰落，代际之间依然存在着密切的日常照料、家庭支持和情感慰藉（杨菊华、李路路，2009）。就养老服务而言，由于家庭难以实现顺利养老，所以才产生了养老服务，因此，服务使用自然与家庭成员即父母、子女以及代际之间的互动存在密切关系。

从家庭照料关系来看，田北海和王彩云（2014）研究发现代际数或儿子数越少，老年人的养老服务需求水平越高，配偶健在的老年人其养老服务需求水平相对较低；徐小平（2010）对城市首批独生子女父母养老问题研究发现，他们依靠子女照顾的比例大幅度下降并已不及钟点工和保姆提供的服务，这就说明家庭规模小型化确实间接促进了老年人使用养老服务。陶涛和丛聪（2014）研究发现，北京市老年人选择社会养老方式的因素并不取决于子女的数量，而是与子女的孝顺程度有显著关系；姜向群和刘妮娜（2015）研究发现，儿子数量会在一定程度上阻碍老年人选择机构照料，而且子女的情感支持而非经济支持会显著影响老年人长期照料模式的选择。

从家庭决策过程来看，因为家庭决策是一个富含情感的代际互动过程，而且在代际互动相关研究中，以子代为中心的研究往往强调行动者的理性逻辑，以亲代为中心的研究往往突出行动者的情感逻辑（刘汶蓉，2016）。例如，Lin Chen（2013）在研究 12 对上海市“父/母—子/女”就入住养老院的决策时发现，两代人的观点和所考虑的问题截然不同，子女认为应该入住养老院，因为那里的照护更专业，老年人也承认照料资源不足，但往往认识不到养老院的优势；虽然两代人都认同孝道观念，但子女在面对照料压力时，难以将传统的孝道付诸实施。而且，社会转型也强化了“亲子一体”的情感结构，“和合”与“共生”是当今代际关系的核心表现，比如在做家庭决策时往往从“对方利益出发”“考虑子女负担”或“代际理性合谋”等（刘汶蓉，2016）。

总之，除老年人自身之外，家庭成员（配偶和子女）也是决定是否使用养老服务的重要因素，更重要的是代际团结（Intergenerational Solidarity）及其在社会转型中的表现更为家庭在服务利用中的影响增添了利益的和情感的张力。

2.1.5.3 微观个体因素

对于此类研究，王莉莉（2012）已做过详细梳理，在此，根据研究目的，以研究者所采用的理论框架作为逻辑进行梳理。

第一，基于安德森卫生服务利用模型的研究。Krout（1984）研究发现，老年人生病时间越长、受教育水平越低、与子女互动越少越会提高使用养老服务的可能性，而且在婚的比不在婚的老人较少使用养老服务，拥有汽车的老人比没有汽车的老人更倾向于使用养老服务。Robert 和 Lauri（1993）研究发现，性别、种族、婚姻状况、收入水平、自理能力、健康自评、生活事件、精神状况等影响老年人使用养老服务，而且这些因素可以影响老年人是否意识到养老服务（Awareness）进而影响其是否使用。Denise 和 Ada（1995）研究了墨西哥裔、古巴裔、波多黎各裔的三类美国老人使用居家和社区养老服务的影响因素，发现年龄、居住安排、子女数量、公共支持、是否使用社区服务、自理状况、住院情况等会影响老年人是否使用居家和社区养老服务。Catriona 等（2015）根据爱尔兰老年追踪调查数据（Lrish Longitudinal Study on Aging）研究了老年人对于正式老年照护服务的使用情况，发现工具性生活自理能力越差、年龄越大和居住空巢的老年人，越倾向于使用养老服务，超过一半使用了养老服务的老年人生活是自理的，即没有 ADL 或 IADL 缺损。王莉莉（2012）针对中国老年人的调查发现，女性、高龄、受教育水平较高、生活不能自理、无偶、独居、子女较多、离退休、经济状况较好、享受养老保障和社区有养老服务的老年人更有可能使用居家养老服务。

第二，基于反向视角即阻力/障碍模型的研究。在安德森卫生服务模型盛行之时，也有一部分研究者从反向的视角来关注这个问题，他们认为只有了解了哪些因素阻碍行为的发生才有可能进行干预。Song - Lee Hong 等（2010）研究了服务使用者可能遇到的障碍，发现在控制了安德森模型中的前倾因素、使能因素和需求因素时，服务可获得性、是否意识到服务、是否购买得起、人员质量、担心侵犯个人隐私、复杂的行政手续、语言障碍、每个项目的数量和没有想到服务等因素都会影响个体是否使用养老服务。Duy 和 Rufina（2012）将影响养老服务使用的因素分为结构性障碍和社会性障碍两种，前者主要是指服务供给较少、服务难以获得等，后者主要有对正式照料依赖性高、宗教观点等。Ya - Lin Liu（2003）将阻碍老年人使用社会养老服务的因素分为外部因素和内部因素，其中外部因素包括语言障碍、文化差异等，而内部因素则是主观态度消极、文化观念差异、照料资源偏好等。

第三，基于其他模型或视角的研究。受到安德森卫生服务利用模型的启发，我国学者在研究中也对其他关键的影响因素进行了考量。例如，陶涛和丛聪（2014）将影响老年人使用养老服务的因素分为自身特质类（如年龄、性别、受教育年限等）、健康状况类（如心理健康、生理健康自评等）、家庭环境类（如配偶是否健在、孩子个数、孝顺程度等）、社区环境类（如是否有托老所、是否有上门护理服务、是否有老年餐桌等），研究发现性别、年龄、是否有离退休待遇、心理健康、子女孝顺程度等影响老年人是否使用养老服务，而且认为是否选择养老服务多是注重心理感受而非客观身体条件。姜向群和刘妮娜（2015）将影响老年人选择长期照料模式的因素分为人口学因素、社会学因素、代际支持因素，研究发现经济状况好、失能程度高、代际间亲密性弱的老年人选择机构长期照料可能性较大，而且子女的经济支持和子女数量不影响老年人是否选择机构长期照料。田北海和王彩云（2014）在研究老年人养老服务需求时将可能的影响因素分为身体机能、家庭结构、经济社会地位和当前养老方式四类，研究发现身体机能是社会养老服务需求的硬约束条件，身体机能越差，老年人养老服务需求水平越高；家庭人口数或上过大学的家庭成员数越多，代际数或儿子数越少，老年人需要养老服务的水平越高；配偶健在的老年人养老服务需求水平相对较低。

为了清晰地了解老年人养老服务使用的影响因素，在此将搜索到的自 1984 年以来的 29 篇英文文献和 24 篇中文文献进行了简单梳理，结果如图 2－2 所示。尽管我们似乎找到了养老服务使用的影响因素，但从图中很难看出这些因素究竟存在怎样的规律，这与以往研究的框架模糊不一致有关，而且在上述研究中除安德森卫生服务利用模型是相对成熟的之外，其他均是作者在一次研究中的“偶然归类”而已；而且，正是因为研究框架的不统一，导致所得到的影响因素并不是处于同一个层面的，比如性别、年龄、受教育程度等流行病学因素与服务认知、没有意识到服务、支付不起等行动动力类因素就不是一个层面的。本研究关注的是养老服务使用的行为动力，如果我们不提出新的理论框架，那么结果无非也是对上述因素的重复验证，因此，从理论上寻找新的突破口，来重新认识和组织这些影响因素，并在此基础上创新性地找到那些被忽视的关键因素就成为本研究的核心任务之一。

图2－2 有关老年人养老服务使用影响因素的文献梳理

### 2.1.6 老年人生活质量与养老服务的关系

生活质量一般用来衡量社会发展水平和社会成员的福利，伴随着改革开放我国也开始关注生活质量的研究与实践（风笑天，2007）。它可以全面地评价生活的优劣，而且可以从社会发展结果的角度来考察人口的生活状况（邬沧萍，2002）。它是一种科学评估社会政策的一种工具（朱浩，2014），它可以加深政府对社会问题的认知，并促进公共资源科学高效配置（Fayers，Bjordal，2001）。

目前，学界关于生活质量并未形成统一的定义、指标体系和评价准则（石智雷，2013），但达成了两点共识：第一，生活质量分为社会指标和个体指标。社会层面的生活质量通常用于指导政府发展计划或社会研究项目（周长城，2002），一般采用经济、政治、文化、教育、环境、医疗、人口等中宏观指标（风笑天，2007）。另外，社会层面的生活质量主要涉及人们对生活条件和需求满足程度的感知（卢淑华、韦鲁英，1992）。第二，生活质量包含客观指标和主观指标。其中，客观指标是生活质量的物质基础，因为因价值观和偏好不同，个体会对相同效用的评价大相径庭。文献中生活质量评估通常涉及生活满意度、物质生活水平、健康自评、心理健康、社会功能或自尊等（石智雷，2013；Cheung et al.，2005；李建新、刘保中，2015），甚至有的仅以生活满意度作为单一指标进行衡量（李建新、刘保中，2015）。综之，目前对于生活质量的评判有原则但其内涵不一而足，为研究者在实际研究中的操作化提供了空间。

作为一个亚群体，老年人的生活质量在人口老龄化日益严峻的中国受到了越来越多的关注，学者普遍认为生活质量是衡量老年人生存和发展状况的核心指标（邬沧萍，2002；朱浩，2014）。进入21世纪以来，学界关于老年人生活质量的研究开始相对集中，探讨其在创造有质量生活中的主体能力及其对生活质量的作用机理（Archana，Sangya，2015）。针对养老服务之于老年人生活质量的意义，近年来，国内外学者也提出应以生活质量来衡量养老服务的发展（李兵等，2019；丁建定，2013），并将其视为养老服务发展由重视成果转向发展成效的重要指标之一（葛蔼灵、冯占联，2018）。与此同时，我国涉老政策也将生活质量设为政策目标，例如2008年，《关于全面推进居家养老服务工作的意见》提出“全面推进居家养老服务……切实提高广大老年人生命、生活质量”；2012年，《社会养老服务体系建设规划（2011—2015）》也明确提出“以……提升老年人生活质量为目标”发展养老服务。总之，老年人生活质量是衡量养老服务发展成效的重要指标，国际学界关于老年人生活质量的研究新取向为我们提供了重要思路。

### 2.1.7 养老服务效应评估相关研究和方法

将研究方法综述聚焦在个体微观影响方面，并将视角着眼于老年人的生活满意度、幸福感、健康自评以及社会功能等广义的生活质量上。从以老年人生活质量作为因变量的研究来看，定量研究方法主要有相关分析法（蔡中华等，2016；陆杰华、周婧仪，2018；温海红、王怡欢，2017）、回归分析法（Cheung et al.，2005；康蕊、吕学静，2016）、固定效应模型分析（李建新、刘保中，2015）、倾向值匹配法（陈艳芳，2017；韩华为、高琴，2018）和设置工具变量法（沈科可等，2013）等。在这些研究中，将是否使用居家养老服务作为自变量的非常少，而且一般都采用了截面数据，而且是基于某一地方的调查数据（Cheung et al.,2005；温海红、王怡欢，2017），在程翔宇（2019）和马文静等（2019）最新的研究中，虽然他们以全国数据进行了分析，但是他们都是以“您所在的社区有哪些为老年人提供的社会服务”作为自变量的，这与是否使用还是不一定的，因此并不能回答“使用”居家养老服务对于老年人生活质量的影响是怎样的，并且也没有较好地克服样本内生性的问题。也就是说，养老服务效应评估的研究虽然之前有研究者做了探索，但是还有一些根本问题没有被克服。

# 2.2 理论基础

理论创新是推进知识进步的根本，也是指导实证研究的灵魂（Hendricks.，Applebaum.，Kunkel，2010）。从文献可见，现有研究均难以回答所提出的问题，亟须从理论上寻找新的出路。养老服务使用看似简单，但它不仅由老年人的状况决定，也与家庭成员及代际关系相关，而且与所处的经济社会大环境密切相关，是一个集众多因素于一体的综合性问题。在此，按照如下逻辑进行理论梳理：第一，紧扣本研究主题——行为，梳理个体行为所遵循的相关理论，并着重梳理老年人的行为规律性；第二，从社会发展的微观理论出发，考察个体及其家庭所嵌入其中的社会是怎样运行的，这种运行规律又是怎样影响个体行为的；第三，深入到老年学理论，分析个体在老年期的认知、情感及行为特征，并围绕老年人的行为决策来探查其规律性；第四，基于在家庭视角梳理相关理论，深入认识家庭整体以及“嵌入”其中的老年人及家庭成员的行为遵循怎样的规律；第五，对理论进行创新性整合，从而为提出本研究的理论框架奠定基础。

## 2.2.1 行为学理论

### 2.2.1.1 需求层次理论

这是行为科学的核心理论之一，由美国心理学家马斯洛于 1943 年在其《人类激励理论》一文中提出。该理论认为当个体的生理需求（Physiological Needs）、安全需求（Safety Needs）、爱和归属感需求（Love and Belonging）、尊重需求（Esteem）或者自我实现需求（Self - Actualization Needs）未得到满足时，躯体就会产生一种不平衡的紧张状态，这种紧张状态会促使（Drive）个体去寻求相应的刺激（马斯洛，2007）。尽管该理论关注了人的社会属性，但其根本的人性假设带有生物决定论的色彩（叶浩生，2014），一方面，体现在它非常关注个体作为“生物人”而产生的需求，比如饥、渴、性等；另一方面，体现在它认为需求的满足遵循着“刺激—反应”的简单行为模式，即认为只要使用社会养老服务就可以解决老年人的需求、降低行为驱力，可以说存在着生物还原论的（Reductionism）的风险。对于老年人而言，衰老导致其身体功能受限、认知功能损伤和情感意志失常等，使得他们生活难以自理，不得不寻求外界帮助以维持生存；如果家人无法满足其需要，那么使用养老服务的行为动力（Drive）就会产生，可以说生物属性为老年人使用养老服务提供了原始动力。目前，国内外有关老年人服务需求评估的量表大多基于其生理性需要而编制，民政部、上海、北京的评估标准超过95%是反映老年人生理状况的。

2.2.1.2 行为选择理论

人的行为遵循怎样的逻辑历来是哲学家探讨的热点，发端于哲学关于人性的探讨，即自私的还是唯意志论的，被新古典经济学家继承和发展，亚当·斯密据此提出人的行为遵循理性选择，即趋向于采取最优策略，以最小的代价取得最大收益，这就是早期的理性选择理论。随着研究的深入，学者发现人们的行为选择并非总是理性的，也会受到其他因素的影响，Ajzen 和 Fishbein（1991）在相关研究基础之上提出了计划行为理论（Theory of Planned Behavior，TPB），认为行为的产生受到行为态度、主观规范和知觉行为控制的影响，其中，主观规范是指个体在决策是否执行某种行为时感知到的社会压力，比如预期中重要他人或团体对其是否应该执行某种特定行为的期望等；行为态度是指个体对于执行某种行为的喜爱或者不喜爱程度的评估；知觉行为控制是指个体感知到执行某种特定行为的难易程度。研究者对于老年人行为的研究也验证了这一点，例如谢立黎（2014）应用该理论研究了老年人使用网络的影响因素，发现三类变量都会对其使用行为产生影响，其中，主观规范的影响主要来自子女、孙子孙女和同辈群体等。

2.2.1.3 消费行为理论

当前养老服务并未发展成公共产品，使用养老服务就不免属于一种消费过程，自然会遵循消费者行为理论。最初该理论强调消费者是完全理性的，效用仅仅来自于物品的消费，后来吸收了心理学、社会学等知识，认为社会关系、情绪和认知也会影响个体的消费决策，由此可以看到个体的消费行为由追求效用向追求象征意义发展，人性假设也由“经济人”向“社会人”和“自由人”发展。王菲（2014）对于中国老年人的研究也发现，我国老年人的消费行为可以分为探索型消费、自愿节俭、价格感知、品牌忠诚、流行时尚、消费谨慎性、享受型、信息搜索八种类型。

既然研究养老服务使用需要关注老年人的消费行为特征，那么自然也需要关注另外一个与此紧密相关的问题，即很多老年人的经济来源于他人而非自己（杜鹏、谢立黎，2014），有的老人甚至出现了“零消费”的现象（张岭泉等，2008），也就是说老年人“钱包里没有钱或者说钱包里的钱不是自己的”，这对于消费者而言将不可避免地影响其消费决策与消费行为。有关这种资金来源多元化的消费，行为科学家 Richard Thaler（1985）在其《心理账户与消费者行为选择》一文中提出了心理账户理论（The Theory of Mental Accounting），认为除了荷包这种实际账户外，人们头脑中还存在着一个心理账户，会把客观等价的支出或收益放在不同的账户中，即分门别类地进行管理，在消费决策时通过心理账户的评估来决定取舍。对于老年人而言，钱包里的钱一是来自于自己或配偶（如退休金、劳动所得、经营收入等），二是来自于子女供养，三是来自于政府或社会，如何在心理账户上“放置”这些来源不同的资金，将无疑会影响到他们对于社会养老服务的消费行为。事实上，章晓懿和梅强（2011）针对441位上海市接受居家养老服务的老年人研究也发现，获得政府补贴的老年人对于各项服务质量的评价均高于自费老人，也侧面反映出了心理账户的影响。关于代际经济互动对于老年人行为的影响将在家庭理论部分予以探讨。

### 2.2.2 社会学理论

社会学理论既有关注宏观社会结构与运行的社会建构论、社会运行理论等，也有关注微观人际关系的符号互动理论、社会认同论等，由于本研究的因变量是微观的个体行为，故而着重梳理微观的社会学理论，在某种程度上这些理论也属于社会心理学（Social Psychology）的范畴。

#### 2.2.2.1 社会认同理论

社会认同理论是社会心理学家于20世纪70年代在研究群体行为时提出的一个理论，核心观点是认为个体通过社会比较（Comparison）与社会分类（Classification），对自己的群体产生认同（Identity），并产生内群体偏好和外群体偏见。社会认同理论在研究个体行为与集体行为时经常被采用，认为个体是否会产生某种行为与他们是否认为自己属于某一群体有着直接的关系，如果个体认同自己是一名学生，那么他/她就会表现出更符合学生规范的行为；老年人对于自己是否属于老年人的身份认同也会影响其行为表现，假如一个60周岁的人还不认为自己是老年人，自然也不会表现出老年人的行为特征。研究也发现，我国老年人的身份认同存在队列差异，新一代老人对于自己作为老年人身份的认同程度偏低（谢立黎、黄洁瑜，2014），比如，同样是70周岁的人，新一代的老年人往往觉得自己还没有到70岁，这种转变与个体身体状况和社会文化密不可分。

由前文论述，养老服务的产生是基于家庭在老年人养老方面存在困难，它的目的是用来解决老年人及其家庭养老困难的，根据社会认同理论的推导，如果老年人使用了社会养老服务，要么是他/她们认同了“自己已经是老年人了，而且是一个需要帮助的老年人”了，要么是他/她们认同了“自己的家庭是存在养老困难”。在社会养老服务还是“补缺型”的时代，政策一般只会选择、“三无”或“五保”等特殊老人予以支持，这不可避免地使使用养老服务的群体带有了“污名”① 的嫌疑，可能会“阻碍”老年人的社会认同；但是，在养老服务已经属于“普惠型”的今天，所有的老年人或家庭都有可能面临养老困难，也就无所谓“选择性”和“污名”了。但是，社会观念往往是滞后的，“污名”效应也许还存在，影响着老年人或子女因缺乏社会认同而不愿意去使用养老服务。

2.2.2.2　社会互动理论

社会学家科尔曼（1990）曾指出“社会科学的首要任务是要解释社会现象，而不是单个人的行为……我们需要关注的是人们的行为所发生的社会系统……”因为单个人的行为往往是社会群体互动的结果，因此，要想明了养老服务使用行为的本质，自然就需要关注社会互动的影响。社会互动（Social Interaction）并非特指某一个理论，而是一系列以“互动”为核心的理论，涉及社会学、心理学、经济学等领域，强调个体之间、群体之间、个体与群体之间的互动对于行为人的影响。一般地，社会互动可以通过偏好、心理因素或者信息共享机制对个体行为起作用（Durlauf，2004）；社会互动或社会交往还可以通过重塑个体的自我概念，从而影响其行为（米德，2014）；而且，互动也是建立个体信任（Trust）的基础，信任往往可以直接作用于个体行为（万涛，2009），研究发现，信任水平越高，那么个体的消费行为越强（刘威等，2010）。

社会资本理论（Theory of Social Capital）是社会互动对个体行为产生影响的一个典型理论。该理论认为人与人的关系可以被视为一种资本（Capital），其对于个体获得社会稀缺资源来说具有重要影响，中国社会是一个典型的熟人

① 污名（Stigma）本质上是一种消极的刻板印象，是社会对某些个体或群体贬低性的、侮辱性的标签，对被污名者有着深刻的影响，比如认为使用养老服务的老人就是无收入、无劳动能力或者是没人赡养的等。

社会，人与人之间的社会关系对于个体的生存与发展影响巨大：一方面，社会资本可以使个体通过信息共享而获得稀缺资源，比如社会资本越丰富的个体越有可能获得就业机会（Lin Nan 等，2013）或获得成功（祝平燕，2010），机制在于信息在社会资本之间的共享效率会超过正式合作程序（如社会政策）。另一方面，社会资本富含一种积极的情感，它可以激发普遍信任和制度信任的产生（Paxton，1999），当个体对于制度产生了信任，那么这种趋向行为自然就会产生。研究显示，村域社会资本会使农民对于新农保制度产生更多信任，从而促使其参保（吴玉锋、吴中宇，2011）。对于老年人而言，在养老服务尚属于一种新鲜事物和稀缺资源时，谁能获得这种信息、资源或信任，谁就更有可能去尝试使用养老服务，这自然与个体的社会互动以及因此获得的社会资本有很大的关系。

另外，作为个体对自己的整体认识和评价，自我概念（Self－Concept）也会对其心理和行为产生重要影响，而自我概念是个体在与他人的社会互动中形成的（米德，2014）。对于老年人而言，“我究竟是一个怎样的人”“我已经是一位非常老的老人了吗”“我是一个无法得到子女供养的老人”等有关自我的一些判断或概念，可能会直接促使其产生养老服务的需要。

2.2.2.3　符号消费理论

人类社会已由“匮乏的生产社会”进入到了当前“丰盛的消费社会”，消费行为成为人们的一种普遍行为。社会学家鲍德里亚（2001）正是在洞悉这一社会本质之后而提出了符号消费理论，他认为物质的极大丰富使生产者需要以标明差别的形式来“推销”产品，“物”和“商品”因此具有了一种符号；同样由于物质的丰富，人们对于商品的认识不再局限于商品的使用价值满足人的固有需求情况，恰恰相反的是，商品使人产生了需求，商品从其功能性中解放出来了。与马克思的观点相比，消费不再被视为使用价值向交换价值的转化，而是被视为交换价值向符号价值的转变，对于符号的追求超过了对于物质功能的追求，而且大众传媒技术也助长了符号消费的发展。

对于养老服务的消费而言，可能也存在符号消费的现象。社会化养老对于中国人而言是一种新鲜事物，养老服务的产生从功能上来讲是为了弥补传统的家庭养老功能弱化，由于产生于消费社会，而且遭遇家庭功能、代际关系与伦理观念的急剧变化，所以使社会养老服务的消费也不免被打上符号的烙印。一方面，与伦理观念相交织会形成一种消费阻力，因为传统上养老是子女或家族的责任（如果没有子女，往往通过“过继”同族内其他孩子来解决无子女老人的养老问题)，转而向契约式的社会养老服务寻求帮助时，难免会因为社会养老服务所携带的符号特征而退避三舍。另一方面，与新兴消费符号相交织会形成一种消费动力，正是由于社会化养老是一种新鲜事物，而使用养老服务也代表着一种新兴的、时尚的消费倾向，那么抱着“尝鲜”的心态去使用养老服务的情况自然会形成一种趋向于社会养老服务的动力。那么，究竟养老服务在被消费时带有怎样的符号意义呢？它们是如何促进或阻碍老年人使用养老服务的呢，需要进行深入研究。

### 2.2.3 老年学理论

#### 2.2.3.1 脱离理论和活跃理论

作为老年学的第一个理论，脱离理论（Disengagement Theory）产生于1961年，它认为老年人由于身体日渐衰弱，会主动或被动地从社会中退出，减少社会活动和社会联系，而且认为这种脱离有利于老年人的晚年生活和社会承继。活跃理论（Activity Theory）是在对脱离理论的批判中发展起来的，它认为虽然个体进入老年期之后所扮演的强制性角色（如职员、领导、工人等）减少，但是非强制性角色越来越多，而且这种非正式地参与社会有助于老年人认识自我、提高生活满意度，两个理论曾对认识老年人的行为规律产生过重要影响。

按照活跃理论，老年人从岗位上退下来，虽然不再像以往在职场上那样打拼和竞争，但是围绕自己的生活圈也会形成一个“丰富多彩”的生活，比如有的老人积极参加志愿活动，有的老人参加老年大学，有的老人帮带孙子孙女等，有“精气神”的老人仍然会积极主动地参与社会，不断地尝试新鲜事物。虽然一定程度的“退出”有利于老年人身心，但是过度的“退出”不免会产生消极影响，比较极端的就是发生社会隔离（Social Isolation），主要是指因为与他人缺乏联系和互动、导致社交网络缩小或者消失，进而引发情绪低落、抑郁甚至自杀的情况，研究也发现我国老年人的社会隔离状况已超过1/3（张文娟、刘瑞平，2016）。社会隔离会对老年人的心理健康产生消极效应，这是得到证实的；但是，会不会也影响他们使用养老服务呢？毕竟社会隔离会导致信息渠道匮乏和信任建立困难，这就需要在研究中予以证实。

#### 2.2.3.2 选择、最优化和补偿理论

该理论是理解老年期个体心理行为发展的重要理论。研究之初，学者通常将

老年期看作一个不断丧失的阶段，认为个体只能被动地去适应这些丧失和退化。然而，随着心理学研究的深入，学者提出了毕生发展观（Life - Span Perspective），即用发展的眼光来看待人的生命全程，老年期也是个体不断发展的阶段，只不过是一种特殊的发展。Baltes（1990）基于毕生发展的视角提出了“选择、最优化和补偿理论”，认为每一个人生阶段的个体都有一种通过选择、最优化和补偿的策略来使自身的发展丧失最小化且获得最大化的倾向，只不过这种策略对于老年期的个体而言具有更重要的意义（许淑莲、申继亮，2006）。

选择是指个体由于适应能力和留存潜能降低而把他们的生活和工作限制在了较少的知识领域内，比如减少消耗体力的活动；最优化是指个体往往会从事自己擅长特定领域的活动，比如改长跑为散步等；补偿是指当个体长期使用的心理（或生理）能力消失或降低到临界水平时，他们会启用新的策略或技术来适应生活，比如老年人会选择技术帮助或医学干预来降低身体机能下降对生活的影响。对于老年人使用养老服务而言，一则他们可能会为了选择自己擅长的活动或保持自己的优势（比如绘画、跳舞等）而放弃自己并不擅长的活动（比如备餐、做家务等），从而选择老年餐桌服务、上门做家务等；二则他们可能会为了补偿自己逐渐衰退的身体机能（不只是在完全衰退时）而选择日常生活照料、上门做家务、做饭备餐等服务，比如由于视力、记忆力和运动能力下降导致做饭备餐变得不再容易（并不是不能做），从而选择购买老年餐桌或送餐服务来补偿。据此，可以认为老年人使用养老服务是为了个体老年期发展的需要，并非只是想要解决生活能否自理的问题。换句话说，养老服务作为一种外在的支持力量，其作用发挥并非只是在临界点。

#### 2.2.3.3 社会情绪选择理论

个体的情绪情感状况与其行为密切相关，心理学家针对老年人提出了社会情绪选择理论，该理论可以看作选择、最优化和补偿策略的一个分支，关注个体的情绪情感发展，同时在某种程度上也可以看作对脱离理论和活跃理论折中的结果。脱离理论认为老年人从社会中退出、减少社会联系对于其身心发展有利，而活跃理论则强调老年人应积极地去承担非强制性角色的工作。社会情绪选择理论则认为：老年人倾向于选择那些能引发自身积极情感的人进行交往，而回避那些惹自己伤心、生气或不舒服的人，因为他们意识到自己未来的时间是有限的；同时，与年轻人相比，老年人的社会交往不再以获取信息为主，而是为了保持良好的情绪体验。这种良好情绪的选择倾向，往往会影响到个体的交往对象以及某些行为选择。

研究显示，为了保持良好的情绪状态，老年人会逐渐缩小自己的社会交往圈，保持密切联系的人往往都是至亲、密友和知己，对于有宗教信仰的老人，密切交往的对象也包含一些教友。因为个体的信息来源、文化观念和行为选择与其所交往的对象有密切关系，老年人的这个“精华”的社交圈无疑会影响他们对于养老服务的选择行为。一方面是信息传递的机制，如果老年人的社会交往圈（如亲戚、朋友、教友等）较丰富，那么他们更可能接触到养老服务的信息，从而从众性地去使用养老服务；另一方面是情感维系的机制，如果自己的“精华”社交圈里有人选择了某种形式的机构进行养老，那么为了保持原来的情绪情感，老年人可能也会选择搬进同一个机构进行养老，比如空巢老人或留守老人的互助养老、独生子女父母的结伴养老，还有一些教友进行同修养老等。因此，应关注亲人以外的亲密朋友对于老年人行为的影响。

总的来说，脱离理论和活跃理论为认识老年人的不同生活状态提供了基础，后两个理论则为深入认识老年人的行为提供了途径，其中选择、最优化和补偿理论关注个体能力，社会情绪选择理论关注情绪情感，值得关注的是老年人的两种行为选择倾向可能会对养老服务使用产生影响。

### 2.2.4 家庭理论

家庭是本研究关注的核心要素之一：一是因为老年人“嵌入”在家庭当中；二是因为家庭成员承担着基础性的养老职责；三是家庭发展进入社会政策视野，家庭友好型的养老政策成为改革的方向之一；故而需要通过对家庭的功能、特征以及发展情况等进行理论化梳理，进而寻找到其与本研究的关联之处。

#### 2.2.4.1 家庭功能理论

对于家庭功能的关注最早出现在儿童和青少年社会适应的研究当中，产生了结构导向和过程导向的两种家庭功能理论，本研究关注家庭如何在老年人使用社会养老服务过程中发挥作用，所以重点探讨家庭功能的过程理论。

McMaster 在 1978 年提出了家庭功能模块理论，认为家庭的基本功能是为家庭成员提供生理、心理和社会性等方面健康发展的环境条件，为了实现这些功能，家庭需要具备问题解决能力、沟通能力、家庭角色分工、情感反应能力、情感卷入程度以及行为控制等功能（Miller et al.，2000）。Skinner（1980）提出了家庭过程模式理论，认为家庭的首要功能是完成各项日常任务，而且每项任务都

需要家庭成员一起去应对，并认为家庭任务的确定以及家庭如何完成任务受到家庭成员价值观和家庭规则（特别是家庭背景）的影响。

养老作为家庭的一项基本功能，不仅体现在条件允许的情况下，家庭成员给予老年人以照料和情感的支持，更体现在面对养老危机时积极发挥功能以应对。根据家庭功能理论，在面对老年人是否需要或选择使用养老服务时，家庭成员首先要充分沟通，通过扮演不同角色和行为控制来促成家庭决策的形成，从而解决家庭面临的养老危机。简单来讲，家庭成员的参与互动对于最终的决策是非常必要的，而且这个决策过程体现了价值观和家庭规则。因而，本研究将通过关注养老服务使用的家庭决策过程，进而来了解行为动力的来源。

2.2.4.2 家庭现代化理论

正因为老年人的服务利用行为是嵌入在家庭当中的，所以现代化进程对于家庭的影响无疑也会波及所嵌入其中的老年人。现代化进程中的人口转变与工业化、城市化以及家庭政策的推行等缩小了家庭规模、重构了家庭成分、改变了家庭环境、再塑了代际关系（杨菊华、李路路，2009）。从学术研究的角度来看，现代化对于家庭养老的影响可以从两个方面加以反映：一是客观的功能发挥，二是赡养观念的改变。

家庭规模不断趋于小型化（如图2-3所示），使得传统的家庭养老资源不断弱化，越来越多的老年人开始担心无人照料，例如，2010年中国城乡老年人生活状况追踪调查数据显示，39.88%的老年人担心需要时无人照料，其中，“比较担心”为23.64%，“非常担心”为16.24%（吴玉韶、郭平、苗文胜，2014）。尽管杨菊华和李路路（2009）在研究中认为在现代化进程中家庭凝聚力具有抗逆力性和强大的适应性，然而亲子在代际互惠方面“心有余而力不足”使得代际关系也因此变得“亲密有间”（Intimate but Distance）了，所以才需要发展社会化养老模式。虽然养老方面的家庭凝聚力并没有遭到破坏，但是人们的养老观念在潜移默化地发生变化，这种观念的转变对于老年人（及其家庭成员）选择养老方式具有最直接的影响。研究显示，赞同“养儿防老”的观念对于个体参加“新农保”具有较大的阻碍作用（王志刚等，2013）；同时，我国老年人“养儿防老”等传统养老观念正在逐渐淡化（纪竞垚，2016），也就是说养老观念的转变可能会释放出老年人使用养老服务的动力。

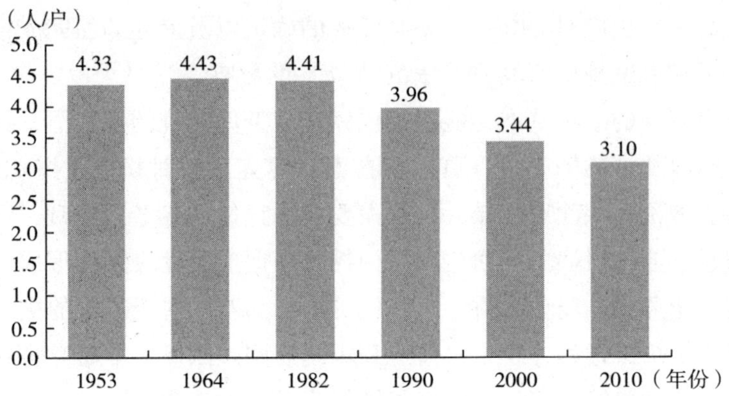


**图 2-3 第六次全国人口普查中国平均家庭户规模变动情况**

资料来源：中华人民共和国国家统计局《2011 中国统计年鉴》。

2.2.4.3 家庭发展视角

家庭发展是家庭社会学的一个研究领域，其核心是要提升家庭发展能力。近年来，经济社会转型期的家庭发展引起了学界的高度关注，虽然并未形成一个明确的理论，但这一视角对于我们研究家庭养老问题具有重要启示。家庭发展能力一般包括家庭禀赋、家庭功能以及家庭策略三个要素，家庭发展的根本目的在于整个家庭的收入提高、福利增加、禀赋累积与家庭和谐等（石智雷，2014）。通常来看，家庭禀赋在不同阶段为家庭功能的完善提供支持，并在家庭受到内外冲击时通过家庭策略的调整整合外部资源，从而实现家庭发展的可持续性。正是由于家庭是社会的最小单位，所以只有每个家庭得到了发展，才能使得整个社会得以发展①。

人口老龄化的不断加剧，已经使得养老活动成为威胁家庭发展能力的一种压力和挑战。由于家庭发展是现代社会永恒的话题，通过内外努力来保护家庭发展成为一种必然趋势。一方面，家庭内部会通过调整策略来应对冲击，比如代际经济支持可能会发生改变，对于能够独立养老的城市老年人来说，希望子女尽早自立以减轻父母独立养老的负担（刘汶蓉，2016）；另一方面，可能会借助外力来帮助家庭进行养老，即使用养老服务。总之，养老服务使用的动力之一，可能是

① 2016 年 12 月 12 日，习近平总书记在“推动形成社会主义家庭文明新风尚”讲话中强调“家庭是社会的细胞。家庭和睦则社会安定，家庭幸福则社会祥和，家庭文明则社会文明”。

家庭出于保护自身发展能力而做出的选择，有待证实。

社会政策理论也给了我们一定的启示。养老服务作为一种社会政策或制度安排，它的顶层设计是否科学、实施细则是否可靠以及对象群体是否明确等，都无疑会影响人们对于社会养老服务的倾向性。李兵（2016）提出，社会服务领域的政策最好以问题为导向而形成，比如社会服务是什么、如何做好社会服务和用户特性三方面的理论，并且每一方面包含正式理论和非正式理论两种。以用户特征理论为例，正式理论是指“正式言明的、用文字表述的关于用户个性、社会、行为、婚姻、家庭、阶级和性别等的理论”，而非正式理论是指“从经验中获得和使用的关于用户个性、社会行为、婚姻、家庭、阶级、性别等性质的界定以及由此形成的用于政策制定和实践关于社会服务功能的知识和假设”。

对于当前我国的养老服务政策而言，大多是基于人口转变和家庭功能而进行的“计划式”设计和供给，这也在某种程度上导致潜在需求大但有效需求不足的局面，根本原因在于养老服务政策的制定和实施缺乏严密的理论指导，比如为什么提供养老服务、为谁提供养老服务、怎么才能更好地提供养老服务，这些都需要深层次的逻辑做指导。本研究是针对养老服务的用户特性而开展的一种微观研究，希望研究结果对于改善现有政策有一定作用，使得社会福利和个体福利都能实现最大化。

### 2.2.5　理论整合

以上围绕“养老服务使用”各要素进行了理论梳理，发现养老服务使用的复杂性，主要体现在行为主体的复杂性、行为动力的复杂性以及所发生情境的复杂性等，任何单一的理论均难以解释这项复杂的行为。既然本书是探讨养老服务使用的行为规律，那么就通过回到上述理论的“元理论”处进行思考，希望能提出整合化的理论框架。行为科学认为个体的每一种行为或行为倾向背后都有一定的动力机制（冬青，1987；侯玉莲，2005），人性假设是了解行为动力的重要抓手（阿尔特曼等，1990）。自 19 世纪以来，西方学者基于哲学层面对于人性的思考，先后提出了“生物人”（Biological Human）、“经济人”（Economic Man）和“社会人”（Social Man）等人性假设（马斯洛，2007；张劲松，2010；古洪能，2013），并在此基础上发展了诸多行为理论，也就是说人性假设是先于行为理论提出来的，这也提示我们：回到人性假设层面也许能为本研究理解养老服务使用行为的复杂性找到出路。“生物人”“经济人”和“社会人”是老年人最基本的人性假设，三种人性假设的内涵如下。

“生物人”最初是由社会科学研究者提出的，认为个体在生命之初只具有生物属性（或自然属性），是一个由呼吸、循环、消化、神经、运动和内分泌等组成的不断进行新陈代谢的开放巨系统，随着个体的社会化才具有了社会属性和经济属性等。在生命周期中，婴幼儿期和老年期往往是个体生物属性（或自然属性）相对凸显的两个阶段，因为前者尚未社会化，而后者处于身体机能衰退阶段。趋利避害是个体作为“生物人”的本能需要，也是其行为产生的根本动力（车文博，2007），老年人在身体机能衰退时也会像婴儿一样，由于生活不能自理而产生寻求照料服务的行为倾向，事实也证明随着老年人身体自理状况越来越差，所需要的照料服务资源也在逐渐增多。

“经济人”的思想最初由亚当·斯密在《国富论》中提出，最后由帕累托引入经济学，是对个体经济生活和经济行为的一般抽象。尽管“经济人”的内涵在不断发展完善，但其崇尚理性行为和追求利益最大化的原则并没有改变（张劲松，2010）。当养老服务尚未发展成为公共产品时，老年人使用养老服务的过程就是一种消费过程，就不可避免地要遵循“经济人”的人性假设。事实也是如此，比如本应用来购买照料、护理、小时工等服务的养老服务券，常常被老年人用来购买食品和日用品，尽管要面临着“贬值”的风险（张汝立等，2012）；比如研究发现，相同数额的养老服务券对于特困老人和较为富裕的老人所产生的效用完全不同（张航空、石郑，2015）等。前文所提到的心理账户理论也是个体作为“经济人”的一种表现。

“社会人”是社会心理学家梅奥于1924年根据霍桑实验（Hawthorne Effect）提出来的，其核心是认为个体的态度和行为更多的是由情感而非逻辑引导的（梅奥，2013），这与马斯洛认为个体除了生理和安全需要之外还有归属与爱的需要相一致。正如马克思所说“人的本质是各种社会关系的总和”，若剥离掉人的社会属性，那么人也就不能称其为人了，经过60多年社会化的老年人其社会属性（比如社会角色）比以往任何一个阶段都丰富，研究也发现适当的社会卷入有助于老年人的身心健康（刘颂，2006；Li Ting，2013），所以“社会人”属性对于我们探究老年人的养老服务使用行为是很必要的。一则社交网络越大，替代性的照料资源也可能越多；二则社会交往越丰富其获得信息的渠道越宽广；三则社会互动越丰富，社会信任越容易建立等。

根据已有文献，“生物人”和“经济人”对于老年人养老服务的影响比较易于理解，毕竟生活自理与否直接决定着他们是否使用养老服务，而养老服务的“商品”属性也注定了购买服务是养老服务的第一道关卡，需遵循“经济人”的规律性。“社会人”属性的纳入不仅是因为老年人具有社会属性，更是与养老服务的发生发展密切相关的。一方面，养老服务的发展将传统伦理式的且饱含情感的养老活动推向了契约式的理性活动，这种转变必然会牵涉人的伦理观念和文化传统；另一方面，正是因为社会养老方式再塑了人的养老观念和文化，所以养老服务是具有时代性和世代性的，不同时期出生的老年人其养老观念肯定是有差异的。上述两点是老年人的生物属性和经济属性所不能反映的，故而需要考察“社会人”老年人的影响。

表2-1对上述四类理论所隐含的人性假设进行了剖析，同时也列出了这些理论对于本研究的启示，至此，似乎找到了一个更高层面的解释框架。回头再对图2-2所示的杂乱无章、毫无规律可言的影响因素进行梳理，似乎也有了一定的规律可循，如图2-4所示。其中，有些因素的归类有些牵强（比如居住安排放在“生物人”属性里），需要在对行为主体进行重新界定的基础上做进一步分析。

**表2-1 理论所隐含的人性假设及其对本研究的启示**

| 理论类型 | 具体理论 | 人性假设（部分） | 对本研究的启示 |
|---|---|---|---|
| 老年学理论 | 活跃理论/脱离理论 | 生物人、社会人 | 生理机能衰退是客观的，但积极的非强制角色参与有利于老年人生活质量，使用社会养老服务某种程度上也是一种社会参与 |
| | 选择、最优化和补偿理论 | 生物人、经济人 | 使用社会养老服务可能是老年人选择、最优化和补偿等适应性发展策略的主要内容 |
| | 社会情绪选择理论 | 生物人、社会人 | 老年人的“精华”社交圈对于其行为具有重要影响，且情绪情感的维系与调节尤为重要 |
| 行为学理论 | 需要层次理论 | 生物人、社会人 | 生理、安全需求是社会养老服务利用的根本动力，同时社会性的需要也很重要 |
| | 行为选择理论 | 经济人、社会人 | 利益最大化是个体行为的根本动力，同时也受到来自他人的主观规范的影响 |
| | 消费行为理论 | 经济人、社会人 | 追求效用最大化和部分象征意义是消费行为的动力，也会受到社会关系、情绪和认知的影响；不同来源的资金会影响消费行为 |

续表

| 理论类型 | 具体理论 | 人性假设（部分） | 对本研究的启示 |
|---|---|---|---|
| 社会学理论 | 社会认同理论 | 社会人 | 老年人对于自己是否属于应该使用养老服务来解决自身养老困难的哪个群体的认同程度，会影响他们是否使用养老服务 |
| | 社会互动理论 | 社会人 | 亲密群体互动会为老年人带来更多信息、增加其对社会养老服务的信任、重塑自我概念 |
| | 符号消费理论 | 社会人 | 使用社会养老服务因与传统观念相悖而形成阻力，也会因其新鲜而吸引老年家庭使用 |
| | 社会政策理论 | 生物人、社会人 | 科学的社会养老服务政策设计需关注用户主体特性，背后的价值观和供给逻辑很关键 |
| 家庭理论 | 家庭功能理论 | — | 家庭成员有为老年人提供照顾的义务，而且在面对养老决策时，家庭成员要参与决策 |
| | 家庭现代化理论 | — | 现代化改变了家庭的养老功能，使代际之间变得“亲密有间”，依赖社会帮助成为必然 |
| | 家庭发展理论 | — | 家庭会通过调整代际关系和借助外力（社会养老服务）来应对养老压力，从而确保家庭发展 |

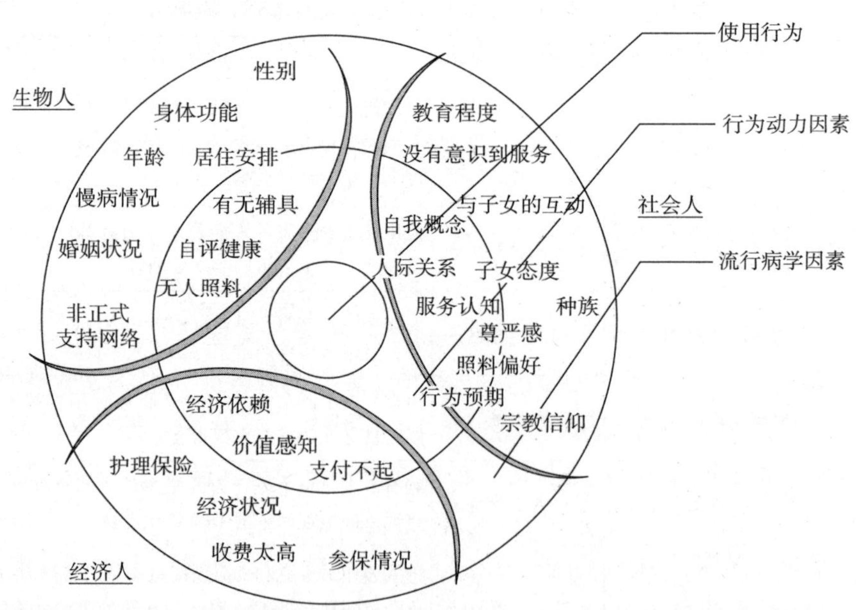


图 2－4　经过理论梳理的老年人使用养老服务的影响因素（与图 2－2 对比）

# 2.3 文献述评

本章围绕养老服务使用的四个研究问题，对国内外研究文献进行了梳理，而后从老年学、行为学、社会学以及家庭等视角梳理了与本研究相关的理论，并对理论进行了整合。结合本书研究目的，对文献资料进行如下评述。

## 2.3.1 有关养老服务供需的研究大多是自上而下的视角

长期以来我国施行计划经济体制，“计划式”配给思想体现在人们生活的方方面面。作为一项重要的社会服务，养老服务在某种程度上也沿用了这种“计划式”的配给模式，比如给“三无”和“五保”老人配给服务等。一旦出现供需失衡，首先会从供给角度寻找原因，比如制度设计、供给数量、服务质量等，导致目前对于养老服务供需失衡的研究大多是自上而下的视角。也有一些研究是关注养老服务链各要素之间的界面障碍（Interface Barrier）的，比如倡导打通供需渠道（林宝，2017）等。王莉莉（2012）在其博士论文末尾提出了研究期望，希望能整合心理学、社会学、经济学等知识以自下而上的视角来研究养老服务利用的规律性，这无论是对于养老服务的供给侧改革，还是削减各要素的界面障碍都是非常重要的，亟待开展深入研究。

## 2.3.2 有关养老服务使用行为主体的认识还比较模糊

在政策上，我国老龄政策大多将老年人作为养老服务的使用主体，这与社会政策受到西方个人主义文化的影响不无关系，虽然也重视家庭养老的基础性地位，但在政策中并没有很好地融合“家庭本位”的思想，某种程度上也破坏了主体的完整性，使得家庭友好型的养老政策成为一种期待。在研究中，有的学者认为养老服务使用的主体是老年人，有的则认为是老年人和家庭成员，也有的认为主要是家庭成员，概念的模糊不清导致有关行为动力的研究无从下手。总的来看，家庭成员（特别是子女）是养老服务使用的重要利益相关者，加上社会变迁使得代际关系发生变化，所以要想知道养老服务使用的动力，那么必须明确养老服务使用的行为主体，并考量社会变迁对于主体行为的影响。

### 2.3.3 有关养老服务使用的理论非常匮乏而且针对性差

由于一直以来我国社会服务供给大多属于“计划式”的配给，很少有理论关注服务利用的问题，至于社会养老服务的使用更是甚少有人关注，仅有的一些研究也大多采用了安德森卫生服务利用模型。我们知道，养老服务与医疗卫生服务存在本质差异，采用医疗卫生服务利用规律来研究养老服务使用问题无疑是不恰当的；而且，随着养老服务市场化的繁荣，老年人及其家庭可以选择的方式越来越丰富，他们怎样选择养老服务将直接决定着养老服务市场的发展，考虑到养老服务使用在中国的复杂性，亟须提出中国文化背景下的有关养老服务使用的理论模型。

### 2.3.4 养老服务使用影响因素大多属于流行病学因素

正是由于研究者大多采用安德森卫生服务利用模型研究养老服务使用问题，所以导致目前有关养老服务使用的影响因素大都属于流行病学范畴，对于本研究了解养老服务使用的规律性作用有限。因为本研究关注的是养老服务使用的行为动力，而流行病学因素与行为动力之间还存在“行为黑箱”，不明就里的情况使得我们无法回答本研究的核心问题。当然，以往研究已取得的成果为本研究的深入开展提供了宝贵资料，就目前情况来看，需要结合养老服务本身的属性以及行为产生的规律将这些流行病学因素进行细化和具体化，从而提出养老服务使用的行为学分析思路，进而予以验证。

### 2.3.5 目前对于养老服务使用的行为机制关注不够

如果说，行为动力只是形成“行为黑箱”的组件，那么这些组件的组合方式才是“行为黑箱”得以运转的内部机制，所以要想剖析养老服务使用的“行为黑箱”，还必须了解行为动力之间的作用机制。由于以往研究大多只是停留在流行病学的影响因素研究层面，所以对于行为机制的研究更是属于空白。一则可以从养老服务使用的决策过程入手加以关注，因为决策包含主体、动力因素等；二则可以从关注多元人性假设之间的作用机制入手，因为不同的人性假设对于行为的影响往往并不是平行的。

### 2.3.6 养老服务效应评估的研究还很少而且问题突出

通过现有文献，我们发现目前我国对于养老服务效应进行评估刚刚起步，而且还存在不少问题。第一是研究方法没有较好地克服偏差，主要体现在没有较好地处理养老服务使用与非使用的非随机性分配，虽然有一些文章采用了回归分析通过控制协方差来达到平衡数据的目的，但终究还是没能有效地推断出因果关系，难以获得自变量的平均干预效应（Average Effect of The Treatment on The Treated，ATT）。第二是干预变量并不十分精确，主要体现在自变量是"社区有没有"还是"是否使用"养老服务，显然前者是考量养老服务干预效应的精确变量，但是已有研究多以"社区有没有"作为自变量。另外，养老服务类型和数量不尽相同，这就不可避免地增加了研究结果的不确定性。第三是研究对象的代表性不够，我们知道要想全面地评估养老服务的发展成效，就需要基于全国数据来进行研究，至少要在城乡、地域和群体等特征做到平衡，但是目前的研究，除个别研究以全国数据分析之外，其他均基于地区性或特殊群体的数据分析所得，这就大大地影响了研究结果的代表性和权威性。

## 2.4 小结

本章围绕"养老服务使用的行为模型"这一研究主题的三个子问题进行了文献回顾和理论梳理。一是明确了养老服务的概念及内涵；二是了解了国内外有关服务使用的研究进展；三是梳理了养老服务使用的主体和决策过程；四是重点了解了养老服务使用的影响因素。理论梳理主要是围绕研究问题的核心要素"服务使用行为"从行为学、老年学、社会学以及家庭四个方面进行了分析，一是没有任何一个现成的理论可以解释养老服务使用的行为规律；二是由于我国养老服务使用牵涉伦理、情感、时代和世代等元素，"社会人"的纳入成为一种必然。通过回到行为学的"元理论"即人性假设处来对现有理论进行整合式分析，探索提出了养老服务使用的"生理人—经济人—社会人"多元人性假设模型，为本研究理论框架的提出奠定了重要基础。同时，也对养老服务效用的研究进行了全面梳理，发现研究方法的有偏性、研究对象的代表性和干预变量的不确定性是科学地评估我国居家养老服务效应的三大掣肘，亟须克服与推进。

# 第3章　研究设计

本章将在文献分析和理论梳理的基础上，围绕研究目标进行研究设计，包括服务使用主体的理论建构、整个研究的理论框架（包含两部分），而后围绕三个研究问题提出了相应的研究假设。为了验证研究假设，需要依次进行多项实证研究，本章还将设计技术路线图，统领后续的研究内容。

## 3.1　理论框架

### 3.1.1　行为主体的理论建构

明确养老服务使用的行为主体是第一步工作，行为理论的“元理论”告诉我们，每一个使用养老服务的人都是“生物人”“经济人”和“社会人”的综合体；考虑到在中国文化背景下，家庭成员、亲朋好友、政府和社会组织等都可能起到重要作用，所以将多元人性假设与多主体的事实相结合，抽象出养老服务的供需，如图3－1所示，该图右下角的方框图即是对于养老服务使用主体的抽象。①左上角是政府和社会，它们一方面通过服务评估和服务识别了解老年人及其家庭的养老服务需求；另一方面通过政策引导促使企业或组织生产出相应的服务，以便提供给用户主体；同时，政府出台的养老政策也会对老年人的微观系统产生影响。②左下角是企业或组织，它们根据政府的政策导向以及在服务提供过程中所了解到的老年人及其家庭养老服务需求，生产出相应的居家养老服务和机构养老服务并提供给用户主体。③右下角是养老服务使用的行为主体，也是本图的核

心所在，是指以老年人为核心的、可以产生养老服务使用行为（含行为倾向）的一个微观系统，包含“生物人”“经济人”和“社会人”三个组分。之所以说它是一个系统，是因为它符合系统（System）的两个基本条件，即至少包含两个不同的元素，而且各元素之间是相互联系的（贝塔朗菲，1987）。

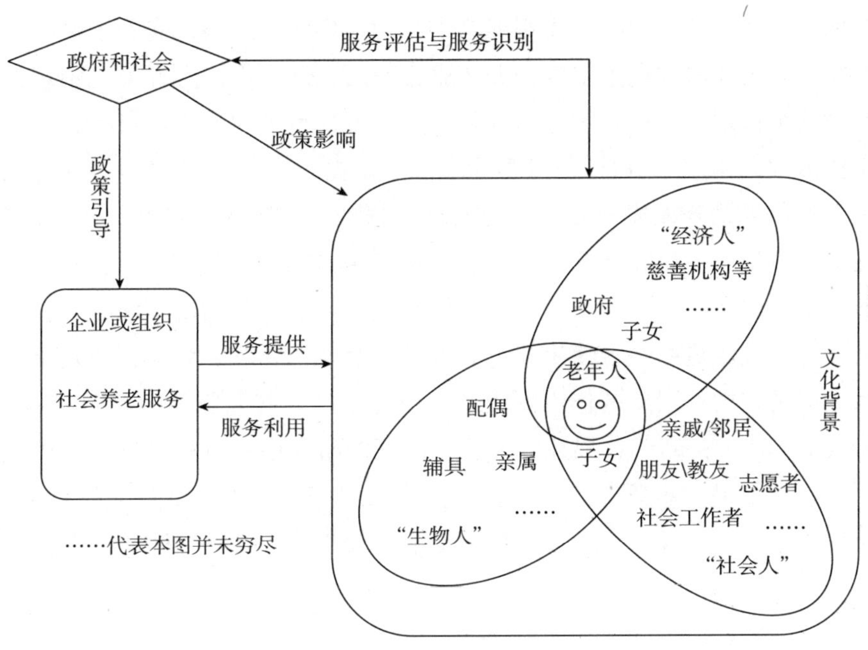


**图3－1　养老服务使用的行为主体构念**

总的来看，“生物人”“经济人”和“社会人”作为该微观系统的三个组分，共同为系统的功能（即产生趋向于养老服务的行为或行为倾向）而“贡献”力量。就“生物人”属性来说，如果一个老年人生活不能自理且配偶、子女或者亲属等又无法照顾他，根据趋利避害的行为逻辑，自然会产生使用养老服务的行为动力，两个条件缺一不可。就“经济人”属性而言，如果老年人需要使用养老服务，而且自己有钱或者子女、政府、慈善机构等给他钱供他购买养老服务，根据追求利益最大化的行为逻辑，他/她有可能去购买和使用养老服务，两个条件缺一不可。只有上述两个条件还是不够的，如果老年人接触不到养老服务信息或者没有建立起对于养老服务的认同和信任，抑或是自己“养儿防老”的观念在作祟，即使自己确实需要养老服务，而且有钱去购买，那么最终也不会产生使用养老服务的行为。总之，养老服务使用的主体框架不仅使我们明确了其动力来源，而且也为家庭成员的重要作用找到了合适的位置，为后续行为动力的研究奠定了基础。

### 3.1.2 行为动力的理论框架

明确了行为主体之后，需要明确这个行为是如何产生的，受到了哪些因素的影响？在文献回顾时我们了解到，养老服务使用受到宏观社会环境、中观家庭因素以及微观个体因素等的影响，而且是一个经过慎重考虑的决策过程，加之服务使用主体的理论构念（如图 3－1 所示），于是提出了由“环境层—动力圈—决策框”共同构成的养老服务使用动力的理论框架，如图 3－2 所示。①环境层主要是指社会变迁、人口转变、家庭变化、政策和制度环境等所产生的宏观影响，比如养老服务政策、养老观念变迁、居住方式变化、福利制度发展等，它们对于老年人及其家庭成员的是否使用养老服务必然会产生影响。②动力圈是指老年人及其家庭成员在内外因素的作用下所产生的对于社会养老服务的趋向（Tend to）或退避（Withdraw）行为，以往有关影响因素的研究中，一般只看到使用或者没有使用的行为结果，本研究所探讨的是“行为黑箱”，所以重点关注行为过程。相对于环境层，动力圈对于个体行为的影响比较直接。③决策框的提出正是由于

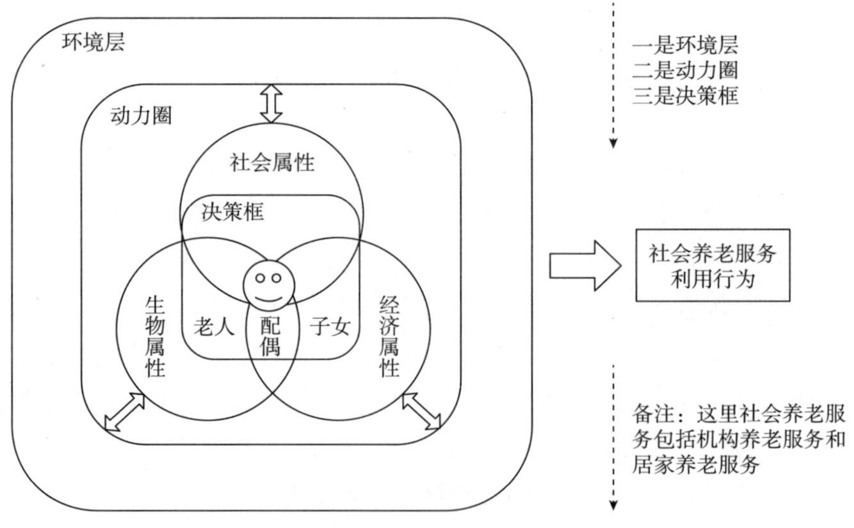


图 3－2 养老服务使用行为动力的理论框架

考虑到在中国文化背景下，养老服务使用行为的产生与否往往是多个主体共同决策的结果，而且“社会人”的影响也使得服务使用是一种类似于群体决策的行为，故而需要综合考虑。环境层、动力圈和决策框三者之间是相互影响、相互制约的，行为主体的养老服务使用行为是在三层因素的共同作用下才得以产生或者湮灭的。

## 3.2 研究框架与研究假设

在 1.2 我们围绕研究目标提出了三个研究问题，结合图 3 – 1、图 3 – 2 的理论框架，在此针对研究问题提出相应的研究框架（如图 3 – 3 所示）和假设，如下：

假设 1：养老服务使用受到“老年人”生物属性、经济属性和社会属性的显著影响。具体来讲，不能自理程度越高，使用养老服务的可能性越大；越是追求利益最大化，越有可能使用养老服务；社会交往圈层越大、越频繁和越紧密，使用养老服务的可能性越大。如此一来，我们就可以初步勾勒出养老服务使用者的特征，如果能得到数据的验证，那么就很容易找到当前究竟哪些人正在享用社会养老服务，可以回答问题 1。

假设 2：养老服务使用源于行为主体（老年人及其家庭成员）对于其自身生理、经济和社会属性的综合考量，即服务使用者对于养老服务的行为态度。如果说，假设 1 只是对理论框架进行探索性、流行病学式的验证，那么假设 2 则是对这一研究框架的“行为黑箱”进行验证的过程，是行为主体对于某一问题综合考量的结果。如果得到验证，自然就可以剖析出养老服务使用的“行为黑箱”，即动力来源，可以回答研究问题 2。需要说明的是，此处隐含着一个假设，即老年人及其家庭成员（尤其是配偶和子女）是养老服务使用的行为决策主体，由于在中国文化中配偶和子女参与养老决策是一种广为人知的事实，故而不再将其作为假设予以验证。

因为涉及作用机制的研究，因此假设 2 还衍生出三个子假设。假设 2 – 1：探索出来的行为态度可以较好地预测养老服务使用行为或行为倾向。在前期调研的基础上，针对收入水平和教育水平还提出了两个调节效应假设。假设 2 – 2：收入水平对于行为态度影响服务使用者养老服务使用情况起到调节作用。因为收入水平影响老年人的服务消费，这在老年人医疗卫生服务使用的研究中得到了证实，同时它也是引起医疗卫生服务使用不平等的主要因素（解垩，2009；刘柏惠等，2012）。经济依赖性较高也是老年人收入的一种重要特征，根据 Thaler（1985）的心理账户理论可知，这种经济依赖性可能会影响到老年人的养老服务消费。但是，与前三类因素相比，收入因素更像是调节变量。假设 2－3：教育水平对于行为态度影响服务使用者养老服务使用情况起到调节作用。在国内外关于养老服务使用的研究中，都发现老年人受教育程度影响其是否使用养老服务，尽管正向或负向并不一定（Krout，1984；Robert，Lauri，1993；王莉莉，2012；彭希哲等，2017）。可能是因为①教育可能提高了老年人的收入水平和经济独立性（孙鹃娟，2017），增强了其购买能力。②教育可能提高了老年人对于健康养老资源的关注度，激发他们去使用养老服务。③教育可能改变了老年人的养老观念，使其更倾向于社会化的养老方式。④教育可能提高了人的逻辑判断能力和对抗社会世俗化的能力（刘铁芳，2010），使老年人能更加科学、理性地看待养老服务的价值，即“理性分析能力提高”假说。

假设 3：使用养老服务可以显著提高老年人的生活质量，并且呈现增长趋势。前文已论述，在评估养老服务效用时需要在效应指标的科学性、研究对象的代表性、研究方法的无偏性三个方面有所突破。本书希望以全国性调查数据、科学的老年人生活质量和无偏的估计方法进行研究，从而获得更为准确的研究结果。同时，将使用两期数据对干预效应的纵向发展趋势进行分析。

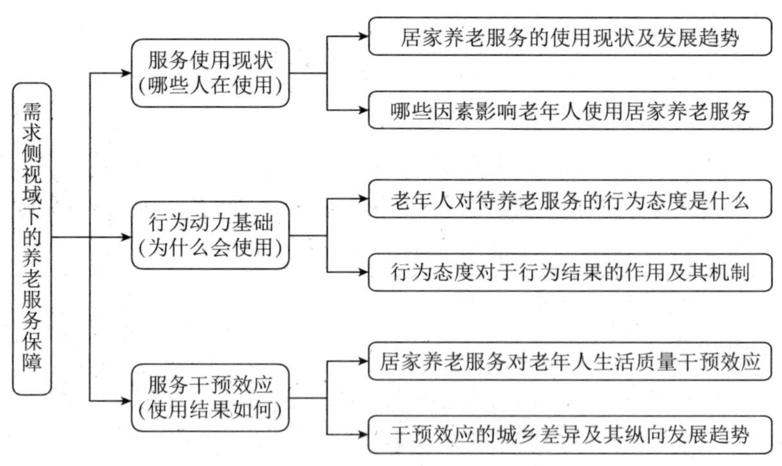


**图 3－3　博士后工作内容对博士学位论文的延伸**

## 3.3 技术路线

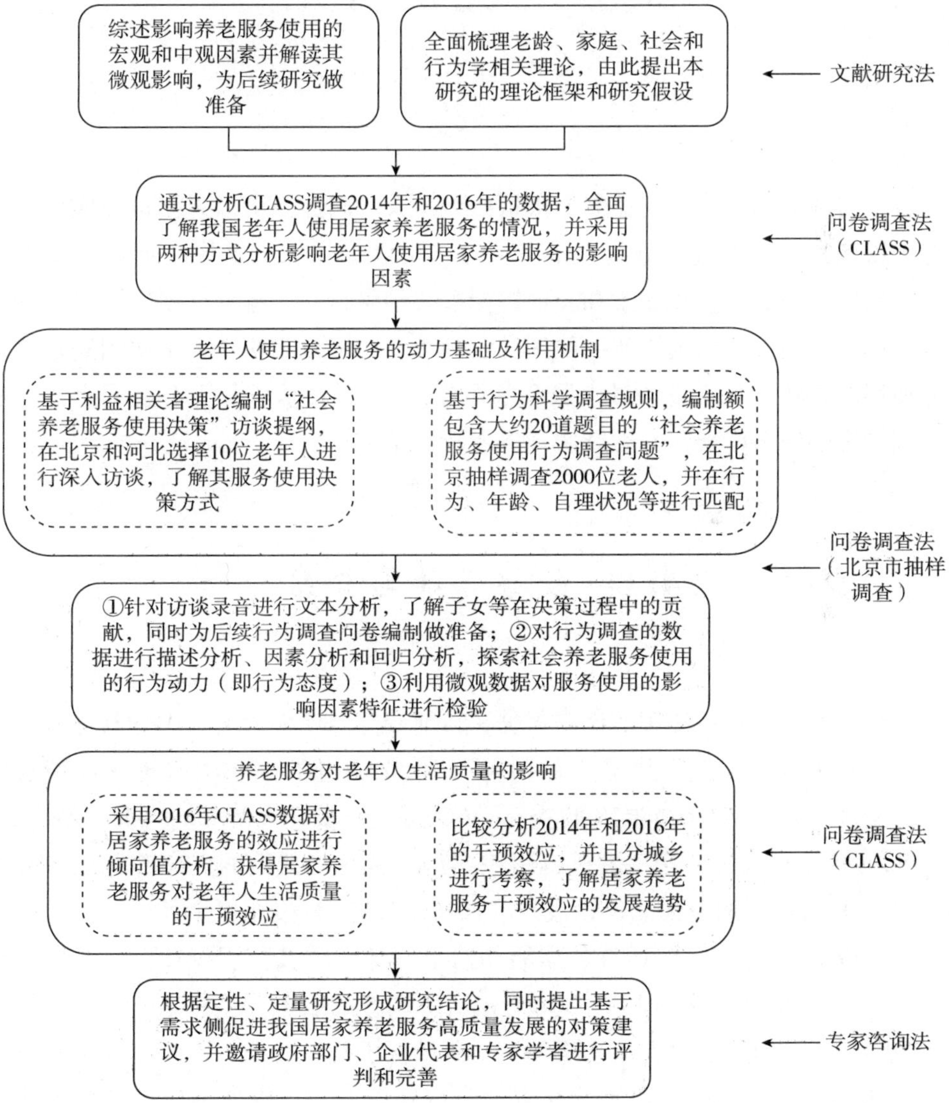

**图 3-4 技术路线**

# 第4章　我国老年人使用居家养老服务的现状研究

鉴于目前大调查均不涵盖养老机构的老年人，因此，将以规模最为庞大的居家养老服务的使用者进行分析。本章旨在了解我国居家养老服务使用的基本情况，并利用宏观数据初步探索和验证理论框架的可行性。将分三步完成本章研究任务。第一步通过比较选择所要使用的宏观数据，第二步初步了解我国居家养老服务使用的现状（如人群差异、城乡差异等），第三步从整体上分析居家养老服务使用的影响因素框架，为后续实证研究奠定基础。

## 4.1　数据选择与介绍

关于居家养老服务使用的调查数据，目前我国两项大型调查中均有涉及：一是“中国城乡老年人生活状况追踪调查”，由全国老龄办和国家统计局调查实施；二是“中国老年社会追踪调查”（China Longitudinal Aging Social Survey, CLASS），由中国人民大学相关机构组织实施。考虑到我国的居家养老服务是在2010年《社会养老服务体系建设规划（2010—2015）》发布以来才进入了大发展时期，所以2010年之后的调查数据能相对更好地反映其使用规律。目前能获得的2010年之后的调查数据只有CLASS；从所调查的服务类型来看，CLSSS涵盖的居家养老服务内容也是比较全面的，比如陪同看病、帮助日常购物和上门探访等。选择CLASS的另一个原因是与自变量的选取有关，因为本研究希望分析老年人的生理、经济和社会属性对其养老服务使用的影响，数据中需要包含这三类

自变量，而且越丰富越好。相比较而言，CLASS 更关注收集个体的社会属性因素，因此，决定选用 CLASS 数据开展本书的第一个实证研究。

CLASS 基线调查于 2014 年 8～10 月开展。调查对象是 60 周岁及以上的老年人群以及社区（村居）的工作人员。采用分层多阶段的概率抽样方法，最终覆盖了全国 28 个省份的共 462 个村/居委会（不包括香港、台湾、澳门、海南、新疆和西藏），有效样本量为 11511 个。将调查样本的年龄分布与第六次人口普查进行了比较，结果显示两者的拟合性较好（如图 4－1 所示）（杜鹏等，2016），说明 CLASS 数据具有较高的科学性、可信性和代表性，分析结果可以较好地推论总体。2016 年，CLASS 进行了首次追踪调查，在 2014 年问卷基础上增加了体育活动参与、互联网使用等情况的调查，获得有效样本量 11470 个。

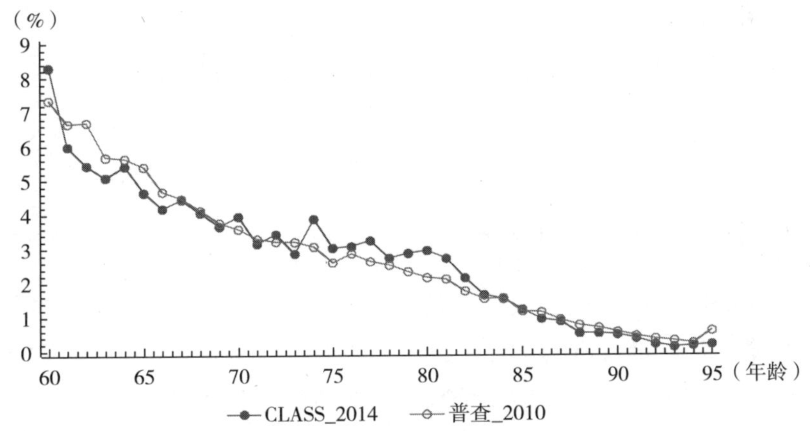


**图 4－1　CLASS 数据抽样结构和第六次人口普查结果的比较（错位比较，差 4 岁）**

CLASS 调查内容涉及个体特征、健康状况、经济状况、社会参与、养老资源和养老安排六个方面（如图 4－2 所示），并聚焦了老年人的养老服务需求、养老观念及安排、代际关系支持等，对于本研究探讨个体多元属性对其养老服务利用的影响提供了良好条件。同时，问卷设计过程中邀请美国南加州大学老年学研究者参与其中，为数据结果的国际比较提供了重要支撑。

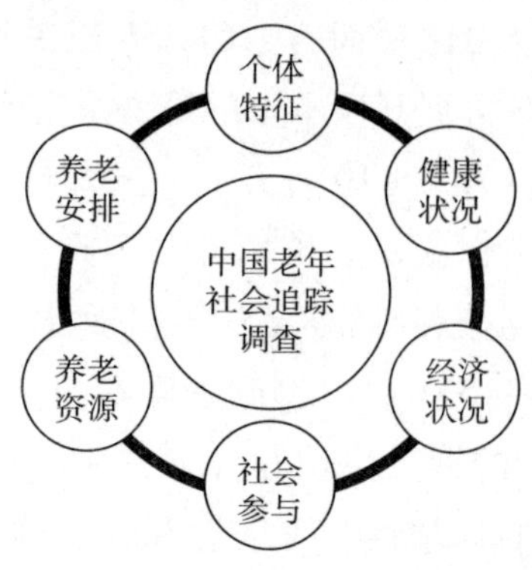


图 4－2　CLASS 数据的主要调查内容

## 4.2　居家养老服务需求情况

### 4.2.1　居家养老服务需求内容

CLASS 调查在询问了老年人对于九种居家养老服务（上门探访、老年人服务热线、陪同看病、帮助日常购物、法律援助、上门做家务、老年饭桌或送饭、日托站或托老所、心理咨询）的使用情况，只要使用过九种居家养老服务其中的一种，就视为“使用过”居家养老服务；同时，针对九种居家养老服务还询问了老年人是否愿意购买。在询问了使用情况和购买意愿之后，又询问了老年人“上述服务中，您目前最希望得到的服务或帮助是什么”（不可代答），将此内容作为老年人对于居家养老服务的需求情况。表 4－1 显示了两期数据中“需要”和“使用过”居家养老服务的老年人口数量及占比情况。

表 4－1　CLASS 两期数据中“需要”和“使用过”居家养老服务的老年人口数量及占比

| 老年人类型 | 2014 年 | | 2016 年 | |
|---|---|---|---|---|
| | 数量（个） | 百分比（%） | 数量（个） | 百分比（%） |
| *需要居家养老服务的老年人 | 1922 | 16.70 | 3524 | 30.72 |
| *使用过居家养老服务的老年人 | 801 | 6.96 | 787 | 6.86 |

续表

| 老年人类型 | 2014 年 | | 2016 年 | |
|---|---|---|---|---|
| | 数量（个） | 百分比（%） | 数量（个） | 百分比（%） |
| #使用过居家养老服务的城市老年人 | 453 | 10.10 | 438 | 8.56 |
| #使用过居家养老服务的农村老年人 | 348 | 4.96 | 349 | 5.49 |

注：数据来源于 2014 年和 2016 年中国老年社会追踪调查（CLASS）；＊标识样本总体的百分比，#分城乡的数据百分比是指各占城市、农村老年人口的百分比。

对两期数据中老年人的回答进行分析，并比较了 2016 年对于 2014 年数据的增长情况。两期数据中老年人对于居家养老服务的需求没有出现大的波动，其中农村老年人对于陪同看病、帮助日常购物、法律援助和老年饭桌或送饭的需求有所下降，但是对于老年人服务热线的需求出现了大幅增长；城市老年人对于日托站或托老所的需求有所下降，在其他方面的需求在增长，总体上城市老年人对于居家养老服务的需求出现了增长，但是农村老年人的需求出现了略降。

然而，对比表 4－1 中服务使用来看，虽然城市老年人报告需要居家养老服务，但是实际使用的比例却出现了下降；尽管农村老年人称需要居家养老服务的比例出现了下降，但是使用居家养老服务的比例却出现了上升，这背后的逻辑需要深入分析。是否有一种可能，城市老年人需要居家养老服务，但是当前的服务并不能满足自身需要，所以没有去使用，如果是这样，那么城市就对居家养老服务的高质量发展提出了更为急迫的要求，如表 4－2 所示。

**表 4－2　中国老年人的居家养老服务需求情况**　　单位：%

| 服务项目 | 2014 年 | | 2016 年 | | 增长情况（2016/2014） | |
|---|---|---|---|---|---|---|
| | 城市 | 农村 | 城市 | 农村 | 城市 | 农村 |
| 上门探访 | 3.00 | 2.89 | 3.00 | 2.93 | 0.00 | 0.01 |
| 老年人服务热线 | 1.88 | 0.99 | 1.95 | 1.20 | 0.04 | 0.21 |
| 陪同看病 | 3.61 | 5.75 | 3.69 | 4.94 | 0.02 | －0.14 |
| 帮助日常购物 | 0.57 | 0.83 | 0.62 | 0.71 | 0.09 | －0.14 |
| 法律援助 | 0.79 | 0.95 | 0.92 | 0.81 | 0.16 | －0.15 |
| 上门做家务 | 4.49 | 2.32 | 5.30 | 2.56 | 0.18 | 0.10 |
| 老年饭桌或送饭 | 2.16 | 1.49 | 2.54 | 1.48 | 0.18 | －0.01 |
| 日托站或托老所 | 1.00 | 1.06 | 0.89 | 1.11 | －0.11 | 0.05 |
| 心理咨询 | 0.28 | 0.20 | 0.30 | 0.22 | 0.07 | 0.10 |

续表

| 服务项目 | 2014 年 | | 2016 年 | | 增长情况（2016/2014） | |
|---|---|---|---|---|---|---|
| | 城市 | 农村 | 城市 | 农村 | 城市 | 农村 |
| 都不需要 | 82.21 | 83.51 | 80.79 | 83.97 | -0.02 | 0.01 |
| 合计 | 100.00 | 100.00 | 100.00 | 100.00 | -1~1 | -1~1 |

资料来源：2014 年和 2016 年的中国老年社会追踪调查（CLASS）。

### 4.2.2 居家养老服务购买意愿

如果说希望得到服务只是代表了一种使用意愿，那么购买意愿就更能反映出服务使用倾向了。调查还针对九种养老服务询问了老年人“是否会花钱购买该服务?”的问题。由表 4-3 可见，除城市老年人对于帮助日常购物的购买意愿出现了略降，在其他服务上城市和农村老年人的购买比例都出现了增长。

其中，农村老年人对于上门探访、老年人服务热线、陪同看病、帮助日常购物、法律援助、上门做家务六种服务的购买意愿显著高于城市，而城市老年人对于老年饭桌或送饭、日托站或托老所、心理咨询三种服务的购买意愿高于农村老年人。

与居家养老服务需求相比，购买意愿则更能反映出产业发展的方向。由表 4-3中城乡老年人对于不同居家养老服务的购买意愿可知，城乡居家养老服务资源的配置在提升的基础上，需要城乡有别、各有侧重。农村应加快对日常“帮助性”服务的发展力度，而城市对于老年饭桌或送饭、日托站或托老所等“照顾性”服务的发展力度要有所侧重，特别是大城市地区，如表 4-3 所示。

**表 4-3 中国老年人居家养老服务购买意愿比较分析** 单位：%

| 服务项目 | 2014 年数据 | | 2016 年数据 | | 增长情况 | |
|---|---|---|---|---|---|---|
| | 城市 | 农村 | 城市 | 农村 | 城市 | 农村 |
| 上门探访 | 3.60 | 2.37 | 3.99 | 2.78 | 0.11 | 0.17 |
| 老年人服务热线 | 4.51 | 2.64 | 4.89 | 3.03 | 0.08 | 0.15 |
| 陪同看病 | 5.44 | 3.58 | 5.60 | 4.07 | 0.03 | 0.14 |
| 帮助日常购物 | 4.22 | 2.24 | 4.18 | 2.57 | -0.01 | 0.15 |
| 法律援助 | 4.52 | 2.34 | 4.94 | 2.57 | 0.09 | 0.10 |
| 上门做家务 | 9.21 | 3.36 | 9.89 | 3.75 | 0.07 | 0.12 |
| 老年饭桌或送饭 | 6.85 | 2.83 | 8.01 | 3.18 | 0.17 | 0.12 |

续表

| 服务项目 | 2014 年数据 | | 2016 年数据 | | 增长情况 | |
|---|---|---|---|---|---|---|
| | 城市 | 农村 | 城市 | 农村 | 城市 | 农村 |
| 日托站或托老所 | 4. 31 | 1. 88 | 4. 95 | 1. 96 | 0. 15 | 0. 04 |
| 心理咨询 | 2. 84 | 1. 54 | 3. 12 | 1. 57 | 0. 10 | 0. 02 |

资料来源：2014 年和 2016 年的中国老年社会追踪调查（CLASS）。

## 4.3　居家养老服务使用者的特征

### 4.3.1　居家养老服务使用情况

针对九种居家养老服务，CLASS 调查询问老年人“是否使用过?”某项养老服务，为二分变量。分析显示，2014 年我国老年人使用养老服务的人数为 689 人，占总样本量 11511 的约 6%；2016 年我国老年人使用居家养老服务的人数为 787 人，占总样本量 11470 的约 6. 86%，略大于 2014 年的数据。表 4 –4 显示了两期数据中，每一项服务被老年人使用的情况。

表 4 –4　中国城乡老年人居家养老服务使用状况及发展趋势　　单位:%

| 服务类型 | 2014 年 | | | 2016 年 | | |
|---|---|---|---|---|---|---|
| | 农村 | 城市 | 总体 | 农村 | 城市 | 总体 |
| 上门探访 | 2. 91 | 5. 43 | 3. 90 | 3. 92 | 4. 71 | 4. 27 |
| 老年人服务热线 | 0. 71 | 1. 50 | 1. 02 | 1. 16 | 1. 64 | 1. 38 |
| 陪同看病 | 0. 81 | 1. 03 | 0. 90 | 1. 49 | 1. 51 | 1. 50 |
| 帮助日常购物 | 0. 61 | 0. 72 | 0. 65 | 0. 87 | 1. 45 | 1. 12 |
| 法律援助 | 0. 33 | 0. 51 | 0. 40 | 0. 94 | 1. 10 | 1. 01 |
| 上门做家务 | 0. 97 | 3. 74 | 2. 05 | 1. 49 | 2. 11 | 1. 77 |
| 老年饭桌或送饭 | 0. 24 | 1. 07 | 0. 57 | 1. 29 | 2. 54 | 1. 85 |
| 日托站或托老所 | 0. 14 | 0. 31 | 0. 21 | 0. 87 | 1. 56 | 1. 18 |
| 心理咨询 | 0. 13 | 0. 29 | 0. 19 | 1. 01 | 1. 10 | 1. 05 |
| 样本量 | 11511 | | | 11470 | | |

资料来源：2014 年和 2016 年的中国老年社会追踪调查（CLASS）。

尽管调查人员和执行过程可能存在差异，但老年人居家养老服务使用率并没有出现显著提升，个别项目还出现了下滑。2000 年、2006 年、2014 年、2016 年我国 65 岁及以上老年人口占总人口的比例分别为 6.96%、7.90%、10.1%、11.4%，呈现出快速递增趋势①。也就是说，某些居家养老服务使用率的提高可能是由于老年人口数量增加所导致的自然增长，居家养老服务的大量供给并没有“挤出”服务使用率，如图 4－3 和图 4－4 所示。

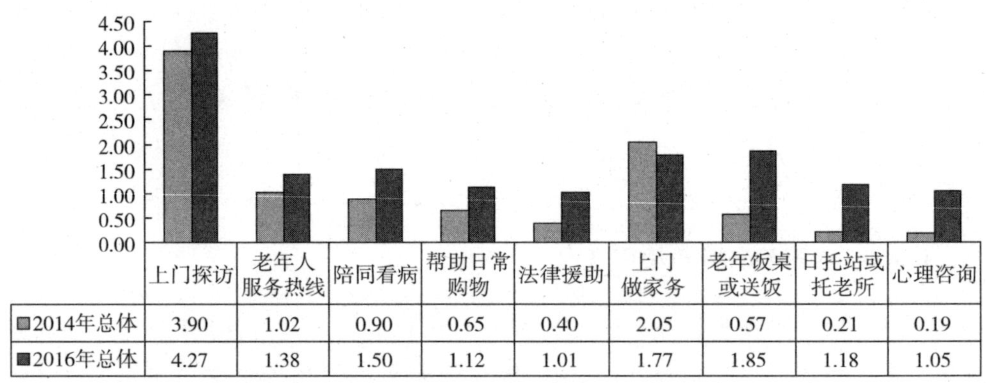

| | 上门探访 | 老年人服务热线 | 陪同看病 | 帮助日常购物 | 法律援助 | 上门做家务 | 老年饭桌或送饭 | 日托站或托老所 | 心理咨询 |
|---|---|---|---|---|---|---|---|---|---|
| 2014年总体 | 3.90 | 1.02 | 0.90 | 0.65 | 0.40 | 2.05 | 0.57 | 0.21 | 0.19 |
| 2016年总体 | 4.27 | 1.38 | 1.50 | 1.12 | 1.01 | 1.77 | 1.85 | 1.18 | 1.05 |

**图 4－3　我国居家养老服务使用率的纵向发展趋势**

资料来源：2014 年和 2016 年的中国老年社会追踪调查（CLASS）。

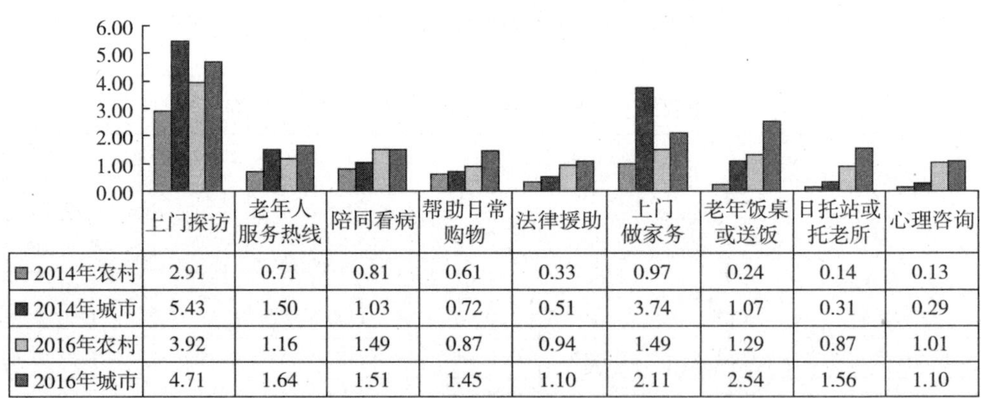

| | 上门探访 | 老年人服务热线 | 陪同看病 | 帮助日常购物 | 法律援助 | 上门做家务 | 老年饭桌或送饭 | 日托站或托老所 | 心理咨询 |
|---|---|---|---|---|---|---|---|---|---|
| 2014年农村 | 2.91 | 0.71 | 0.81 | 0.61 | 0.33 | 0.97 | 0.24 | 0.14 | 0.13 |
| 2014年城市 | 5.43 | 1.50 | 1.03 | 0.72 | 0.51 | 3.74 | 1.07 | 0.31 | 0.29 |
| 2016年农村 | 3.92 | 1.16 | 1.49 | 0.87 | 0.94 | 1.49 | 1.29 | 0.87 | 1.01 |
| 2016年城市 | 4.71 | 1.64 | 1.51 | 1.45 | 1.10 | 2.11 | 2.54 | 1.56 | 1.10 |

**图 4－4　分城乡的居家养老服务使用率纵向发展趋势**

资料来源：2014 年和 2016 年的中国老年社会追踪调查（CLASS）。

① 资料来源：国家统计局年度统计公报（2000 年、2006 年、2014 年和 2016 年）。之所以展示 2000 年和 2010 年的数据，是因为笔者还分析了中国城乡老年人生活状况调查的相关数据，某几项服务的使用情况，可以展现出 2000 年、2010 年、2014 年和 2016 年的情况。

### 4.3.2　居家养老服务使用者的特征

根据 2014 年的 CLASS 数据分析老年人使用居家养老服务的影响因素。为了全面反映老年人对于居家养老服务的趋向性，在此，将实际使用行为和购买意愿（即行为倾向）进行整合，生成一个综合性变量——养老服务使用行为（包含行为倾向）。操作过程为：将没有使用也不愿意购买的赋值为 0、使用过或者愿意购买的赋值为 1、使用过且愿意购买的赋值为 2，最后将得分加总表示老年人养老服务使用的行为指标，得分越高表示行为强度越大。考虑到家庭成员仍是我国养老活动的主体，当前绝大多数老年人并不需要使用居家养老服务，也就是说，在居家养老服务使用上老年人群体内部的差异性非常大；如果研究总体老年人的服务使用情况，可能会因样本偏态度较大而难以把握服务使用本身的规律性，故而在此聚焦于那些具有养老服务使用行为的老年人（即得分不等于 0），共筛选出 1568 位老年人，按照性别、年龄组和城乡进行展示，如表 4 -5 所示。

**表 4 -5　CLASS 具有养老服务使用行为或行为倾向的样本分布**

| 维度 | | 年龄组 | | | | | | | |
|---|---|---|---|---|---|---|---|---|---|
| | | 60 ~ 64 岁 | 65 ~ 69 岁 | 70 ~ 74 岁 | 75 ~ 79 岁 | 80 ~ 84 岁 | 85 ~ 89 岁 | 90 岁以上 | 合计 |
| 城市 | 男 | 137 | 107 | 102 | 87 | 69 | 19 | 9 | 530 |
| | 女 | 135 | 120 | 93 | 83 | 67 | 24 | 8 | 530 |
| | 小计 | 272 | 227 | 195 | 170 | 136 | 43 | 17 | 1060 |
| 农村 | 男 | 89 | 89 | 48 | 39 | 27 | 4 | 5 | 301 |
| | 女 | 58 | 51 | 45 | 15 | 24 | 4 | 10 | 207 |
| | 小计 | 147 | 140 | 93 | 54 | 51 | 8 | 15 | 508 |
| 合计 | | 419 | 367 | 288 | 224 | 187 | 51 | 32 | 1568 |

资料来源：2014 年的中国老年社会追踪调查（CLASS）。

拟采用多元线性回归方法来研究居家养老服务使用的影响因素，因变量为养老服务使用行为（含行为倾向）。之所以选择多元线性回归法，主要是基于两点考虑：一是数据分布，与全体老人的服务使用行为呈泊松分布不同，具有养老服务使用行为的老年人群体可以看作类似正态分布；二是数据特征，因变量养老服务使用的取值范围为 1 ~ 18，参考郑真真和周云（2014）在研究老年人口腔健康时将老年人失牙数量作为连续变量的做法，本书将养老服务使用看作连续变量，综合上述两点符合多元线性回归法的基本要求。因变量的含义和操作过程在

4.3.1 部分已进行了介绍，此处不再详述。

关于控制变量，在此选取两类控制变量。一类是一般的控制变量，包括年龄、性别、城乡、婚姻状况、文化程度、健在子女数，选择的依据是已有文献；另一类是认知与情绪变量，综合反映为抑郁状况，之所以控制老年人的抑郁对因变量的影响，是因为老年人抑郁的比例高于其他年龄段，而且它可以通过影响个体的注意偏向进而影响个体的行为选择（唐丹，2010；陈传锋等，2011；舒扬、杨洋，2014），在考量其对养老服务利用的影响时，需要予以控制。

第一类自变量：生物属性变量。包括生活性自理能力（ADLs）、工具性自理能力（IADLs）、自评健康和慢性疾病。ADLs 由个体在吃饭、穿衣、上下床、上厕所、室内走动、洗澡六项指标上的得分合成而来，取值 0～6，得分越高表示生活自理能力越差；IADLs 与此类似，是个体在做饭、做家务、打电话等 10 项指标上的合成结果，取值 0～9，得分越高表示工具自理能力越差。自评健康为 5 点记分，得分越高表示自评健康状况越差。慢性疾病表示个体患高血压等 24 种慢性疾病的种类数，取值 0～24，得分越高表示患慢性疾病的数量越多。

第二类自变量：经济属性变量。包括年收入水平、经济依赖性、服务补贴和资金规划意识。年收入水平是将老年人年收入按照低于 1200 元、1201～3600 元、3601～12000 元、12001～24000 元、24001～36000 元、36001～48000 元、高于 48001 元分为七个档次，得分越高表示收入水平越高（该变量的偏态系数仅为 0.184）。经济依赖性由主要经济来源生成，来源于自己为 0、来源于配偶和子女为 1、来源于其他为 2，得分越高表示经济依赖性越高。服务补贴是指个体是否享受居家养老服务补贴，享受为 1，没有享受为 0。关于资金规划意识，因为“经济人”的核心是追求利益最大化，在此我们认为对于养老做了资金规划的人往往具有追求利益最大化的倾向，反之则没有。

需要说明的是，一是由于受到调查本身的限制，所选变量并不能完全反映个体的三种属性，只是在某种程度上加以简单反映；二是自变量仍属于流行病学范畴，只是放在了行为学的框架下予以研究，所以本研究重在考察研究假设能否得到验证，理论框架是否恰当，而并不强调模型的解释力。

第三类自变量：社会属性变量。包括子女交往、亲属交往、朋友交往和社会融入性。社会交往是衡量个体社会属性的重要指标（王孝哲，2006），其中子女交往由见面频率和感情亲近性合成，得分越高表示与子女关系越好；亲属交往和朋友交往由见面、知心与帮忙的亲属或朋友数量生成，得分越高表示交往关系越

好。社会融入性由“我乐意参加村/居委会的某些工作；我常常想为社会做点事；我觉得我是个对社会有用的人”三题合成，得分越高表示社会融入性越高。之所以纳入社会融入性，是因为个体对于自我“社会人”身份的认同情况往往会影响其社会行为（米德，2014），得分越高表示社会融入性越高，如果一个人的社会融入性越高，潜在说明他/她是认为自己是一个“社会人”。因变量、控制度量的自变量的基本情况如图 4 –6 所示。

表 4 –6　因变量、控制变量和自变量的基本情况

| 变量 | 变量/变量含义 | 取值范围 |
|---|---|---|
| 因变量 | | |
| 养老服务使用 | 得分越高表示服务利用倾向越强 | 1 ~ 14 |
| 控制变量 | | |
| 一般控制变量 | 年龄、性别、城乡、婚姻状况、文化程度、健在子女数 | |
| 抑郁状况 | 得分越高，表示抑郁程度越严重 | 1 ~ 9 |
| 自变量 | | |
| ADLs | 吃饭、穿衣、上下床、上厕所、室内走动、洗澡得分总和 | 0 ~ 6 |
| IADLs | 做饭、做家务、打电话、提重物、购物等 10 项内容总和得分 | 0 ~ 9 |
| 自评健康 | 得分越高，自评健康状况越差 | 1 ~ 5 |
| 慢性疾病 | 得分越高，患慢性疾病类型越多 | 0 ~ 24 |
| 收入水平 | 得分越高，表示收入水平越高，偏态系数为 0. 184 | 七个等级 |
| 经济依赖性 | 得分越高表示经济依赖性越高 | 0、1、2 |
| 服务补贴 | 享受补贴为 1，不享受为 0 | 1、0 |
| 资金规划意识 | 有资金规划意识为 1，没有为 0 | 1、0 |
| 子女交往 | 得分越高，表示与子女关系越好 | 1 ~ 10 |
| 亲属交往 | 得分越高，表示与亲属关系越好 | 1 ~ 15 |
| 朋友交往 | 得分越高，表示与朋友关系越好 | 1 ~ 15 |
| 社会融入性 | 得分越高，表示社会融入性越高 | 1 ~ 15 |

资料来源：2014 年的中国老年社会追踪调查（CLASS）。

采用多元线性回归方法分析养老服务使用与控制变量和三组自变量之间的关系。根据一次调查很难判断养老服务使用与老年人生物、经济和社会属性之间的关系，加上变量的选择存在局限，所以本研究并不试图考察变量之间的因果关系，仅仅分析各因素与因变量之间的相关是否显著，为后续实证研究奠定基础。表 4 –7 为应用回归分析的结果，其中因变量为养老服务使用，模型 1、模型 2、

模型3是在控制变量的基础上分别纳入了生物属性、经济属性和社会属性的结果，模型4为全模型。尽管变量之间可能存在共线性，但统计显示四个模型并不存在严重的共线性问题，详见表中容差（Tolerance）和方差膨胀因子（VIF），可以作为分析依据。

**表4－7　居家养老服务使用影响因素的多元线性回归分析（参数估计值）**

| 变量 | 全体老人模型 | | | | 模型5 | 模型6 |
|---|---|---|---|---|---|---|
| | 模型1 | 模型2 | 模型3 | 模型4 | （城市） | （农村） |
| 年龄 | -0.012 | -0.009 | 0.013 | -0.013 | -0.036 | 0.077 |
| 男性 | -0.028 | -0.009 | -0.023 | -0.012 | -0.001 | -0.046 |
| 城市 | 0.44 | 0.078* | 0.049 | 0.075* | — | — |
| 不在婚 | 0.062* | 0.059* | 0.054 | 0.055 | 0.014 | 0.183** |
| 不识字 | 0.173*** | 0.112*** | 0.157*** | 0.122*** | 0.119** | 0.139** |
| 没有健在子女 | -0.036 | -0.018 | -0.052 | -0.037 | 0.018 | -0.057 |
| 抑郁状况 | -0.022 | 0.014 | 0.991 | 0.015 | 0.046 | 0 |
| ADLs | -0.056 | | | -0.067 | 0.009 | -0.202** |
| IADLs | 0.067 | | | 0.088* | 0.005 | 0.258*** |
| 自评健康 | 0.029 | | | 0.031 | 0.039 | 0.191*** |
| 慢性疾病 | 0.033 | | | 0.032 | -0.004 | 0.04 |
| 年收入水平 | | 0.112** | | 0.101** | 0.085* | 0.117* |
| 经济独立性 | | 0.016 | | 0.008 | 0.007 | -0.031 |
| 服务补贴 | | -0.026 | | -0.036 | -0.009 | -0.088 |
| 资金规划意识 | | 0.061* | | 0.063* | 0.054 | 0.092* |
| 子女交往 | | | -0.004 | -0.004 | -0.013 | 0.05 |
| 亲属交往 | | | 0.076** | 0.076** | 0.015 | 0.182*** |
| 朋友交往 | | | 0.038 | 0.038 | 0.079* | -0.016 |
| 社会融入性 | | | 0.046 | 0.046 | 0.063* | -0.003 |
| F值 | 6.145*** | 7.222*** | 7.189*** | 5.613*** | 3.827*** | 5.679*** |
| 容差（Tolerance） | >0.451 | >0.461 | >0.663 | >0.456 | >0.406 | >0.487 |
| 方差膨胀因子（VIF） | <2.747 | <2.169 | <1.508 | <2.813 | <3.379 | <2.717 |
| 调整后的$R^2$ | 0.036 | 0.043 | 0.043 | 0.055 | 0.047 | 0.145 |
| 有效样本量 | 1510 | 1509 | 1509 | 1501 | 1021 | 498 |

注：（1）标准化回归系数b；

（2）显著性，* P<0.05，** P<0.01，*** P<0.001；

（3）容差（Tolerance）和方差膨胀因子（VIF）均为自变量共线性的检验指标，上述六个模型的容差均远大于0.10，而且方差膨胀因子均远小于10，说明自变量之间不存在严重的共线性。

模型 1 在控制变量的基础上考察了生理属性与因变量的关系。出乎意料的是，模型 1 中所有的生理属性对于因变量均没有显著的预测作用。控制变量中的受教育程度和婚姻状况影响老年人社会养老服务利用，性别、年龄、健在子女数量和抑郁状况的影响均不显著，而受教育程度在四个模型中均高度显著，城乡在模型 4 中变得显著。模型 2 在控制变量的基础上考察了经济属性与因变量的关系。结果显示：年收入水平和资金规划意识对于老年人使用养老服务具有显著预测作用；同时，控制变量中的受教育程度、婚姻状况和城乡的影响均显著。模型 3 在控制变量的基础上考察了社会属性与因变量的关系。结果显示：亲属关系对于因变量影响显著，控制变量中的婚姻状况和城乡属性不再显著。

模型 4 是全模型，考察了控制变量和所有自变量对于因变量的影响。可见，生理属性中的 IADLs 对于因变量的影响显著，即工具性自理能力越差的老人其使用社会养老服务的倾向越大；经济属性中的年收入水平和资金规划意识影响显著，即年收入水平越高、有资金规划意识的老年人使用居家养老服务的倾向越大；社会属性中的亲属关系对于因变量的影响显著，即亲属关系越丰富其使用社会养老服务的倾向越大。由此验证了假设 1，即老年人的生理属性、经济属性和社会属性对其居家养老服务使用均具有显著影响。

模型 4 显示了城乡之间存在显著差异，因此又考察了城乡作为调节变量的情况。关于调节变量，如果变量 Y 与变量 X 的关系是变量 M 的函数，就称 M 是调节变量（James，Brett，1984），也就是说 Y 与 X 的关系受到第三个变量 M 的影响，而且 M 可以影响因变量和自变量之间关系的方向（正或负）和强弱（Baron R. M.，Kenny D. A.，1986）。关于调节效应的分析方法，应该根据自变量和调节变量的测量级别而定，对于变量属于类别变量的调节变量，一般通过做分组回归的方法确定调节效应是否显著（Cohen 等，2003），即如果不同组别中的 X 对 Y 的影响模式存在差异，那么就说明存在调节效应。因为城乡属于分类变量，故而采用分组回归的方法进行分析，结果见表 4 - 7 中的模型 5 和模型 6。

由表 4 - 7 可见，对于城市老人而言，只有经济和社会属性可以预测其居家养老服务使用，与模型 4 不同的是：三类属性中的 IADLs、资金规划意识和亲属关系均不再显著，社会属性中的朋友交往和社会融入性却成为影响显著的变量。对于农村老人而言，除模型 4 中的四个变量依然显著外，ADLs、自评健康和婚姻状况也变得显著，即生活自理能力越差的老人、自评健康越差的老人以及在婚的老人更有可能使用居家养老服务。由此可以得出，城乡在老年人的生物、经济和社会属性对于其居家养老服务使用行为的影响上存在调节效应。

需要说明的是，表4－7中除模型6的解释率达到14.5%之外，其他模型的解释率均较低，这与我们选择流行病学因素作为自变量有关。如前文所述，三类属性的影响显著即实现了本书的研究目的，并不追求自变量对于因变量的解释率；同时，也预示还有很多可能促使或阻碍老年人使用养老服务的因素有待研究。

## 4.4 小结

与以往研究大多关注养老服务供给侧改革与养老服务链各要素之间的界面障碍不同，本研究关注养老服务使用本身的规律性。基于全国性调查数据 CLASS，分析了老年人多元属性与其养老服务使用之间的关系，研究结果验证了两个研究假设，得出如下几点结论：

第一，养老服务使用呈现亲知识分子的倾向。在所有控制变量中，受教育程度的影响在六个模型中均高度显著，进一步分析显示：具有养老服务使用行为的1568位老年人其受教育程度均值为3.5（介于小学与初中之间），显著高于总体样本的均值2.9（小学及以下），在某种程度上可以说目前我国养老服务使用呈现出“亲知识分子”的倾向。这一研究结果与以往研究发现比较类似（王莉莉，2012；Catriona等，2015），这也不难理解，一则受教育程度的提高可以改善老年人的经济状况（孙鹃娟，2017），进而提高其对于健康的投资和服务购买能力（徐雷、余龙，2016）；二则受教育程度的提高可以扩大老年人的人际交往圈、拓宽其信息获取渠道，提高老年人的理性选择能力。总的来说，作为社会累积因素之一，受教育程度在某种程度上决定了个体在老年期使用养老服务的能力、意识与机会。

第二，养老服务使用呈现亲中高收入群体的倾向。研究显示，收入水平越高老年人的养老服务使用水平也越高，这与之前众多研究结果相一致（Robert等，1993；王莉莉，2012）。进一步分城乡考察了服务使用群体的年收入水平与总体样本的差异，发现：①1025位具有养老服务使用行为的城市老人年均收入为37171.38元，高于样本总体中城市老人（N＝5649）年均收入的26163.24元。

②476 位具有养老服务使用行为的农村老人年均收入为 10958.16 元，高于样本总体中农村老人（N =4753）年均收入的 8886.24 元，某种程度上可以认为当前我国养老服务使用呈现出“亲中高收入群体”的倾向；考虑到 CLASS 样本中贫困发生率（即低于 2300 元/年/人）在城市和农村分别为 11.9% 和 35.0%[①]，农村养老服务使用的这种倾向似乎更加明显。总的来说，目前我国使用养老服务仍属于一种高消费行为，与老年人较低的支付能力形成了矛盾，证实了林宝（2017）所提出的我国养老服务业“低水平均衡陷阱”。从另一个角度来看，养老服务的产生旨在帮助那些难以依靠自己或家庭进行养老的贫弱老人，即“雪中送炭”，事实上这些服务更多地被需求并不十分迫切的群体使用了，或者说“锦上添花”了（辜胜阻等，2017）。养老服务市场的全面放开将会使市场配置资源的能力进一步增强，必然会导致养老服务“锦上添花”的效果更加明显，这也使旨在保障弱势群体服务需求的“兜底式”基本养老服务制度显得尤为迫切。

第三，养老服务使用呈现亲社会资本的倾向。研究发现，老年人的人际交往越丰富其养老服务使用水平越高，由于社交对象多寡在某种程度上代表了个体的社会资本状况，故而将这种随人际交往圈增大而服务使用行为增强的现象称为“亲社会资本”倾向。一方面，人际交往越丰富其获取信息的渠道越多，老年人接触到养老服务信息的机会就越多；另一方面，社会资本所富含的积极情感可以激发普遍信任（Paxton，1999），使得对于养老服务的信任与使用得以相互传递，这与村域社会资本可以激发农民参加新型农村养老保险的研究结果类似（吴玉锋、吴中宇，2011）。城乡调节效应显示，农村老年人的亲属关系影响其服务利用，而影响城市老年人的却是朋友关系，说明我国农村仍属于伦理社会，亲属关系对于老年人行为的影响占主导地位；城市老年人的行为则遵循现代市民社会规则。另外，城市老年人的社会融入性也起到显著影响，以往研究发现社会融入性不好会严重损害个体健康（Berkman，1995），本研究发现社会融入性越差的老年人养老服务使用倾向越低，这就可能会形成“双重负向叠加效应”，导致越是需要养老服务的人（比如独居、未婚或残弱老人等）越可能因为社会融入性差（或社会隔离度高）而不去使用，需要引起关注。

第四，生理属性中的 IADLs 而非 ADLs 对于养老服务使用具有预测作用，而且农村老年人的养老服务使用处于相对较低的水平。研究结果说明目前我国养老

① 本部分数据均是根据 2014 年中国老年人社会追踪调查（CLASS）数据计算所得。

服务（至少是居家养老服务）主要是补偿个体的工具性失能，对于生活性自理能力丧失的补偿作用有限；虽然对于农村老年人而言 ADLs 的影响也是显著的，但影响系数小于 IADLs。城乡调节效应显示，生理属性只对农村老年人的服务利用起作用，这也说明：当前我国农村老年人的养老服务使用处于相对较低的水平，生理需求提供了其最主要的行为动力（数据显示：生理属性的解释率最大，为 6.2%）；而城市老年人则主要由经济属性和社会属性所驱动，处于相对较高的水平。生理属性中的健康自评也仅对农村老年人有影响，这可能由于农村缺乏体检等健康管理措施或意识，自评不健康的阈限相对较高，一旦他们认为自己健康状况不好就说明已经到了比较严重的地步，足以引起他们对于养老的担忧，从而提高了其养老服务使用的可能性。

对于之前研究结果不一致的变量或者统计不显著的变量进行分析。一方面，本研究发现男性老人的服务使用倾向高于女性老人，与王莉莉（2012）的研究结果相反，可能与本研究的因变量整合了服务购买意愿有关。另一方面，慢性疾病、经济依赖性、有无服务补贴和与子女的关系并不显著影响服务利用行为。慢性疾病可能是通过影响个体自理能力而对服务使用起作用的，并不单独发挥作用；由于养老服务使用往往是一个家庭决策的结果（Cicirelli，2006），与老年人个体的经济依赖性没有直接关系，故而经济依赖性指标不显著；是否享受居家养老服务补贴不显著，可能与样本中享受居家养老服务补贴的人数较少有关，至于两者之间的关系究竟怎样还有待深入研究；关于与子女的关系，父母与子女的关系紧密可能会给老年人带来丰富的养老服务信息，但同时也会对其使用养老服务形成一种阻力，因为目前在中国使用养老服务并不被看作一件光彩的事情（即面子文化），农村更是如此，抵消了与子女的关系对于因变量的影响。需要说明的是，由于本研究采用了流行病学因素来解释行为的变异，统计不显著并不能完全代表该变量真的没有影响，比如若将经济依赖性变为“我自己有足够的钱购买养老服务，不需要用子女的钱”进行提问，结果可能会变得显著。

本研究基于行为学视角考察了老年人养老服务使用的影响因素，剖析了养老服务供需失衡的需求侧原因，具有三方面启示：

第一，有必要加强养老服务使用规律的研究。服务使用研究始于 20 世纪 60 年代美国的医疗卫生领域，而后扩展到精神卫生服务、公共服务、福利服务、社区服务、灾难服务等领域。作为一种新型的公共服务，社会养老服务是我国传统家庭养老功能外化的结果，它利用交织着传统与现代、伦理与契约、家庭与个人

等，而且不能简单地等同于服务供给的逻辑，例如原本被期望用来购买养老服务的“养老（助残）券”经常被老年人用来购买食品或日常用品。这就提示，在养老服务供给研究方兴未艾之时，有必要开展养老服务使用规律的研究。

第二，政府应尽快建立兜底式基本养老服务制度。由于养老服务的非公共产品属性，致使那些迫切需要养老服务的未婚、独居、孤寡、残障、文盲等老人往往处于弱势地位。我国将进入全面小康社会，届时将更加强调社会保障的公平性、全面性和福利性，在养老服务保障领域，政府应尽快将“三无”和“五保”老人之外的失能、失智和贫困等老年群体纳入兜底保障范围，使他们都能享受到基本的养老服务保障，以期以普惠式的政策来激发老年人使用养老服务的动力。

第三，养老服务的供给应城乡有别、重点突出。由于社会历史原因，我国城乡老年人的养老方式和养老资源存在诸多差异。基于本研究结果，本书认为农村要优先发展针对老年人生理属性的养老服务（比如陪同看病、照护服务、就餐服务等），城市要在完善这些基础性服务的基础上努力发展满足老年人多层次需要的养老服务，而且要做到“物美价廉”（农村更应如此），并且努力让老年人认识到养老服务的价值所在，提高其消费意愿。

本研究也存在局限，一是流行病学因素难以完全解释行为结果；二是解释变量的纳入并不充分，导致模型的解释率较低；三是仅以居家养老服务为例考察了养老服务使用规律。未来研究可以从三个方面努力：①通过行为学的调查深入考察老年人使用养老服务的行为特征和规律，尤其是考察各变量之间的作用机制；②从代际和队列的视角出发，考察养老服务使用行为的变动趋势及其背后的原因，从而预测今后一段时期内养老服务的使用情况；③研究提高社会养老服务使用率的途径和方法等。

# 第5章　老年人使用养老服务的行为动力研究

本章旨在前文基础上深入研究养老服务使用的行为动力，包括行为态度（Attitude to Act）及其对服务使用行为的作用机制。这是一个养老方式变革的时代，更是一个养老观念变革的时代。尽管中国特色养老道路期望养老服务能成为老年人养老生活的“左膀右臂”（杜鹏，2016），但对于我国老年人是如何看待养老服务这一问题的，仍然需要不断深化认识。行为态度是指个体对于某种行为的一种心理倾向，通常可以预测行为（Fishbein，Ajzen，1975）。老年人对待养老服务的行为态度不仅可以全面反映他们是如何看待养老服务的，更重要的是可以预测他们是否会使用养老服务，是最接近养老服务有效需求（Effective Demand）的一个变量（胡宏伟等，2015）。

本章将分三步进行研究：第一步，将通过定性定量相结合的方法，了解养老服务使用的决策过程，尤其服务使用主体的所思所想；第二步，在明晰决策过程基础之上，结合文献研究编制问卷并实地调查，采用因素分析法构建养老服务使用的行为态度模型；第三步，研究行为态度对因变量的影响及其作用机制，由于养老服务使用呈现“亲中高收入群体”和“亲知识分子”的倾向，因此假设收入水平和教育程度起到调节效应，根据调节效应的研究方法（温忠麟等，2005）①，拟采用结构方程模型和多元回归的方法进行研究。

① 关于调节效应，当自变量X与因变量Y的“关系”受到第三个变量M的影响时，就说明M对于X和Y的关系具有调节效应；从统计方法来看，如果变量M是分组变量，那么按照M分组做Y对X的回归，若多组回归方程系数的差异显著，就说明存在调节效应。

# 5.1 行为态度及相关研究

“态度”（Attitude）源自社会心理学，是个体对于某人、某物或某事件等所持有的一种稳定的心理倾向（俞国良，2006）。Fishbein 和 Ajzen（1975）在其经典的理性行为理论中将态度划分为对客体的态度（Attitude to Object）和对行为的态度（Attitude to Act）。众多领域的研究均表明，行为态度可以较好地预测行为和行为意向（Bagozzi 等，2000；Fitzmaurice，2005；武娟娟、李东进，2009），为研究老年人的行为态度提供了可行性与必要性。

尽管国外尚未出现老年人对待养老服务行为态度的直接研究证据，但有关服务使用的众多研究都提到了行为态度的重要作用，其中最重要的是 Anderson 在其卫生服务利用模型中将态度视为健康信念（Health Beliefs）的一部分（Anderson，1995），以该模型为基础的研究都表明态度会影响老年人的养老服务使用行为（Krout，1984）。还有一些零散的研究视角，例如 Ya Lin Liu（2003）将态度消极视为阻碍华裔老年人使用养老服务的内部障碍。国内有关老年人行为态度的研究散见于养老观念和养老意愿的研究当中，总的来看，目前中国老年人有关社会化养老的态度尚处于萌芽阶段，对于养老服务的行为态度开始呈现分化态势，其中收入较高、受教育程度较高、独立性较强以及社会参与性较高的老年人开始认同并积极地去使用养老服务（张文娟、魏蒙，2014；吴丹洁，2017；杜鹏、王永梅，2017）。综上所述，国内外学者均认为行为态度是影响老年人养老服务使用的重要因素，但目前研究仍停留在对行为态度的定性判断阶段，他们为什么使用或者为什么不使用养老服务仍是待解的“黑箱”。

从理性行为理论及其发展来看，针对行为态度的研究通常从认知和情绪、个人和社会的维度入手，不同领域的研究者也进行了广泛的拓展（于丹等，2008）。具体到养老服务使用领域，由于问题的独特性、情境的复杂性和主体的模糊性等原因（王永梅，2017），仅从传统的研究维度出发，很难充分挖掘我国老年人对待养老服务的行为态度，这就注定了本研究需要结合研究主题进行拓展。从根本上讲，行为态度是个体对于某种行为的一种心理倾向，那么它自然就与个体的特征与属性密不可分，而对于个体特征和属性最好的诠释之一即是多元人性假设。

本研究仍将以多元人性假设为理论基础，探讨中国文化背景下老年人对待养老服务的行为态度及其影响。

## 5.2 养老服务使用的决策过程分析

在中国家庭本位文化背景下，养老活动从来都不是个人的事情，养老服务使用决策就是最集中的体现。通过深入了解决策过程，不仅可以了解决策主体都有哪些人，更重要的是可以初步了解决策主体考虑了哪些因素，为后续的调查问卷设计做准备。将采用定量和定性相结合的方法进行研究。

### 5.1.1 定量分析

采用多阶段抽样方法，在北京市六个区抽样调查了1316位60周岁及以上的老年人①，其中160位老年人使用过养老服务，对这160位老年人在“当初考虑使用养老服务时，谁参与了这个决定”的回答进行分析。表5－1的统计数据显示，完全由老年人自己做决定的比例为33.13%。在有他人参与的样本中，仅从第一位参与主体来看，老伴或子女参与决策的占到61.88%。也就是说，超过3/5的老年人在使用养老服务时要参考家庭成员的意见。同时，该调查还设置了一道相关题目，即“有些老年人使用社会养老服务，完全听子女们的安排”，让老年人就“赞成/反对”的程度做5点评分。结果，14.06%的老年人选择了“完全符合”，29.53%的老年人选择了“比较符合”，也就是说43.59%的老年人同意这种观点，这也从侧面印证了上述分析结果。可见，配偶和子女是我国老年人养老服务使用的重要决策主体。

**表5－1　老年人养老服务使用决策的参与主体分析**

| 参与主体 | 第一位 | | 第二位 | |
|---|---|---|---|---|
| | 频数 | 百分比（%） | 频数 | 百分比（%） |
| 老伴 | 53 | 33.13 | — | — |
| 儿子 | 34 | 21.25 | 23 | 34.85 |

① 该调查是本研究自行开展的调查，具体抽样和调查过程将在5.2部分进行详细介绍。

续表

| 参与主体 | 第一位 | | 第二位 | |
|---|---|---|---|---|
| | 频数 | 百分比（%） | 频数 | 百分比（%） |
| 女儿 | 12 | 7.5 | 26 | 39.39 |
| 兄弟姐妹 | 1 | 0.63 | 4 | 6.06 |
| 其他亲属 | 3 | 1.88 | 4 | 6.06 |
| 社区人员 | 1 | 0.63 | 3 | 4.55 |
| 无人参与 | 53 | 33.13 | — | — |
| 其他 | 3 | 1.9 | 6 | 9.1 |
| 样本量（N） | 160 | | 66 | |

资料来源：老年人使用养老服务的状况调查，北京，N = 1316，2016 年。

既然子女是老年人使用养老服务的重要决策主体，那么子女们支持或反对的理由是什么本研究又依托国家某部委的一项老年人调查，探索了其中的原因。该调查在北京、上海和西安三地各选择 500 位退休老年人进行调查，有效样本量为 1484，问卷中询问："您的子女对于您使用社会养老服务的态度是怎样的?" 其中，选择"子女（们）鼓励使用社会养老服务"的比例占 40.70%，选择"子女不愿意让我（们）使用社会养老服务"的比例占 20.69%。分别对于子女鼓励或者反对的原因进行了分析，结果如表 5－2、表 5－3 所示。可见，子女鼓励老年人使用养老服务的最主要原因是"可以节省照料时间和精力"，另外还有避免老年人孤独寂寞、提高其生活自理能力、避免居家生活风险等；与之对应的是，子女不愿意老年人使用养老服务的原因主要是养老服务性价比较差、服务作用有限、服务人员水平不高，值得注意的是担心会没面子也是子女考虑的原因之一。

**表 5－2　子女鼓励老年人使用养老服务的原因分析**

| 参与主体 | 百分比（%） |
|---|---|
| 可以节省他们照顾我（们）的时间和精力 | 55.22 |
| 可以避免我（们）生活在风险当中（比如用电、用煤气有危险） | 12.52 |
| 可以方便我（们）的生活，提高我（们）自理生活能力 | 14.45 |
| 可以让我（们）与外界多接触，避免孤独寂寞 | 17.34 |
| 其他 | 0.48 |
| 样本量（N） | 603 |

资料来源：依托国家某部委的一项老年人调查，N = 1484，2016 年。

表5－3　子女不愿意让老年人使用养老服务的原因分析

| 参与主体 | 百分比（%） |
|---|---|
| 使用养老服务让他们觉得没面子 | 17.62 |
| 养老服务的费用较高，性价比较差 | 42.79 |
| 养老服务的作用有限，难以解决实际问题 | 19.68 |
| 养老服务人员的水平和素质较低 | 16.25 |
| 其他 | 3.66 |
| 样本量（N） | 306 |

资料来源：依托国家某部委的一项老年人调查，N＝1484，2016年。

调查中还询问了老年人："您觉得子女的态度在多大程度上能左右您使用养老服务?"结果如表5－4所示，由老年人共同商量决定的占近2/3，近1/3的老年人认为可以自行决定，尚有5.63%的老年人认为完全看子女态度。需要说明的是，该项调查是在城市地区的企业退休人员当中开展的，研究结果并不能代表全体老人的情况。与企业退休人员相比，农村老年人的经济独立性和受教育水平都较低，独立做决定的能力均较弱，更依赖子女。

表5－4　子女影响老年人养老服务使用决策的程度

| 参与主体 | 百分比（%） |
|---|---|
| 完全由子女态度决定 | 5.63 |
| 由我（们）与子女共同商量决定 | 60.51 |
| 完全不需要考虑子女态度，我（们）自行决定 | 30.65 |
| 其他情况 | 3.21 |
| 样本量（N） | 871 |

资料来源：依托国家某部委的一项老年人调查，N＝1484，2016年。

### 5.2.2　定性访谈

为了获得更翔实的资料，利用参加科研项目之便对北京、邯郸和邢台三地11位使用了养老服务的老年人进行半结构访谈。其中，女性老人7位，男性老人4位，有4位老人的子女或媳妇也参与了访谈。访谈主要围绕老年人使用社会养老服务的基本情况、使用服务前发生了哪些特殊事情、当时谁参与了这个决定、他/她们是出于怎样的考虑才决定使用的、使用的总体评价以及未来继续使用的意愿等，访谈全程录音，对内容简单整理如下。

5.2.2.1　用了养老服务，孩子们少操心

从老年人的角度来看，子女数量减少，加上现代社会年轻人工作、生活压力增大，出于心疼子女，老年人开始将原本加诸在子女身上的照料压力有意识地转向社会养老服务。这也是老年人在家庭范畴内进行思量的结果，从某种程度上说明了养老服务的使用主体不只是老年人个体，而是家庭系统。

**对象 1**：浙江宁波的张奶奶，女，84 岁，丧偶，半自理，现居北京某社区养老服务中心（也叫养老驿站）。10 年前老伴去世，到北京投奔儿孙（一儿一孙），大约半年前开始住进社区养老服务中心。“去年儿女们想出国旅游，我在这里住了十来天，感觉蛮好的。今年春天又生了一次病（属于心脑血管病），出院时我就跟儿子说‘还让去那里去吧，离家蛮近的，有吃有喝的，你们也不用耽误上班’。现在儿孙每天来看我，熟悉这里了也蛮开心的”。

**对象 2**：北京市朝阳区的陈爷爷，男，71 岁，丧偶，半自理，脑血栓后遗症（头脑清晰，言语不清，走路受限），有三个女儿，居住在北京市某社区养老服务中心近一年了，小女儿协助受访。“我妈去世快二十年了，之前爸一直自己住，前年年底生了病，出院就成这样了。我们姊妹仨都很孝顺，已经商量好了要轮流接到家伺候呢，我爸执意不肯，生怕麻烦我们，非要住养老院。后来看到这里社区办的，感觉挺好就过来了。我们仨几乎天天过来看我爸，说实话我们自己也不一定能伺候得这么好”。访谈期间老人间断地比画着说“女儿都一大家子人呢，还得上班。这儿挺好”。

5.2.2.2　人老了，图个安全省事省心

**对象 3、4**：北京市石景山区的杜爷爷和老伴儿，男 76 岁，女 68 岁，退休干部，老两口自己居住在一起，生活均自理，在社区老年餐桌用餐大约两年了。“在家做饭要买菜、做饭，吃个饭弄得家里乱七八糟的，还要刷碗、收拾、打扫，加上人老了，干活儿也慢，没个俩小时搞不定；还有那些个煤气、电什么的……怪麻烦的。闺女说想来给我们做，我们不让，在这儿吃挺好的，卫生、可靠、少油少盐、定时定量的，营养搭配得也好。价钱我们倒不在意，多省事省心啊”。采访得知这两位老人每天早餐后会到附近公园做运动（太极拳和太极球），做完运动就过来这里吃午餐，然后回家午休，省去买菜做饭的诸多环节。

**对象 5**：北京石景山区的孙爷爷，男，86 岁，丧偶，半自理，三个女儿，与大女儿一家居住在一起（房子是老人的），从老年餐桌开办就一直在这儿吃午餐，大约有两年半的时间了。“人老了吧，吃饭一定要软和，而且不能太咸，跟

年轻人吃不到一块去。在家吃饭姑娘（女儿）每顿都得单独给我做，挺麻烦的。自打这儿有了小饭桌，我是第一个来吃的，而且一直在这。早上喝牛奶、吃面包，上午溜达一圈就直接来这儿吃了，软和、口味适合老年人，而且也定时定量”。老人有一个小日记本，他会每天记下自己吃饭的情况，严格监控自己的饮食和体重，老人说“我之前当过兵，后来又上班，都有人管着，有纪律的。退休了没人管了，很不好、不适应，我就用日记来管我自己，先管住嘴，再运动起来”。所以对吃饭定时定量和吃了什么有要求，社区老年饭桌满足了他的需求。

5.2.2.3 子女定的服务，他们出的钱

**对象6**：安徽的杨奶奶，女，81岁，丧偶，半自理，随军干部，膝下无儿无女，40多年前从安徽老家抱养了一个侄子的孩子，目前这个孩子40多了，已成家立业。“我孙女（抱养的孩子的女儿）跟我一块睡，她爸妈做生意呢。去年我摔伤胳膊了，她爸住过来伺候了我一阵子，他们忙，有时候顾不上给我煮饭，（让我）在小饭桌吃过一阵子。我胳膊好一点了，就回去自己煮（饭），这儿的米饭吃不惯，而且还贵，花这些个钱干啥？今年过了年，孙子（抱养的孩子）给我定了这儿的饭，我都不知道，不让我自己煮了，他跟人家说我吃饺子，每天早来一会儿吃”。小饭桌工作人员，每天专门给杨奶奶买水饺煮，提前一会儿是为了错开用餐高峰。

5.2.2.4 儿女养老困难，只能住养老院

**对象7**：北京市海淀区的王奶奶，88岁，丧偶，完全失能伴有痴呆症、不能言语，已在社区养老服务中心居住了3个多月，访谈时女儿在喂老人吃中午饭，儿子、媳妇和孙子都在探望，同时接受访谈。女儿：“我家就在这个楼前边，非常近，白天我去学校上班，一般午饭来喂她。”儿子：“这个样子大概一年多了，原来我们上班给她准备好午饭，犯病之后就不行了……说实话心里挺不是滋味的，这么多子女让老人住这儿，我是真过不了心理那道坎儿……我妹说这边有这样的地方，我们反复考察了才勉强送到这里……没办法，还有两年我才退休。”儿媳：“我们都上班，实在没办法，他们这儿都挺好，你看也没有那种气味儿。要我说都别心理别扭，老了都这样，好在人家这儿还不错。”

**对象8**：河北邯郸的张奶奶，83岁，丧偶，轻度痴呆，生活不能自理，有两个儿子、四个女儿，在邯郸市郊的农村养老院已居住了8个多月，访谈地点养老院，儿媳和孙子协助访谈（他们正好来探望老人）。“开始俩儿子轮流住，小儿子也不咋管，到我们家吃喝都我管，我边看孙子、边照顾她。有一次过节吃坏肚

子了，裤子床褥一天洗好几次，我也弄不了呀。让闺女们轮流来洗洗涮涮，毕竟也是她们亲娘，也方便些。闺女们是真不孝顺呀，每次都推三阻四的，说当时家产都分给儿子了……最后没办法二闺女说送养老院吧。闺女们是大半年都不来看，我跟儿子（老人的孙子）过段时间来看看她，每次老太太都说‘带我回去吧’……心酸呀，有啥办法？我接回去人家闺女不领情不说，出了事人家还怪我多事……要是我自己亲妈我肯定不会让这样的”。

#### 5.2.2.5　用不用服务，要看孩子们态度

**对象9、10**：河北邢台的万奶奶（72岁）和杨奶奶（75岁），两人均生活自理，老伴儿都健在，每月初一、十五参加孝道大餐，有时会参加其他一些活动。“我们俩老一块儿，孙子们也大了，都上学了。每次他们这儿活动，老伴儿就开着电三轮儿就带着来了，乐呵一天就回去了，挺热闹的……儿女们也不管，说能高高兴兴的就行，不生病、不麻烦他们，多省心呀”。该村马上建立起两层楼房，用于建农村养老院，对于是否会住到养老院，俩老年人一致摇头，“那得看儿女们啥态度，人家不让来，咱也住不了呀”，“儿女们不让来，那多没面子呀，村里人会说不孝顺的，还影响孙子娶媳妇呢”，“再说了，没钱也不中呀，人家不让你使钱（不给钱），咋来”。

#### 5.2.2.6　孩子得过日子呀，光伺候咱也不行

**对象11**：河北邯郸的张爷爷，68岁，丧偶，住在幸福互助院，有两个女儿和两个儿子，老人自己经营3亩苹果园，平时还要帮助儿子干农活。两个儿子常年在外打工，女儿隔三岔五会来探望老人。老伴前年去世之后，一是老人一人住在家里害怕，需要人陪着；二是自己做饭遇到了困难，吃不好。正好村里开办互助幸福院，就住进来了。“儿子们在家挣不到钱，出去干活儿还能攒住钱……你让他们别出去打工，伺候我也不现实呀，他们的任务（孙子成家）那么大……我现在的收成（苹果园）还不是也得给他们完任务……现在年轻人压力大，不让他们过日子不行啊。”

### 5.2.3　研究结果

采用定性和定量数据，对养老服务使用决策过程进行了分析，至少可以获得以下两点结果：

第一，养老服务使用是一个家庭决策的结果。一方面，可能是老人心疼子女，主动去使用养老服务，减轻子女负担；另一方面，子女可能是决策主导者，

希望老人使用养老服务来达到家庭总体效用最大化的目的。相对于城市老年人，农村老年人由子女做决定的情况更普遍。

第二，老人和子女所考虑的因素不完全相同。老人主要是想通过使用养老服务减轻子女负担、省事省心。子女们所考虑的内容在于养老服务能否减轻照料压力、能否提高老人生活质量、养老服务性价比怎么样以及文化观念因素等。

## 5.3 养老服务使用的行为态度分析

通过文献梳理和定性访谈，可知老年人使用养老服务的原因多种多样。那么，如何将这些多种多样的原因进行归类处理，从而与本研究的生理人、经济人和社会人属性假设相对应呢？这对研究方法提出了一定的挑战。心理学领域发展起来的一种通过分析多个变量之间相关性，来考察变量之间潜在关系的方法即因素分析法（Factor Analysis）为本研究提供了思路（张文彤、董伟，2011；张厚璨、徐建平，2003；吴明隆，2015）。本部分将通过行为调查和因素分析法来寻找老年人使用养老服务的动力因素结构，以期回答第二个研究问题。

### 5.3.1 实证调查

#### 5.3.1.1 调查工具

根据技术路线，在此需要编制调查问卷《老年人使用养老服务状况调查》，包括三部分内容：基本信息、养老服务使用情况以及养老服务使用原因描述。

（1）基本信息。基本信息主要是了解老年人及其家庭成员的基本情况。其中，老年人信息包括性别、年龄、受教育程度、婚姻状况、健康状况、慢性病情况、经济来源和收入水平、户口信息、居住年限等。涉及家庭成员的信息主要包括：老年人的子女和媳婿数量、是否与子女一起居住、子女是否参与照料等。需要说明的是，家庭成员（尤其是子女）参与决策的情况会糅进原因描述部分，所以在此体现的并不多。采用老年人自我报告的方法获得调查数据。

（2）养老服务使用情况。养老服务使用由两个指标组成：一是养老服务使用行为（Utilization Behavior，UB），即调查老年人“是否住过”养老院、敬老

院、护理院，以此代表老年人利用机构养老服务的情况①；调查老年人“是否使用了”个人照护（如保姆）、助餐服务（送餐/老年餐桌）、上门做家务、助浴服务、日间照料（社区）、短期托养（社区或邻居）、上门探访、康复护理（治疗）、健康指导（健康课）、聊天解闷/心理咨询10项服务。二是养老服务使用倾向（Utilization Tendency，UT）。调查老年人使用这些养老服务的倾向性，即询问他们“未来使用服务的可能性有多大”，从“肯定会使用”到“肯定不会使用”进行5点记分。

（3）养老服务使用原因描述。本部分是调查问卷的核心内容。在文献梳理、理论推导和定性调查的基础上，围绕老年人使用养老服务的原因编制若干道行为描述语句，让老年人根据对语句的赞同/反对程度进行5点打分，以此来获得老年人的行为态度。需要说明的是，考虑到当前服务使用率较低，单凭一篇博士论文研究很难找到足够的使用养老服务的群体，所以本研究采用了透射法（Projection）② 进行调查，即询问老年人“您和您身边的老人”关于该描述的赞同/反对态度是怎样的，一是可以适当地扩大样本规模，二是希望更准确地探查老年人的行为态度及倾向。

需要重点说明的是，这些行为描述语句的设计逻辑，在此主要是根据3.1的理论框架进行设计的。“多元人性假设”即服务使用主体的生理、经济和社会属性是服务使用行为的核心动力基础，因此，自然需要围绕三类人性假设来设计题目（如图5－1所示）。就生理人而言，根据马斯洛需求层次理论，因生活不能自理带来的照料需要以及对于居住和出行安全的考虑，可能是其作为生理人的基本动力。就经济人而言，追求利益最大化是服务使用主体考量的主要内容，而在市场经济条件下，一切利益最大化的行为均离不开“金钱”的影响，比如钱有多少、来自哪里、希望用这些钱达到什么目的，等等。就社会人而言，行为产生之前的准备状态，即观念和态度是决定服务使用行为能否产生的关键；对于本研究而言，服务使用主体对于“不同养老方式”的观念和态度是其作为社会人最直接的体现，又因为当前的养老方式分为两种：一是以“养儿防老”为核心的传

① 在2.1.1中，对于社会养老服务的界定既包含居家养老服务，也包含社会养老服务。第4章中研究一由于是采用现成的CLASS调查数据，没有包含机构养老服务。自行调查中增加了对机构养老服务利用的调查。

② 投射法是心理学研究者提出的一种心理测量方法，主要是考虑到在调查中被试可能会“隐藏”自己真实的意图，从而导致数据失真。通过向被试提供意义含糊的刺激情境，让其自由发挥，从而获得个体真实的思想、态度、愿望、情绪等心理特征。在探查个体内心深层反应、了解其行为态度时经常被采用。

统伦理式养老方式；二是以社会力量为核心的现代契约式养老方式，老年人对于传统养老方式的“扬弃”以及对于现代养老方式的认同和信任将直接影响其是否会使用社会养老服务，如表5-5所示。

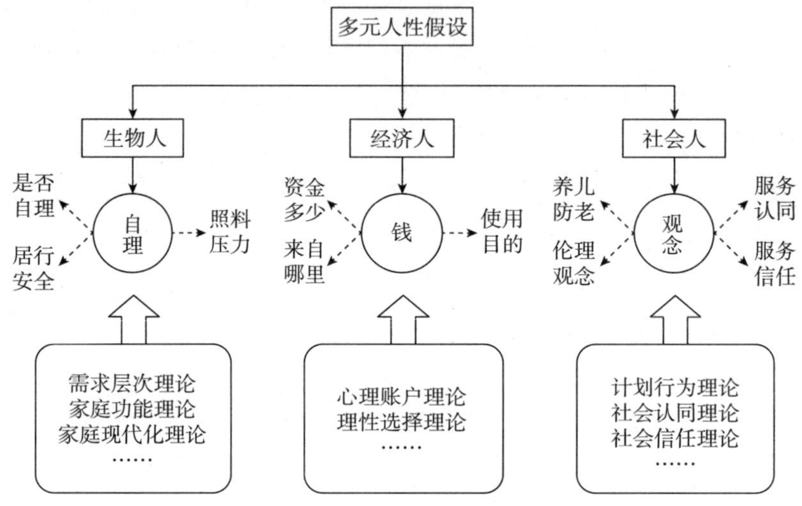


**图5-1　关于养老服务使用原因的题目设计逻辑**

**表5-5　养老服务使用的原因描述及理论、经验来源**

| 维度 | 项目 | 理论基础/来源 | 环境因素 |
| --- | --- | --- | --- |
| 生理性因素（Physical，P）共7题 | P1：生活完全不能自理时，会考虑使用养老服务 | 需求层次理论 | 1. 现行养老政策很多都关注失能老人；服务供给的重点和难点也在失能群体 |
| | P2：但凡有一些自理能力，也不会使用养老服务 | 需求层次理论 | |
| | P3：老两口能相互照顾，一定不会去使用养老服务 | 家庭功能理论 | |
| | P4：当子女们照顾不了时，会考虑使用养老服务 | 家庭现代化理论 | 2. 子女数量减少和流动的常态化，导致他们不能照顾老人的情况越来越普遍 |
| | P5：身体健康、生活自理情况下也可能会使用养老服务（f） | 选择、优化和补偿理论 | |
| | P6：为避免安全隐患（水电燃气），可能会使用养老服务 | 需求层次理论 | |
| | P7：上下楼都比较吃力时，会考虑使用养老服务 | 需求层次理论 | |

续表

| 维度 | 项目 | 理论基础/来源 | 环境因素 |
|---|---|---|---|
| 经济性因素（Economic，E）共8题 | E1：需要花子女钱去买养老服务，很可能不会去使用 | 心理账户理论、家庭发展理论 | 3. 社会转型使得青年人的工作生活压力增大，“财富流”由老人流向子女现象越来越普遍 |
| | E2：只有当老两口的养老钱够买养老服务时才会去使用 | 心理账户理论 | |
| | E3：要是政府有服务补贴，很可能会使用养老服务 | 心理账户、社会政策理论 | 4. 为了提高养老服务效用，国家或地方政府开始以养老服务补贴的形式补贴服务利用者 |
| | E4：挑选养老服务时非常在意服务的性价比（实惠） | 理性选择理论 | |
| | E5：有些老人为了减轻子女负担才去使用养老服务 | 理性选择理论 | |
| | E6：很多老人使用养老服务是为了省时/省力/省事 | 访谈结果 | |
| | E7：有些老人为保持生活独立和自理才去使用养老服务 | 选择、优化和补偿理论 | 5. 养老服务内容在不断丰富，已经由只针对生理需求向多元化发展，释放了老年人的诸多需求 |
| | E8：有些老人使用养老服务就是图个乐趣（摆脱孤独寂寞） | 社会情绪选择理论 | |
| 社会性因素（Social，S）共10题 | S1：有些老人会碍于子女的面子才没有去使用养老服务 | 社会文化、访谈结果 | |
| | S2：子女因养老产生矛盾时老人更可能去使用养老服务 | 访谈结果 | 6. 现代化使得我国养老由伦理向契约发展，现代社会子女们在养老问题上产生矛盾的非常多 |
| | S3：老人对于养老服务比较信任时，可能会去使用 | 计划行为理论、社会信任 | |

续表

| 维度 | 项目 | 理论基础/来源 | 环境因素 |
| --- | --- | --- | --- |
| 社会性因素（Social，S）共10题 | S4：若朋友/邻居在使用养老服务，老人就更愿意去尝试 | 行为选择理论/从众行为 | 7. 老龄化的发展使得人们使用社会养老服务的情况越来越普遍，使用者的带动效应在增大 |
| | S5：有些老人是否使用养老服务主要听子女们的安排 | 访谈结果 | |
| | S6：若子女去世，需要靠媳妇/女婿养老就很可能去使用 | 养老伦理的差序格局 | |
| | S7：老人认为使用养老服务需要先咨询一下原来的单位 | 调查结果 | |
| | S8：有些老人担心自己被歧视（看不起），所以不愿意去使用 | 符号消费理论、社会认同理论 | |
| | S9：有些老人觉得自己还没到使用养老服务的时候，所以没用 | 社会认同理论、自我概念理论 | |
| | S10：有些老人担心使用养老服务会让子女摆脱责任，所以没用 | 访谈结果 | |

注：（1）P5 后面的“f”表示该题是反向题；

（2）因为调查对象的聚焦于老年人，子女参与服务使用决策的情况糅进了调查题目当中。

#### 5.3.1.2 抽样调查

拟选择在北京市进行调查，主要考虑到以下四个方面的因素。

第一，第4章的研究结果表明，养老服务使用呈“亲知识分子”和“亲中高收入群体”的倾向，事实上北京市老年人的样本总体在受教育程度和收入水平上是与研究一中有服务利用行为的群体相类似的。就受教育水平而言，2015年北京市老年人小学及以下学历占28.0%，初中占31.7%，高中及以上占40.3%①，第4章1568样本所对应的水平为48.3%、19.6%、29.8%，可以看出北京市老年人是更像“知识分子”的一个群体。就年收入水平来看，2014年北京市老年人平均年收入45486.00元，其中个人年收入为39538.00元②，高于第4章样本中城市老年人年均收入的37171.38元，更高于农村样本的8886.24元，

①② 资料来源：2015年北京市城乡老年人生活状况和服务需求地调查报告. 北京市老龄办，2016.

是更接近“中高收入群体”的一个群体。所以，在北京市进行养老服务使用的抽样调查，某种程度上可以代表全国有养老服务使用行为的群体。

第二，研究范式决定了地域抽样对于本研究并不十分重要。一是因为本研究旨在探查人群微观行为态度的结构，也即某一心理属性的结构，与地域关系不大，比如若要研究人的智力结构，不论是在哪个省份，人的智力都是分为晶体智力和流体智力两种。二是本研究旨在探查行为态度对于个体行为的解释能力，即变量之间的解释关系，对于地域抽样的要求也不高，比如要调查中学生的厌学情绪对于其学业成绩的影响，不论是在北京、河南，还是广东、福建等地，规律性通常是一致的，即厌学情绪都是会负向预测其学业成绩的，所以可以集中于某一个地区进行调查。这是由行为学的研究范式所决定的。

第三，因为服务供给水平会影响服务使用，需要控制服务供给水平。因为当前我国的养老服务政策大多是在省级单位进行统筹的，不同省份之间会存在较大差异。如果所获得的数据是来自多个省份的，那么还需要通过多层线性模型来控制省份的影响。加上本研究的问题是行为学层面的，所以不如在调查时就集中于一个省级单位进行调查，这样就避免了地域的影响。

第四，北京市的养老服务发展相对成熟，有助于研究结果的稳定性。相对于其他地区而言，北京市开展养老服务的时间较早，而且养老服务政策也比较完善，供给水平相对较高，对于服务使用规律的研究也比较有利。

根据上述四点理由，选择在北京市进行抽样调查。但是北京市也存在缺点，比如农村地区人口相对较少，调查结果会更多地反映城市老年人的养老服务使用情况，关于这点将在后续内容中予以讨论。

本研究的调查内容是嵌入在一个大型调查之中的。大调查的对象是居住在调查地的社区内、年龄50周岁及以上、居住时间超过半年的常住老年人和准老年人。综合考虑北京市老年人口区域分布、性别比、常住人口及流动人口以及地区经济发展水平，采用分层抽样、PPS抽样、随机抽样相结合的抽样方法。根据各区老年人口规模确定各区样本数量，各区确定10个抽样单位，即每个区确定5个街道、乡、镇，每个街道、乡、镇确定2个居委会、村，每个居委会、村确定的样本数为区样本数的1/10，总样本家庭数量为2000户。考虑到数据获得性及操作可行性，结合地图块、居委会块以及居民户等确定抽样框的方法，以“行政区划法”确定村、社区为一个抽样单位，因此共有6×10＝160个抽样单位，每个抽样单位选取10～50个数量不等的样本家庭，这样共在北京6区内抽取2000

个老年人或准老年人家庭进行调查，样本分布如表 5 -6 所示。

**表 5 -6　北京市养老服务使用调查的抽样方案**

| 区 | 60 周岁及以上老年人口数（万） | 抽样比例（%） | 样本数量（个） |
|---|---|---|---|
| 东城区 | 24.9 | 13 | 260 |
| 西城区 | 35.7 | 18 | 360 |
| 朝阳区 | 51.3 | 26 | 520 |
| 丰台区 | 29.6 | 15 | 300 |
| 石景山区 | 9.7 | 5 | 100 |
| 海淀区 | 45.1 | 23 | 460 |
| 合计 | 196.3 | 100 | 2000 |

资料来源：老年人使用养老服务的状况调查，北京，N = 1316，2016 年。

在 2000 个样本中选择 60 周岁及以上的老年人作为本研究的对象，共计 1316 位老年人，详细情况如表 5 -7 所示。将此次调查被试与 2015 年北京市第四次城乡老年人生活状况调查情况进行比较，此次调查的老年人平均年龄为 68.22 岁，低于北京市 2015 年老年人平均年龄 71.58 岁，男女性别比也略低于 2015 年的调查数据，女性老人居多；生活不自理老人或者说生活上需要其他人帮助的比例占总调查人数的 11.43%，略高于 2015 年的 10.08%；居住空巢的老人比例为 11.27%，略高于 2015 年的 9.38%。需要说明的是，被试群体中 16.51% 的老年人具有社会养老服务利用经历，之所以没有全部选择使用了养老服务的老年人进行调查，是因为此次调查是为了摸清楚老年人使用养老服务的动力，如果只调查使用过的群体，那么调查结果肯定会产生偏误，不利于回答本研究的问题。因此本调查既涵盖使用了服务的群体，也涵盖没有使用服务的群体。总之，此次调查的对象具有较好的代表性。

**表 5 -7　北京市养老服务使用调查的样本分布情况（N = 1316）**

| 分类 | | 年龄组 | | | | | | 合计 |
|---|---|---|---|---|---|---|---|---|
| | | 60 ~ 64 岁 | 65 ~ 69 岁 | 70 ~ 74 岁 | 75 ~ 79 岁 | 80 ~ 84 岁 | 85 岁及以上 | |
| 性别 | 男 | 265 | 189 | 59 | 44 | 19 | 9 | 585 |
| | 女 | 293 | 191 | 90 | 96 | 47 | 12 | 729 |
| | 小计 | 558 | 380 | 149 | 140 | 66 | 21 | 1314 |

续表

| 分类 | | 年龄组 | | | | | | 合计 |
|---|---|---|---|---|---|---|---|---|
| | | 60～64岁 | 65～69岁 | 70～74岁 | 75～79岁 | 80～84岁 | 85岁及以上 | |
| 是否自理 | 是 | 512 | 351 | 123 | 101 | 48 | 12 | 1147 |
| | 否 | 31 | 25 | 26 | 39 | 18 | 9 | 148 |
| | 小计 | 543 | 376 | 149 | 140 | 66 | 21 | 1295 |
| 文化程度 | 文盲 | 6 | 6 | 4 | 19 | 17 | 10 | 62 |
| | 小学 | 14 | 23 | 21 | 57 | 30 | 5 | 150 |
| | 初中 | 323 | 205 | 63 | 41 | 12 | 4 | 648 |
| | 高中/中专 | 146 | 92 | 39 | 10 | 5 | 2 | 294 |
| | 大专及以上 | 69 | 53 | 22 | 13 | 2 | 0 | 159 |
| | 小计 | 558 | 379 | 149 | 140 | 66 | 21 | 1313 |
| 居住方式 | 独居 | 32 | 37 | 26 | 31 | 16 | 4 | 147 |
| | 空巢家庭 | 388 | 231 | 69 | 45 | 12 | 2 | 747 |
| | 与他人合作 | 134 | 109 | 54 | 61 | 37 | 15 | 410 |
| | 小计 | 554 | 377 | 149 | 138 | 65 | 21 | 1304 |
| 服务使用行为（UB） | 否 | 465 | 314 | 123 | 114 | 59 | 17 | 1092 |
| | 是 | 95 | 65 | 24 | 23 | 5 | 4 | 216 |
| | 小计 | 560 | 379 | 147 | 137 | 64 | 21 | 1308 |

资料来源：老年人使用养老服务的状况调查，北京，N＝1316，2016年。

表5－8显示了调查被试使用养老服务的情况。可以看出，使用过机构养老服务（养老院/敬老院/护理院）的老年人为64人次；使用过居家养老服务老年人为267人次。

**表5－8　北京市养老服务使用调查的基本情况**

| 服务类型 | 服务项目 | 是否使用过 | |
|---|---|---|---|
| | | 频次 | 有效百分比（%） |
| 1. 机构养老服务 | 养老院/敬老院/护理院 | 64 | 4.9 |
| 2. 居家养老服务 | 个人照护（如保姆） | 54 | 4.1 |
| | 助餐服务（送餐/老年餐桌） | 51 | 3.9 |
| | 上门做家务 | 115 | 8.7 |
| | 助浴服务 | 2 | 0.2 |

续表

| 服务类型 | 服务项目 | 是否使用过 | |
|---|---|---|---|
| | | 频次 | 有效百分比（%） |
| 2. 居家养老服务 | 日间照料（社区） | 5 | 0.4 |
| | 短期托养（社区或邻居） | 10 | 0.8 |
| | 上门探访 | 5 | 0.4 |
| | 康复护理（治疗） | 13 | 1.0 |
| | 健康指导（健康课） | 7 | 0.5 |
| | 聊天解闷/心理咨询 | 5 | 0.4 |
| 合计 | — | 331 | — |

资料来源：老年人使用养老服务的状况调查，北京，N=1316，2016年。

5.3.1.3 数据预处理

第一步，数据初审、录入与预处理。将获得的调查数据经初审之后输入SPSS19.0软件，然后逐一查看变量的取值范围与数据分布，对于明显存在异常的取值进行处理。关于服务使用原因，如果得分具有明显的规律性，那么就予以删除；关于缺失值，如果缺失值超过1/3，那么就将该条数据予以删除，如果缺失值的数量可以接受，那么就采用系列平均值（Serial Means）进行替换。

第二步，对反向题目进行转换。在服务使用原因描述中，设置了一道反向题目P5①，需要进行转换。另外，调查时为了得到更确切的数据，在评分设计上选择了“逆向”思维的方式，即采用了“1=完全符合，2=比较符合，3=说不清，4=不符合，5=完全不符合”；数据分析时为了逻辑更清晰，进行方向转换，即“1=完全不符合，2=不符合，3=说不清，4=比较符合，5=完全符合”，得分越高表示被试对于该题目的认同程度越高。

第三步，基本变量的处理。生活自理能力（ADLs）是根据老年人日常生活是否需要帮助得来的，0表示“需要帮助，不能自理”，1表示“不需要帮助，能自理”。关于文化程度（Education），分5点计分，即“1=文盲，2=小学，3=初中，4=高中/中专，5=大专及以上”。关于婚姻状况（Marr），“已婚有配偶”赋值为1，表示“在婚”，将丧偶、离异和未婚合并为“不在婚”，赋值为0。关于居住方式（Livearr），分为“1=老人独居，2=空巢家庭（即只有老两

---

① 反向题是在调查中为了避免被试的回答倾向于调查结果的影响，从反方向进行提问的一种方法，目的是为了获得被试的真实想法。

口），3 = 与其他人合住（表示与除配偶之外至少一人同住）”。关于子女数量（Children No.），考虑到我国养老主要依靠子女，媳婿养老的可能性较小，因此，在本研究中只将儿子和女儿的数量加和，得到老年人的子女数量。关于经济收入（Income），分 8 点计分，得分越高表示老年人去年一年的收入水平越高。关于经济依赖性（Dependence），将收入来源的选项进行合并处理，“1 = 依靠自己养老（养老金、出租房屋、以前积蓄等），2 = 依靠配偶收入养老，3 = 依靠子女供养，4 = 依靠其他亲属或政府社会救济”。关于养老服务补贴（Subsidy），“1 = 享受养老服务补贴，2 = 不享受养老服务补贴”。关于健康状况（Health）主要是根据老年人自我报告的健康状况得出来的，分 5 点计分，得分越高表示健康状况越差。关于慢性病（Chronic），“1 表示患有慢性病，0 表示不患有慢性病”。

### 5.3.2　因素分析

因素分析是探查多个变量结构关系的方法，非常适用于本研究的数据分析，分为探索性因素分析和验证性因素分析，在心理量表研究中对于验证性因素分析的要求比较高，这是由量表的微观性和精确性决定的；在社会科学中学者通常采用因素分析法来探查影响因素的结构，以此来做定性的归类判断，故而一般只做探索性因素分析，如表 5 -9 所示。

表 5 -9　探索性因素分析的样本信息

| 分类变量 | | 年龄组（岁） | | | | | | |
|---|---|---|---|---|---|---|---|---|
| | | 60 ~ 64 | 65 ~ 69 | 70 ~ 74 | 75 ~ 79 | 80 ~ 84 | ≥85 | 合计 |
| 性别 | 男 | 220 | 154 | 50 | 35 | 16 | 5 | 480 |
| | 女 | 236 | 155 | 70 | 79 | 36 | 11 | 587 |
| | 小计 | 456 | 309 | 120 | 114 | 52 | 16 | 1067 |
| 是否自理 | 是 | 425 | 287 | 98 | 83 | 40 | 9 | 942 |
| | 否 | 20 | 19 | 22 | 31 | 12 | 7 | 111 |
| | 小计 | 445 | 306 | 120 | 114 | 52 | 16 | 1053 |
| 文化程度 | 文盲 | 4 | 6 | 3 | 15 | 12 | 9 | 49 |
| | 小学 | 12 | 19 | 16 | 48 | 23 | 3 | 121 |
| | 初中 | 259 | 164 | 51 | 34 | 11 | 2 | 521 |
| | 高中/中专 | 125 | 77 | 31 | 7 | 4 | 2 | 246 |
| | 大专及以上 | 58 | 43 | 19 | 10 | 2 | 0 | 132 |
| | 小计 | 458 | 309 | 120 | 114 | 52 | 16 | 1069 |

续表

| 分类变量 | | 年龄组（岁） | | | | | | |
|---|---|---|---|---|---|---|---|---|
| | | 60～64 | 65～69 | 70～74 | 75～79 | 80～84 | ≥85 | 合计 |
| 居住方式 | 独居 | 22 | 33 | 24 | 27 | 12 | 2 | 120 |
| | 空巢家庭 | 318 | 187 | 54 | 40 | 10 | 2 | 611 |
| | 与他人合住 | 113 | 86 | 42 | 46 | 29 | 12 | 328 |
| | 小计 | 453 | 306 | 120 | 113 | 51 | 16 | 1059 |
| 服务利用行为（UB） | 是 | 382 | 256 | 99 | 94 | 47 | 13 | 891 |
| | 否 | 76 | 52 | 20 | 18 | 3 | 3 | 172 |
| | 小计 | 458 | 308 | 119 | 112 | 50 | 16 | 1063 |

资料来源：老年人使用养老服务的状况调查，北京，N＝1316，2016年。

第一步，进行项目分析。项目分析是为了确保项目的信度和效度，可以通过分析项目的内容和形式或者统计方法来了解项目的品质，常用的方法有项目难度分析和区分度分析等（金瑜，2009），其中项目区分度（Item Discrimination）是指题目对于被试群体的区分能力，区分度不好的题目经常会出现“天花板效应”或者“地板效应”，通过被称为测验是否具有效度的“指示器”，国外学者提出“只有项目区分度指数在0.3以上的项目可以认为良好”（戴海崎等，2007）。对1069名被试的数据进行项目区分度分析，结果发现项目区分度在0.3以上的项目共23个，项目P5和E7的区分度较低，所以最终保留23个项目进行以下分析。

第二步，考察KMO值和Bartlett球形检验。KMO是通过比较变量之间简单相关系数和偏相关系数的平方和来评判取样的适当性，取值范围为0～1。KMO越接近1，表示项目越适合作因素分析；KMO越接近0，表示项目越不适合做因素分析。Kaiser（1974）提出KMO的度量标准为：0.9以上表示非常适合，0.8表示适合，0.7表示一般，0.6表示不太适合，0.5以下表示极不适合（戴海崎等，2007）。Bartlett球形检验主要用于检验卡方值的显著性，显著则表示各项目之间具有较高的相关性，有共享因素的可能性。对23个项目进行KMO和Bartlett检验，结果如表5－10所示，满足做探索性因素分析的条件。

表 5－10 探索性因素分析的 KMO 和 Bartlett 球形检验（初次）

| KMO 度量 | | 0.829 |
|---|---|---|
| Bartlett 球形检验 | 近似卡方 | 7112.262 |
| | 自由度 | 210 |
| | 显著性 Sig | 0.000 |

资料来源：老年人使用养老服务的状况调查，北京，N = 1316，2016 年。

第三步，计算克伦巴赫系数 α 并进行主成分分析。如果说项目区分度用来评判一个项目的质量，那么克伦巴赫系数 α 就是用来评判一组项目质量的，可以反映这组项目是否测量了同一特质，也是目前社会研究中最常使用的问卷信度的检验指标。一般认为：0.8 以上可取，0.6 ~ 0.8 均有待优化，0.6 以下为不可取。主成分分析法（Principal – Oblique Rotation Analysis）是考察多个变量之间相关性的一种统计方法；关于因子旋转，与正交旋转法相比，斜交旋转允许各因子之间存在相关，更符合实际情况（范津砚等，2003），故采用斜交旋转。经过反复尝试得到 21 题八个维度的结构比较理想，如表 5－11 所示，而且此时克伦巴赫系数 α = 0.838，比较好，八个因素可以解释总变异的 69.72%，比较高。

表 5－11 探索性因素分析的载荷矩阵

| 项目 | F1 | F2 | F3 | F4 | F5 | F6 | F7 | F8 |
|---|---|---|---|---|---|---|---|---|
| E5 | 0.664 | | | | | | | |
| E4 | 0.516 | | | | | | | |
| S6 | 0.398 | | | | | | | |
| P6 | | 0.859 | | | | | | |
| P7 | | 0.808 | | | | | | |
| S1 | | | 0.818 | | | | | |
| S2 | | | 0.782 | | | | | |
| P2 | | | 0.472 | | | | | |
| P1 | | | | 0.803 | | | | |
| P3 | | | | 0.729 | | | | |
| P4 | | | | 0.699 | | | | |
| E6 | | | | 0.510 | | | | |
| E8 | | | | | 0.792 | | | |

续表

| 项目 | F1 | F2 | F3 | F4 | F5 | F6 | F7 | F8 |
|---|---|---|---|---|---|---|---|---|
| S9 | | | | | 0.719 | | | |
| S10 | | | | | | 0.781 | | |
| E2 | | | | | | 0.751 | | |
| E1 | | | | | | | 0.800 | |
| E3 | | | | | | | 0.751 | |
| S4 | | | | | | | | -0.854 |
| S8 | | | | | | | | -0.664 |
| S3 | | | | | | | | -0.500 |

注：(1) 数据来源于“老年人使用养老服务的状况调查”，北京，N=1316，2016年；
(2) 八个因素可以解释总变异的69.72%，α=0.838；
(3) 旋转方法为斜交旋转法，允许各因子之间存在相关；
(4) 各因素所包含的题目和因子的内涵详见表5-17。

第四步，确定因子结构，进行因子命名。如果说数据分析技术是因素分析法的第一个核心，那么另外一个核心即是对因子进行命名，高质量的因子命名可以提升整个研究的质量，本研究八个维度的因子命名是最关键的。根据研究目的和理论假设，同时经过反复考究和小组讨论，决定将因子命名如下，如表5-12所示。八个因子的内涵如下：

**表5-12　养老服务使用的动力因素及其内涵**

| 一阶因子 | 因子内涵 | 调查题目 |
|---|---|---|
| 追求经济实惠 | 看重养老服务对于家庭养老活动的功用，非常在意养老服务的性价比 | E4：挑选养老服务时非常在意服务的性价比（实惠）<br>E5：有些老人为了减轻子女负担采取使用养老服务 |
| 居行安全考虑 | 安全需要很重要，出于对居住和出行安全的考虑，老年人会选择使用养老服务来避免这种潜在的风险 | P6：为避免安全隐患（水电燃气），可能会使用养老服务<br>P7：上下楼都比较吃力时，会考虑去使用养老服务 |
| 养老伦理失序 | 老年人认为子女是传统伦理式养老的应然主体，一旦这种养老伦理失序，那么老年人就可能会选择契约式的社会养老服务来化解这种养老需求 | S2：子女因养老产生矛盾时老人更可能去使用养老服务<br>S1：有些老人可能会碍于子女的面子才没有去使用养老服务<br>S6：若子女去世，需要靠媳妇/女婿养老就很可能去使用 |

续表

| 一阶因子 | 因子内涵 | 调查题目 |
|---|---|---|
| 家庭照料压力 | 生活需要照料且家庭成员难以满足这种需求时，老年人会通过使用养老服务来化解这种照料困难。是否使用养老服务要看其能否补充家庭照料能力 | P1：生活完全不能自理时，会考虑使用养老服务<br>P2：但凡有一些自理能力，也不会使用养老服务<br>P3：老两口能相互照顾，一定不会去使用养老服务<br>P4：当子女们照顾不了时，会考虑社会养老服务 |
| 追求精神效用 | 除关注养老服务的核心养老功能之外，也有的老人比较在意社会养老服务本身所附带的边缘效用，“省时/省力/省事”意味着是“省心” | E6：很多老人使用养老服务是为了省时/省力/省事<br>E8：有些老人使用养老服务就是图个乐趣（摆脱孤独寂寞） |
| 认同养老服务 | 老年人认同养老服务的价值理念，并且认为自己已经属于应该使用社会养老服务的那个群体时才会去用 | S9：有些老人觉得自己还没到使用养老服务的年纪，所以没用<br>S10：有些老人担心使用养老服务会让子女摆脱责任，所以没用 |
| 心理账户效应 | 老年人内心设有心理账户，不愿意用子女的钱来购买养老服务，自己有钱或者政府有服务补贴时会促使其购买养老服务 | E1：需要花子女钱去买养老服务，很可能不会去使用<br>E2：只有当老两口的养老钱够买养老服务时才会去使用<br>E3：要是政府有服务补贴，很可能会使用养老服务 |
| 信任养老服务 | 老年人对于社会养老服务这种新鲜事物的信任程度会影响其是否选择使用它来解决自身的养老困难 | S3：老人对于社会养老服务比较信任时，可能会去使用<br>S4：若朋友/邻居在使用养老服务，老人就更愿意去尝试<br>S8：有些老人担心自己被歧视（看不起），所以不愿意去使用 |

资料来源：老年人使用养老服务的状况调查，北京，N=1316，2016年。

追求经济实惠。是指只有当养老服务性价比较高且能切实减轻子女的负担时，老年人才有可能去使用。对于性价比的追求是所有消费者都会关心的问题，老年人也不例外。除此之外，中国文化背景中的老年人还非常关心社会养老服务对于家庭和代际关系的意义和价值，这与“尽管中国亲子关系发生了变化，但家庭团结力量并没有遭到破坏”（杨菊华、李路路，2009）的思想相吻合。

居行安全考虑。该维度是指老年人会出于对自身居住、出行安全的考虑而去使用养老服务，这充分说明想要规避潜在的生活风险已经成为大多数老年人趋向于养老服务的一个重要因素。然而，现实生活中人们往往聚焦于失能老人，而忽视了渐进的机能衰退给所有健康老人所带来的安全隐患。

养老伦理失序。该维度是指如果因子女去世或者家庭矛盾导致固有的养老伦理被破坏，那么老年人就有可能去使用养老服务。这说明大多数老年人仍期望"养儿防老"，当无所期望之时才会转向社会养老服务。虽然本研究只调查了子女和媳婿的情况，考虑到在一些农村地区过继、招赘、孙辈养老等仍然比较普遍（高和荣、张爱敏，2014），此处的养老伦理是指其广义的内涵。

家庭照料压力。该维度是指只有当老年人生活不能自理且家庭照料能力不足时，他们才有可能去使用养老服务，两个条件缺一不可。本研究显示：失能本身并不能促成养老服务使用，只有在家庭难以"消化"这一压力时才会形成对养老服务的倾向性，首次印证了彭希哲等（2015）的论断，这意味着，养老服务供给不能仅以老年人的失能率或失能程度进行测算。

追求精神效用。除了照料这一核心效用外，老年人还非常关注养老服务所附带的精神效用，比如能否让自己的生活变得更加省事、省时或省心，能否给自己的生活带来乐趣等，事实上，诸如城市的"小饭桌"、农村的"饺子宴"等助餐服务，对于老年人的社会交往、精神慰藉等都起到了至关重要的作用。

认同养老服务。该维度是指只有当老年人认为自己已经属于需要使用养老服务的群体了（比如年龄足够大、子女没有能力养老等），而且也认同养老服务的价值理念是为了缓解家庭养老压力，那么他们才有可能去使用。作为一个社会心理学概念，认同对于行为的影响非常直接且显著，而且易于被干预。

心理账户效应。该维度是指老年人会本着追求家庭利益最大化的态度去选购养老服务，反映了老年人理性地看待养老服务经济价值的倾向。这一维度的出现，不仅首次用数据验证了我国老年人倾向于以不同的态度对待养老资源的判断（彭希哲、胡湛，2015），而且也反映了我国老年人对待养老资源的观念发生了变迁，即从认为养老资源应该由生育资源转化而来（费孝通，2017）的传统观念转变为认为代际经济关系应趋于合作化（刘汶蓉，2016）的现代理念。

信任养老服务。信任反映的是情感或认知上的依赖性，当老年人相信养老服务能够解决自身养老困难，且不会给自己带来伤害时才会建立起对养老服务的信任感，进而才有可能去使用。认同和信任养老服务两个维度是首次在研究中得到

证实，反映了老年人对于养老服务这种新鲜事物的一种心理倾向性。

作为对因子结构的一种再考量，在此对有、无服务使用经验的老年人在各因素上的得分进行差异性检验。方差分析结果显示，有养老服务使用经验的老年人在居行安全考虑、养老伦理失序、养老服务认同、信任养老服务、心理账户效应五个维度上的得分显著高于没有养老服务使用经验组的老年人，如图 5－2 所示。

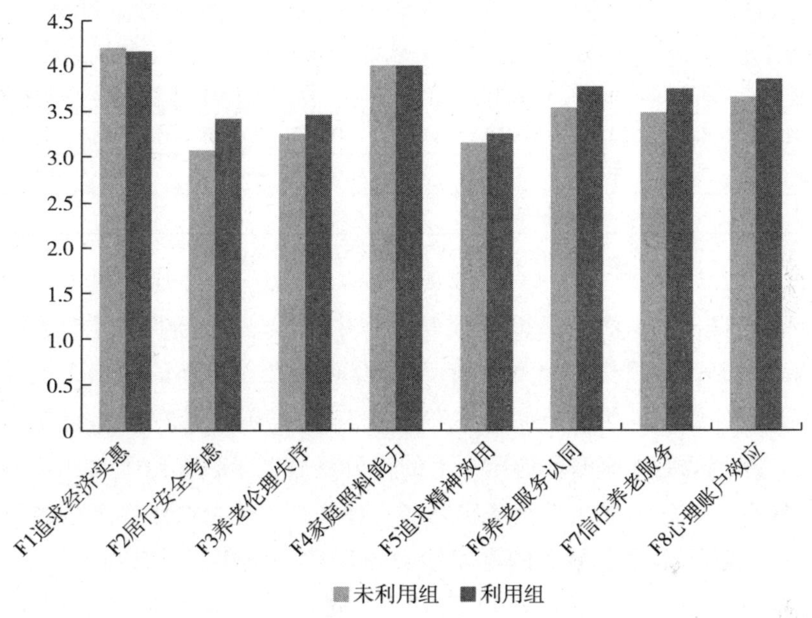


**图 5－2　有无养老服务使用经验的群体在各因素上的得分**

资料来源：老年人使用养老服务的状况调查，北京，N＝1316，2016 年。

## 5.4　行为态度对服务使用的预测

### 5.4.1　行为态度的描述性分析

表 5－13 展现了样本中老年人行为态度的概况。鉴于以往研究（杜鹏、王永梅，2017；张文娟、魏蒙，2014）发现，在此重点考察行为态度在收入水平和受教育程度上的差异性，并进行了事后比较。

表 5-13 不同群组老年人行为态度的差异性分析（F 检验）

| 维度 | 总体平均值 | 收入水平 | | | | 受教育程度 | | | |
|---|---|---|---|---|---|---|---|---|---|
| | | 3999 元及以下 | 4000～7999 元 | 8000 元及以上 | P | 小学及以下 | 初中和高中 | 大专及以上 | P |
| F1 追求经济实惠 | 4.19 | 4.05 | 4.17 | 4.32 | 0.000 | 4.10 | 4.19 | 4.29 | 0.051 |
| F2 居行安全考虑 | 3.12 | 2.80 | 3.25 | 3.16 | 0.000 | 2.73 | 3.17 | 3.29 | 0.000 |
| F3 养老伦理失序 | 3.28 | 3.29 | 3.24 | 3.33 | 0.277 | 3.26 | 3.30 | 3.16 | 0.134 |
| F4 家庭照料压力 | 3.99 | 4.03 | 3.91 | 4.07 | 0.002 | 4.06 | 3.96 | 4.07 | 0.053 |
| F5 追求精神效用 | 3.16 | 3.01 | 3.31 | 3.06 | 0.000 | 3.00 | 3.22 | 3.04 | 0.001 |
| F6 认同养老服务 | 3.58 | 3.66 | 3.53 | 3.59 | 0.107 | 3.60 | 3.55 | 3.68 | 0.198 |
| F7 心理账户效应 | 3.69 | 3.51 | 3.68 | 3.82 | 0.000 | 3.45 | 3.72 | 3.81 | 0.000 |
| F8 信任养老服务 | 3.52 | 3.38 | 3.46 | 3.70 | 0.000 | 3.32 | 3.54 | 3.66 | 0.000 |

资料来源：老年人使用养老服务的状况调查，北京，N = 1316，2016 年。

对于不同收入水平而言，4000 元及以上中高收入的老年人对于居行安全的考虑显著高于 3999 元及以下组的老年人；8000 元及以上组的老年人更看重信任感对于养老服务使用的影响；4000～7999 元组的老年人最看重社会养老服务的精神效用，同时他们在家庭照料压力上的得分显著低于其他两个组；随着收入水平的不断提高，老年人在追求经济实惠和心理账户效应两个维度上的得分呈直线上升趋势；虽然认同养老服务的群组差异不显著，但事后比较显示，3999 元及以下组的得分显著低于 4000～7999 元组。不同收入水平老年人行为态度差异如图 5-3 所示。

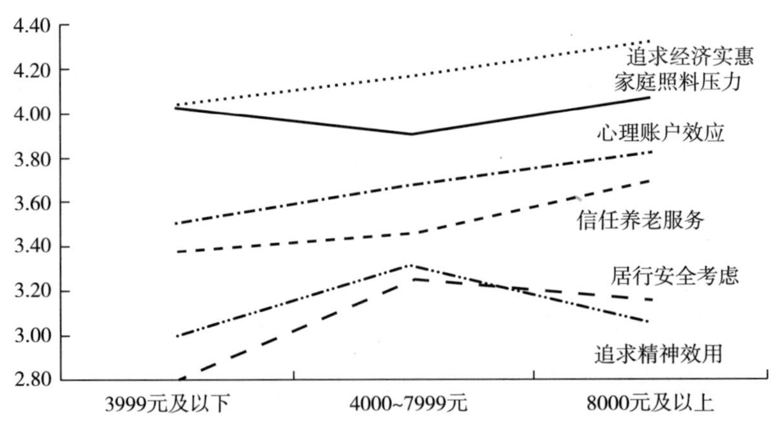


图 5-3 不同收入水平老人行为态度差异

对于不同受教育程度而言，小学及以下受教育程度的老年人在居行安全考虑、信任养老服务和心理账户效应三个维度上的得分均显著低于其他两个组；初中和高中组老年人在追求精神效用上的得分显著高于其他两个组，同时在养老伦理失序上的得分也显著高于大专及以上组；大专及以上组的老年人在居行安全考虑、信任养老服务、追求经济实惠和心理账户效应四个维度上的得分均显著高于小学及以下组的老年人。图 5 -4 直观地显示了老年人行为态度显著的群组差异。

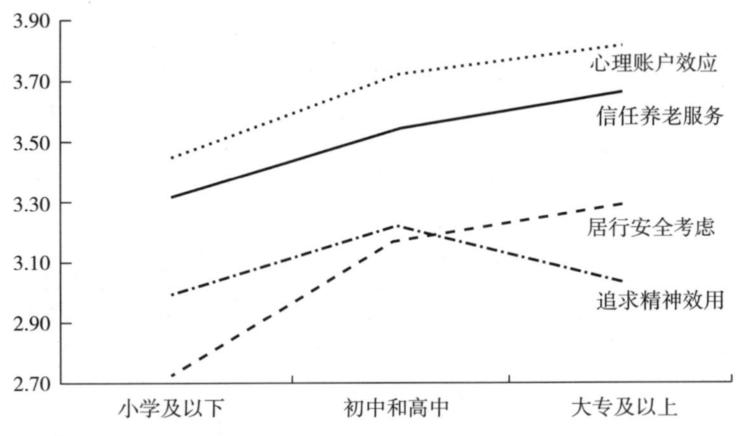


**图 5 -4　不同受教育程度老人行为态度差异**

### 5.4.2　检验行为态度对养老服务使用的影响

能否解释养老服务使用是检验所探索出行为态度结构有效性的一种方法。本研究在调查时还收集了养老服务使用的相关信息，分为养老服务使用行为和行为意向两个层面。使用行为是询问老年人“您是否使用了养老服务（包括机构养老服务或居家养老服务）?”选项为“是”或“否”。行为意向是询问老年人：“将来您使用养老服务的可能性有多大（包括机构养老服务或居家养老服务）?”让老年人从“1 = 肯定不使用”到“5 = 肯定会使用”进行 5 点评分。

本研究采用回归法进行分析。使用行为属于二分类变量，采用二元 Logistic 模型进行分析；行为意向为 5 点评分，采用有序 Logistic 模型进行分析。自变量为行为态度的八个维度，取值范围均为 1 ~5，总体平均值如表 5 -13 所示。控制变量包括：性别、年龄、是否自理、健康自评、是否在婚、文化程度、居住年限、居住方式、健在子女数量和收入水平①。考虑到老年人对于养老服务的行为态度可能会因年龄的不同而存在差异，故而分3个年龄组进行分析。由于样本平均年龄低于总体，本研究按照60~64岁、65~74岁、75岁及以上进行年龄分组。这样一来，行为态度对于2个因变量的解释形成了6组回归方程。如表5-14所示，行为态度对于老年人的养老服务使用行为和行为意向均具有解释力，说明本书所探索出的行为态度模型是有效的。需要说明的是，在表5-14的回归结果中并非每一个自变量对于因变量的解释都是显著的，一方面，可能与分年龄组进行回归分析有关，毕竟不同年龄的老年人所关注的内容是有差别的；另一方面，与因变量采用了比较笼统的测量方式有关，假如因变量是由老年人对于10类甚至更多类养老服务的行为态度集合而成，那么自变量的解释力或许会更高。

**表5-14 行为态度对养老服务使用行为和行为意向影响的回归分析**

| 自变量（行为态度） | 60~64岁 | | 65~74岁 | | 75岁及以上 | |
|---|---|---|---|---|---|---|
| | 行为 | 行为意向 | 行为 | 行为意向 | 行为 | 行为意向 |
| 追求经济实惠 | -0.785 | 1.434*** | 0.381 | 0.253 | 0.014 | 0.647** |
| 居行安全考虑 | -1.551 | 0.002 | 0.746*** | 0.524*** | 0.350 | 0.791*** |
| 养老伦理失序 | -0.492 | -0.325 | 0.018 | -0.324 | 0.537 | -0.585* |
| 家庭照料压力 | -1.496 | -0.607* | -0.653 | -0.255 | -0.748 | 0.375 |
| 追求精神效用 | 2.101*** | 0.031 | -0.869*** | 0.048 | -0.195 | 0.547* |
| 认同养老服务 | 0.465 | -0.015 | -0.040 | -0.222 | 1.120** | -0.664** |
| 信任养老服务 | -0.452 | -0.150 | 0.185 | -0.022 | 0.158 | 0.126 |
| 心理账户效应 | 1.163 | 0.268 | 0.487 | 0.397* | -0.296 | 0.337 |
| 服务利用（未用过） | — | 2.404*** | — | -0.273 | — | 0.677 |
| 控制变量（已控制） | | | | | | |

① 10个控制变量的取值和内涵如下：性别为二分类变量，1表示男，2表示女；年龄为连续变量，取值为61~92岁；是否自理为二分变量，1为自理，0为不自理；健康自评为五分类定序变量，得分越高表示健康状况越差；是否在婚为二分类变量，1为在婚，0为不在婚；文化程度为五分类定序变量，得分越高表示受教育水平越高；居住年限为连续变量，取值为1~8年；居住方式为定序分类变量，1表示老人独居，2表示老两口空巢家庭，3表示与他人合住；健在子女数量为连续变量，取值为0~7个；收入水平为八分类定序变量，得分越高表示月收入水平越高。

续表

| 自变量（行为态度） | 60～64岁 | | 65～74岁 | | 75岁及以上 | |
|---|---|---|---|---|---|---|
| | 行为 | 行为意向 | 行为 | 行为意向 | 行为 | 行为意向 |
| 模型卡方（Wald chi） | 34.508** | 54.505*** | 40.547** | 60.470*** | 36.128** | 88.607*** |
| -2对数似然比 | 43.087 | 297.452 | 178.159 | 632.184 | 98.674 | 366.979 |
| 伪 $R^2$（Nagelkerke $R^2$） | 0.526 | 0.390 | 0.261 | 0.237 | 0.362 | 0.470 |
| 样本规模 | 560 | 560 | 529 | 529 | 227 | 227 |

注：（1）数据来源于“老年人使用养老服务的状况调查”，北京，N=1316，2016年；

（2）***P<0.001，**P<0.01，*P<0.05；

（3）对有序Logistic回归方程进行平行线检验，显示卡方值的P值均大于0.05，通过了平行线检验。

本研究也注意到，行为态度对于养老服务使用行为和行为意向的解释是存在差异的。一方面，可以解释行为意向的自变量不一定能解释行为，反之亦然。例如，对于75岁及以上的老年人而言，追求经济实惠、居行安全考虑、养老伦理失序和追求精神效用等均可能促使他们想要去使用养老服务，但在解释行为时3个自变量均没有解释力；对于60～64岁的老年人而言，追求经济实惠和家庭照料压力可以解释行为意向，但却无法解释其行为。另一方面，相同自变量对于2个因变量的解释方向不一致。例如，对于65～74岁、75岁及以上的老年人而言，他们并不希望将来因养老伦理失序而去使用养老服务，但现实生活中很多老年人却是因为养老伦理失序而使用了养老服务；对于60～64岁、75岁及以上的老年人而言，他们并不认为认同养老服务会成为他们使用养老服务的原因，但在现实生活中老年人使用养老服务很大程度上是因为他们认同了养老服务。由此可见，老年人对待养老服务的行为态度非常复杂且权变（Contingency）。

## 5.5　收入水平的调节效应

### 5.5.1　变量及处理

仍采用北京市抽样调查数据进行研究。根据文献和理论基础，将老年人使用养老服务的因素按照老人需求、家庭因素和观念认知进行划分，其中围绕照料需求、居行安全和精神需求等来考察老人需求时，结果显示该维度拟合指数不达标；考虑到健康状况与老年人的需求紧密相关，在此将以健康状况代替老人需求进行分析。因此，在本部分所使用的自变量如表 5 – 15 所示。

**表 5 – 15　养老服务使用的影响因素表**

| 一级维度 | 二级维度 | 题目 |
|---|---|---|
| 健康状况 | 健康自评（1）<br>慢性疾病（1） | 您目前的身体健康状况是怎样的（1 = 很健康，5 = 很不健康）<br>您是否患有慢性疾病（0 = 否，1 = 是） |
| 观念认知 | 养老伦理（3） | 子女因养老产生矛盾时，老人很可能去使用养老服务<br>有些老人碍于子女的面子，才没有去使用养老服务<br>若子女去世，需要靠媳妇/女婿养老就很可能去使用 |
| | 信任服务（3） | 老人对于社会养老服务比较信任时，可能会去使用<br>若朋友/邻居在使用养老服务，老人就更愿意去尝试 |
| | 服务认同（2） | 有些老人担心自己被歧视（看不起），所以不愿意去使用<br>有些老人觉得还没到使用养老服务的年纪，所以没用<br>有些老人担心使用养老服务会让子女摆脱责任，所以没用 |
| 家庭因素 | 照料压力（4） | 生活完全不能自理时，才会考虑使用养老服务<br>但凡有一些自理能力，也不会使用养老服务<br>老两口能相互照顾，一定不会去使用养老服务 |
| | 经济实惠（2） | 当子女们照顾不了时，才会考虑社会养老服务<br>老人挑选养老服务时比较在意服务的性价比<br>有些老人为了减轻子女负担才去使用养老服务的 |
| | 心理账户（3） | 需要花子女钱去买养老服务，很可能不会去使用<br>只有当老两口的养老钱够买养老服务时才会去使用<br>要是政府有服务补贴，老人很可能会使用养老服务 |

注：（1）数据来源于“老年人使用养老服务的状况调查”，北京，N = 1316，2016 年；
（2）括号中的数字代表维度对应的题目数量；
（3）除“慢性疾病”为两点评分外，其余均为 5 点评分。

对上表中的测量题目做 Bartlett 球形检验，结果显示 KMO 为 0. 817，有共享因素的可能性，适合做探索性因素分析（郭志刚，2015）。因为家庭因素和观念认知维度在设计时包含了两层潜变量，而健康状况只有一层潜变量，为了分析的一致性，将家庭因素和观念认知的第二级维度进行显性化处理，这样总共得到八

个二级维度。进而，采用主成分斜交旋转对八个维度进行探索性因素分析，此时，Chi－Square 为 1941.713，P 值小于 0.001，KMO 为 0.728。以 Cronbach's α 系数作为信度指标，分析显示该调查问卷的 Cronbach's α 系数为 0.817，说明问卷的信度比较好（郭志刚，2015）。以总问卷与各维度的相关性作为问卷的效度指标，首先计算各维度和总问卷的题目平均分，而后计算皮尔逊相关系数，如表 5－16 所示，可见相关系数均达到 0.3 以上，维度与总问卷的相关高于维度之间的相关，各维度指向同一心理特征，说明该调查问卷的结构效度良好。

**表 5－16 各维度与总问卷的相关分析**

| | 观念认知 | 健康状况 | 家庭因素 |
|---|---|---|---|
| 观念认知 | 1.000 | | |
| 健康状况 | －0.063* | 1.000 | |
| 家庭因素 | 0.501** | －0.013 | 1.000 |
| 总问卷 | 0.818** | 0.310** | 0.803** |

注：（1）数据来源于"老年人使用养老服务的状况调查"，北京，N＝1316，2016 年；
（2）***P<0.001，**P<0.01，*P<0.05。

### 5.5.2 调节效应的结构方程验证

选择性别、年龄、文化程度、收入水平、经济依赖性以及表中的八个维度作为解释变量，对养老服务使用意向进行多元 Logistic 回归分析。结果显示，随着年龄的增长，老年人养老服务使用意向的发生比出现显著下降；相对于收入水平在 8000 元及以上的老年人，收入水平为 3999 元以下的老年人使用养老服务的发生比显著降低，但收入水平 4000～7999 元组的下降不显著；经济依赖性的增强使得老年人使用养老服务的发生比不断降低，都说明了老年人的经济状况对于养老服务使用的影响。文化程度的影响在个别维度上也是显著的，考虑到收入水平和文化程度的相关性比较强，在此集中探讨收入水平的调节效应。

将针对全体老年人和月收入水平分别为 3999 元及以下、4000～7999 元、8000 元及以上的老年人设计结构方程模型，探讨养老服务使用影响因素的作用机制。模型均以养老服务利用意向为结果变量，自变量包括健康状况、家庭因素、观念认知和个人概况。经反复尝试得到四个模型。根据吴明隆（2017）、唐丹（2010）等的研究，模型的拟合指数是可以接受的，如表 5－17 所示。其中，三个不同收入群体的影响因素模型完全一致，但是路径系数和拟合指数均有所差别。

表 5－17 模型拟合指数

| | CMIN | DF | CMIN/DF | P | NFI | IFI | CFI | RMSEA |
|---|---|---|---|---|---|---|---|---|
| 全体老年人（全模型） | 353.847 | 47 | 7.529 | 0.000 | 0.881 | 0.896 | 0.894 | 0.070 |
| 3999 元及以下（低收入） | 67.978 | 37 | 1.837 | 0.000 | 0.891 | 0.947 | 0.944 | 0.053 |
| 4000～7999 元（中等收入） | 136.924 | 37 | 3.701 | 0.000 | 0.871 | 0.903 | 0.900 | 0.067 |
| 8000 元及以上（高收入） | 2.572 | 37 | 2.572 | 0.000 | 0.901 | 0.937 | 0.935 | 0.062 |

表 5－18 显示了四个结构模型的标准化路径系数。对于全体老人而言，在允许自变量相关的前提下，个人概况和家庭因素可以正向激发老年人的养老服务使用意向，健康状况对于养老服务使用意向起到了负向预测作用，观念认知的影响并不显著；收入水平的因子负荷值为 0.69，在 0.001 水平上显著，说明收入水平在整个模型中的影响也是显著的（如图 5－5 至图 5－8 所示）。需要说明的是，健康状况对于养老服务使用意向起到了负向预测作用，即自评健康越差或患有慢性疾病或的老人使用养老服务的意向越低，这似乎与以往研究结果不一致。原因可能在于：①与以往研究（陆杰华、张莉，2017；彭希哲等，2017）大多以照料类服务为因变量不同，本书的养老服务是广义上的内涵，不仅包括照料类服务，也包含健康指导、聊天解闷或心理咨询等非照料类服务。②本研究的因变量是服务使用意向而非使用行为，行为和行为意向之间往往不一致（陈卫、靳永爱，2011），即存在权变性（Contingency），或许养老服务使用行为和行为意向之间的权变性导致了结果的差异性。为验证这一推测，本研究又做了补充性分析，针对调查问卷中老年人对于 10 类养老服务的使用经验（是否使用过）和需求（是否需要），采用相关分析考察健康状况与它们的关系。结果发现：健康状况与个人照护、日间照料的使用经验呈正相关关系，而与其他类型服务的使用经验相关不显著；健康状况与老年人自我报告对所有类型服务的需求呈负相关关系，并在健康指导、聊天解闷、个人照护、上门做家务以及助餐服务上达到显著性水平。这也充分说明，健康对于养老服务使用的影响会因服务类型的不同而存在差异，同时行为和行为意向的权变性也可能是导致结果不一致的原因，就本研究而言，老年人健康状况对于广义的养老服务使用意向总体上起到了负向预测作用。

**表 5-18　结构模型中的标准化路径系数及其显著性**

| 变量及其解释关系 | | | 全模型（N = 1316） | | 低收入群体模型（N = 304） | | 中等收入群体模型（N = 596） | | 高收入群体模型（N = 416） | |
|---|---|---|---|---|---|---|---|---|---|---|
| | | | Std. | P | Std. | P | Std. | P | Std. | P |
| 服务使用 | <— | 观念认知 | -0.31 | 0.18 | -0.09 | 0.69 | -0.60 | 0.14 | 0.91 | 0.01 |
| 服务使用 | <— | 健康状况 | -0.45 | 0.00 | -0.22 | 0.12 | -0.51 | 0.00 | -0.05 | 0.69 |
| 服务使用 | <— | 家庭因素 | 0.62 | 0.01 | 0.76 | 0.00 | 0.55 | 0.13 | -0.73 | 0.04 |
| 服务使用 | <— | 个人概况 | 0.79 | 0.00 | 0.65 | 0.02 | 0.80 | 0.13 | 0.81 | 0.00 |

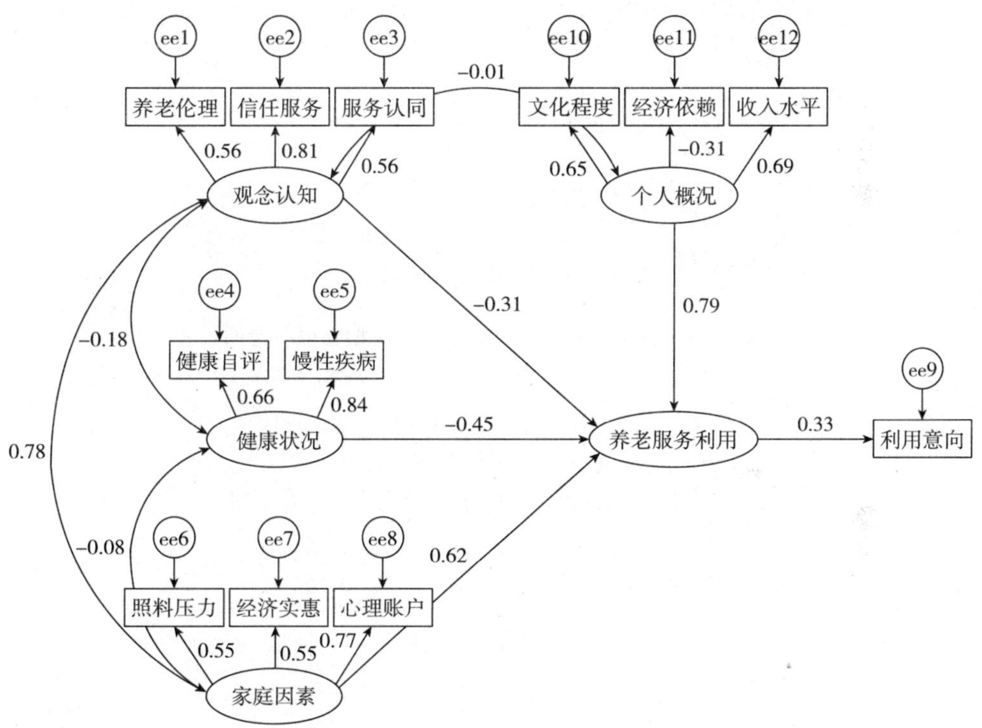


**图 5-5　全体样本老年人养老服务使用的影响因素模型**

而后，在全模型的基础上去除收入水平的影响，分别对三个不同收入水平的群组进行模型拟合。结果显示：在低收入群体中，健康状况的负向影响消失了，个人概况和家庭因素仍可以正向地预测养老服务的使用意向；在中等收入群体中，家庭因素和个人概况的影响均消失了，只有健康状况的负向影响仍然显著；在高收入群体中，健康状况的负向影响消失了，但是观念认知的影响变得非常显著，而且与前三个模型相比，其影响系数由负向变为正向。但就家庭因素的影响

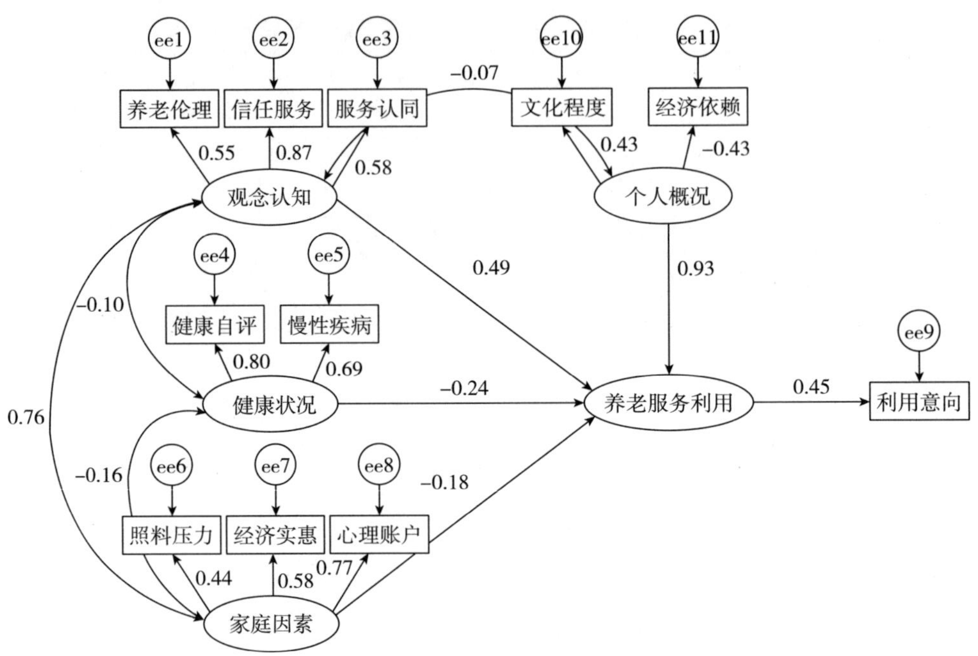


图 5-6　低收入群体养老服务使用的影响因素模型

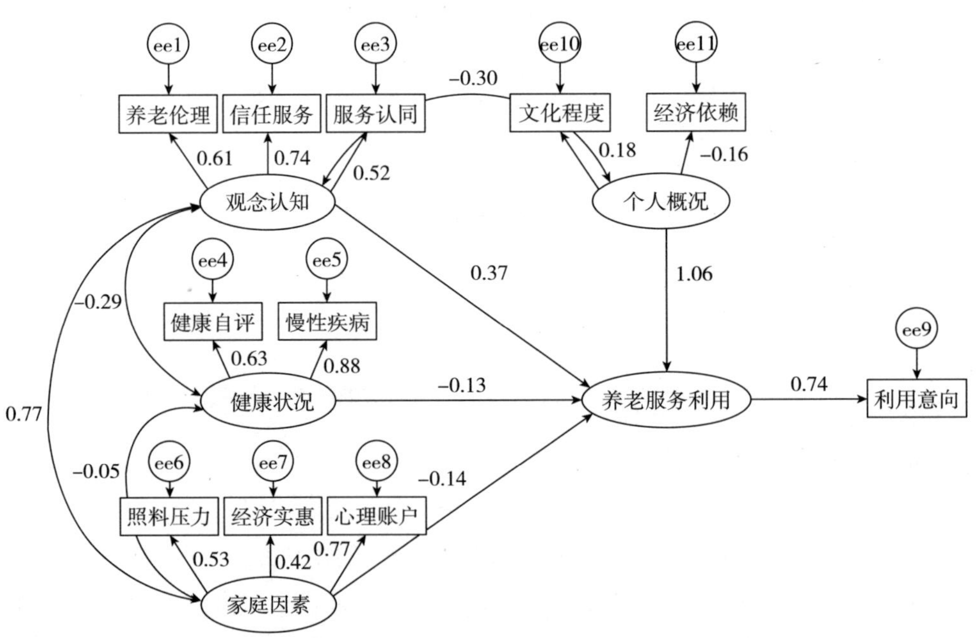


图 5-7　中等收入群体养老服务使用的影响因素模型

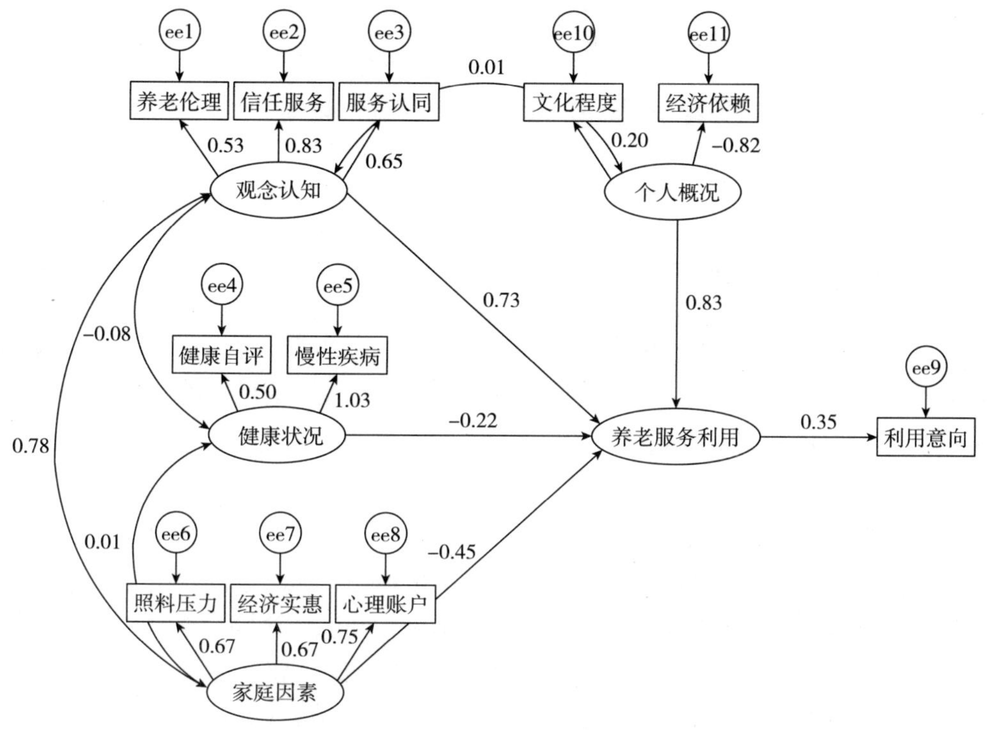


**图 5－8　高收入群体养老服务使用的影响因素模型**

来看，它对于低收入群体的影响是正向显著的，对于中等收入群体的影响是正向但不显著，对于高收入群体的影响虽然是显著的，但系数却为负向的，也就是说，家庭因素是促成低收入老年人使用养老服务的重要因素，即养老服务使用的“家庭利益主导”倾向。进一步，对低收入、中等收入和高收入这三个模型的路径系数进行限定，检验收入水平因素的调节作用。结果发现，限制模型与缺省模型的 $\chi^2$ 之差统计检验显著（如表 5－19 所示），说明收入水平的确在老年人养老服务利用的影响模型中起调节作用。

**表 5－19　收入水平的调节效应检验**

| | CMIN | DF | CMIN/DF | P |
|---|---|---|---|---|
| 限制模型 | 353.46 | 117 | 3.02 | 0.000 |
| 缺省模型 | 325.87 | 111 | 2.94 | 0.000 |
| 差值（收入水平调节作用） | 27.59 | 6 | 4.60 | 0.000 |

# 5.6 教育程度的调节效应

## 5.6.1 变量及处理

仍采用北京市抽样调查数据进行研究。因变量为养老服务使用意向，即询问老年人："将来您使用社会养老服务的可能性有多大（包括居家养老服务和机构养老服务）?"让老年人从1到5进行评分，得分越高表示他们使用养老服务的意向越大。

控制变量为年龄和受教育程度，自变量包括经济状况、健康状况、养老观念和行为态度四类。经济状况由收入水平和经济依赖性组成。收入水平为老人自我报告的月收入水平，得分越高表示收入水平越高。经济依赖性按照对于自己、配偶、子女和其他资金的依赖程度划分为四个等级，得分越高表示经济依赖性越高。健康状况由健康自评、慢性疾病和健康关注度组成。健康自评分五个等级，得分越高表示健康程度越差。慢性疾病为二分变量，1表示患病，0表示不患病。健康关注度分为八个等级，得分越高表示对自己的健康关注度越高。

养老观念由家庭养老、社会养老和自我养老三个维度构成，均为5点评分，得分越高表示老年人越认同某种养老观念。行为态度由围绕老年人生理、经济和社会属性设置的25道调查题目来体现。除采用探索性因素分析法之外，本研究还采用方差分析和多元线性回归进行分析。根据研究假说，不同受教育程度的老年人其经济状况、健康状况、养老观念和行为态度对于他们使用社会养老服务的影响可能存在差异，用统计学术语来讲，即是受教育程度对于自变量影响因变量存在调节效应。

## 5.6.2 调节效应的回归模型验证

表5-20显示了各变量基本情况以及在受教育程度上的单因素方差分析结果。参考2015年全国1%人口抽样调查数据和北京市2015年第四次城乡老年人生活状况调查数据，将受教育程度其划分为小学及以下组、初中组、高中及以上组三个组。对变量在不同受教育程度上的差异性进行方差分析和事后检验。①社

会养老服务使用意向。随受教育程度提高，老年人使用社会养老服务的意向逐渐提高；事后比较显示，小学及以下组与其他两组之间存在显著差异，但是初中组和高中及以上组之间不存在显著差异。②经济状况。随受教育程度提高，老年人的收入水平逐渐提高且经济依赖性逐渐降低；事后比较显示，收入水平三组之间均存在显著差异，但初中组与高中及以上组的经济依赖性不存在显著差异，小学及以下组与其他两组的差异性均显著，与以往研究结果相一致。③健康状况。随受教育程度提高，老年人认为健康状况较差的比例显著降低，且患有慢性疾病的概率也逐渐降低，对于健康的关注程度也在不断提高；事后比较显示，各组之间的差异均达到显著性水平，某种程度上验证了教育对于老年人的健康起到了一定的保护作用。④养老观念。随受教育程度提高，老年人在养老观念三个维度上的得分均出现下降，事后比较显示，小学及以下组与其他两组之间的差异达到了显著性水平，但初中组和高中及以上组的差异并不显著。⑤行为态度。除家庭照料压力、追求经济实惠和传统服务认知三个维度外，其他五个维度在不同受教育程度上均存在显著差异。在信任养老服务、心理账户效应、居行安全考虑和追求精神效用上，初中组和高中及以上组的得分均显著高于小学及以下组，但初中组和高中及以上组之间并不存在显著差异；但在养老伦理失序维度上，高中组的得分显著高于其他两个组，初中组与小学及以下组之间并不存在显著差异。

**表5-20 主要变量在受教育程度上的单因素方差分析**

| 主要变量 | | 小学及以下组（N=212） | | 初中组（N=648） | | 高中及以上组（N=453） | | F | P |
|---|---|---|---|---|---|---|---|---|---|
| | | M | SD | M | SD | M | SD | | |
| 养老服务使用意向 | | 2.88 | 1.20 | 3.58 | 1.00 | 3.64 | 0.93 | 45.704 | 0.000 |
| 经济状况 | 收入水平 | 4.25 | 1.52 | 5.65 | 1.38 | 6.31 | 1.06 | 180.028 | 0.000 |
| | 经济依赖性 | 1.27 | 0.65 | 1.09 | 0.36 | 1.06 | 0.26 | 22.168 | 0.000 |
| 健康状况 | 健康自评 | 2.86 | 0.84 | 2.50 | 0.78 | 2.39 | 0.72 | 27.455 | 0.000 |
| | 慢性疾病 | 0.59 | 0.49 | 0.36 | 0.48 | 0.29 | 0.46 | 26.118 | 0.000 |
| | 健康关注度 | 3.28 | 1.29 | 3.63 | 1.49 | 3.99 | 1.49 | 18.465 | 0.000 |
| 养老观念 | 家庭养老 | 3.41 | 1.05 | 3.11 | 0.97 | 3.11 | 0.91 | 8.475 | 0.000 |
| | 社会养老 | 4.22 | 0.78 | 4.09 | 0.79 | 4.09 | 0.77 | 2.987 | 0.000 |
| | 自我养老 | 3.92 | 1.03 | 3.59 | 1.03 | 3.53 | 1.05 | 10.417 | 0.000 |

续表

| 主要变量 | | 小学及以下组（N=212） | | 初中组（N=648） | | 高中及以上组（N=453） | | F | P |
|---|---|---|---|---|---|---|---|---|---|
| | | M | SD | M | SD | M | SD | | |
| 行为态度 | 居行安全考虑 | 2.73 | 1.06 | 3.15 | 0.91 | 3.24 | 0.91 | 22.058 | 0.000 |
| | 追求精神效用 | 3.00 | 1.02 | 3.21 | 0.86 | 3.17 | 0.87 | 4.339 | 0.013 |
| | 家庭照料压力 | 4.06 | 0.80 | 3.98 | 0.72 | 3.96 | 0.72 | 1.447 | 0.236 |
| | 追求经济实惠 | 4.10 | 0.95 | 4.20 | 0.71 | 4.21 | 0.66 | 1.688 | 0.185 |
| | 心理账户效应 | 3.45 | 0.96 | 3.74 | 0.70 | 3.72 | 0.72 | 12.494 | 0.000 |
| | 养老伦理失序 | 3.26 | 0.87 | 3.34 | 0.87 | 3.21 | 0.82 | 3.116 | 0.045 |
| | 信任养老服务 | 3.32 | 0.89 | 3.53 | 0.79 | 3.59 | 0.87 | 7.752 | 0.000 |
| | 传统服务认知 | 3.60 | 0.93 | 3.56 | 0.87 | 3.58 | 0.81 | 0.139 | 0.871 |

资料来源：老年人使用养老服务的状况调查，北京，N=1316，2016年。

表5-21为多元回归分析结果。模型1为全部样本回归结果，模型2、模型3、模型4分别为小学及以下组、初中组、高中及以上组老年人的回归结果。尽管变量之间可能存在共线性，但统计显示四个模型并不存在严重的共线性。

**表5-21　老年人使用养老服务意向的多元回归分析（参数估计值※）**

| 变量 | 全部样本（模型1） | 不同受教育程度模型 | | |
|---|---|---|---|---|
| | | 小学及以下组（模型2） | 初中组（模型3） | 高中及以上组（模型4） |
| C | 4.485*** | 3.590** | 5.303*** | 4.00*** |
| 性别 | 0.038 | -0.043 | 0.069 | 0.040 |
| 年龄 | -0.186*** | -0.11 | -0.204*** | -0.114* |
| 受教育程度 | 0.047* | -0.060 | — | 0.079 |
| 收入水平 | 0.028 | -0.091 | 0.069 | -0.034 |
| 经济依赖性 | -0.101*** | -0.062 | -0.102** | -0.099* |
| 健康自评 | -0.005 | 0.029 | -0.030 | -0.018 |
| 慢性疾病 | -0.013 | 0.070 | -0.025 | 0.002 |
| 健康关注 | -0.052 | 0.014 | -0.056 | -0.050 |
| 自我养老 | -0.184*** | -0.185* | -0.140** | -0.241*** |
| 社会养老 | 0.064* | 0.077 | 0.056 | 0.112* |

续表

| 变量 | 全部样本（模型 1） | 不同受教育程度模型 | | |
|---|---|---|---|---|
| | | 小学及以下组（模型 2） | 初中组（模型 3） | 高中及以上组（模型 4） |
| 家庭养老 | −0.003 | −0.087 | 0.003 | 0.045 |
| 居行安全考虑 | 0.168 *** | 0.189 | 0.157 *** | 0.200 *** |
| 追求精神效用 | 0.121 *** | 0.306 *** | 0.071 | 0.076 |
| 家庭照料压力 | 0.001 | 0.275 *** | −0.050 | −0.050 |
| 追求经济实惠 | 0.065 * | 0.100 | 0.002 | 0.090 |
| 心理账户效应 | 0.079 * | −0.001 | 0.118 * | 0.064 |
| 养老伦理失序 | −0.094 *** | −0.300 *** | −0.028 | −0.081 |
| 信任养老服务 | 0.058 | 0.073 | 0.077 | −0.025 |
| 传统服务认知 | −0.063 * | −0.161 * | −0.045 | −0.022 |
| F 值 | 21.691 *** | 6.008 *** | 9.700 *** | 4.631 *** |
| 容差 | >0.564 | >0.498 | >0.580 | >0.493 |
| 方差膨胀因子 | <1.831 | 2.399 | <1.767 | <2.027 |
| 模型的 $R^2$ | 0.275 | 0.373 | 0.217 | 0.169 |
| 有效样本量 | 1316 | 212 | 648 | 453 |

注：（1）※，标准化回归系数 b；

（2）C 为回归模型的常数项；

（3）显著性，*P<0.05，**P<0.01，***P<0.001；

（4）容差（Tolerance）和方差膨胀因子（VIF）均为自变量共线性的检验指标，上述四个模型的容差均远大于 0.10 且方差膨胀因子均远小于 10，说明自变量之间不存在严重的共线性。

由模型 1 可见，受教育程度可以显著地促进老年人使用养老服务，验证了养老服务使用的“亲知识分子”倾向（杜鹏、王永梅，2017）。经济状况中的经济依赖性而非收入水平显著地影响老年人使用养老服务，经济依赖性越低，老年人使用养老服务的倾向性越大。养老观念中的养老观念可以显著地促进老年人使用养老服务，但是自我养老观念的影响是负向显著的。行为态度中的居行安全考虑和追求精神效用可以显著地促进老年人使用养老服务，但养老伦理失序和传统服务认知的影响却是负向显著的，也就是说伦理文化和传统认知等对于老年人使用养老服务起到了阻碍作用。虽然文献中提到教育可能会通过提高老年人的健康关注度来促使其使用养老服务，但分析结果并未证实这一猜想，健康自评和慢性疾病的影响也未达到显著水平。重要的是，模型 1 中受教育程度的影响达到了显著性水平，提示了研究受教育程度调节效应的必要性与可能性。

从分组模型来看，年龄、经济依赖性的负向预测作用在模型 3 和模型 4 中均达到显著性水平，但在模型 2 中并未达到显著性水平；同时，自我养老观念的负向预测作用在模型 2、模型 3、模型 4 中均达到显著性水平。所不同的是，在小学及以下组的模型 2 中，养老伦理失序和传统服务认知的负向预测作用仍然显著，并且回归系数大大提高，同时家庭照料压力的正向预测作用达到显著性水平；在初中组中的模型 3 中，养老伦理失序、传统服务认知的负向预测作用以及追求精神效用、家庭照料压力的正向预测作用均消失，而且心理账户效应的正向预测作用变得显著；在高中及以上组的模型 4 中，心理账户效应的预测作用消失，居行安全考虑的正向预测作用仍然存在，值得关注的是社会养老观念的正向预测达到了显著性水平。从模型 2、模型 3、模型 4 的比较来看，一方面，自变量或控制变量对于因变量的回归系数和显著性均存在差异，说明了受教育程度的调节效应是存在的。另一方面，从影响显著的自变量在模型 2、模型 3、模型 4 中出现的先后规律可知，受教育程度较低的老年人受伦理文化和传统认知的牵绊比较明显；受教育程度为中等的老年人开始理性地分析社会养老服务的经济价值；在受教育程度较高的老年群体中，社会养老观念的盛行大大地提高了他们对于社会养老服务的倾向性。

从模型 2、模型 3、模型 4 的解释率渐次降低来看，对于受教育程度较高的老年人，影响他们是否使用养老服务的潜在变量还有很多。根据马斯洛需求层次理论，高学历的老年人在基本需求得到满足之后，可能会追求精神层面的满足或称自我实现的需求，或许这一特点会成为他们使用社会养老服务的促进因素。为了验证这一猜想，对 2014 年中国老年社会追踪调查数据（CLASS）进行补充分析，参考杜鹏和王永梅（2017）的研究，以养老服务使用意向为因变量，以年龄、ADLs、IADLs、自评健康、慢性疾病、收入水平、经济依赖性、子女交往、亲属交往、朋友交往、社会融入性等为自变量或控制变量，同时纳入“我现在喜欢学习”作为老年人自我实现需求的衡量指标，分小学及以下组、初中组、高中及以上组进行有序 Logistic 回归分析。结果显示：在小学及以下组中，“我现在喜欢学习”的回归系数为 -0. 132 且在 0. 05 水平上显著，在高中及以上组中“我现在喜欢学习”的回归系数为 0. 191 且在 0. 05 水平上显著，初中组上回归系数并不显著。这说明：对于受教育程度较高的老年人而言，他们追求自我实现的心理特质或许会促进他们选择使用养老服务。

## 5.7　小结与建议

### 5.7.1　关于老年人行为态度的结论和建议

第一，首次采用实证方法获得了老年人对待养老服务的行为态度结构。行为态度通常是由老年人的生理属性、经济属性和社会属性等综合决定的，样本中老年人对待社会养老服务的行为态度分为八个方面，即追求经济实惠、居行安全考虑、养老伦理失序、家庭照料压力、追求精神效用、认同养老服务、心理账户效应和信任养老服务。既有全世界老年人都会考虑到的普遍性问题，更有中国文化背景下老年人所关心的典型性问题，比如养老伦理失序。

第二，低收入老年群体对于养老服务的认同感最高但信任感却最低。对于社会养老服务既认同又信任，才能促成老年人去使用养老服务，但是本研究显示，月收入低于 4000 元的老年人非常认同自己应该去使用养老服务，但是他们对于养老服务的信任感却显著地低于中高收入群体，这也在某种程度上解释了养老服务使用呈“亲中高收入群体”的深层次原因。如何通过宣传引导提高低收入老年群体对于养老服务的信任感，将是今后政府、养老服务主体和社会组织等的努力方向之一。

第三，绝大多数老年人非常看重养老服务的精神效用，但受到养老伦理文化的牵绊也非常明显。样本中受过初中或高中教育的老年人占 72%，他们非常看重养老服务能否让自己的生活省事、省时或省心，可以说蕴藏着巨大的消费潜力，但受过高等教育的老年人更擅长理性地看待养老服务的经济价值，他们更认为应该遵循传统的养老伦理。如何减轻大多数老年人的养老伦理牵绊，提高他们的理性分析能力，是激发老年人养老服务消费的一个重要方面。

第四，行为态度的权变性导致了服务使用行为与行为意向的背离，为理解两者的背离现象提供了新视角。首次采用实证方法，找到了可以解释养老服务使用行为和行为意向相背离的因素，即行为态度。基于研究结果，建议今后的养老服务需求调查应走向深入，例如，在了解老年人“是否”需要养老服务的同时，应深度了解其对于养老服务的急迫程度、使用的时长和频率等具体信息，有条件的话可以全面了解其行为态度，从而提高供需匹配的精准度。

### 5.7.2 关于收入水平调节效应的结论和建议

第一，老年人使用养老服务的意向随着收入水平的提高而增强，低收入群体的使用意向显著地低于中高收入群体。这与以往研究结果（王莉莉，2012；杜鹏、王永梅，2017）相一致。可能因为收入水平越高，老年人购买能力越强，也可能因为收入水平较低的老年人接触到养老服务信息的机会相对匮乏，抑或是收入较低的老年人子女数量较多（孙鹃娟，2017），使得他们对于养老服务的需求并不高。建议：①不断提高低收入老年群体的收入水平和经济独立性。②养老服务补贴应向低收入群体倾斜并加大补贴力度。③深入研究低收入老年群体有关养老服务需求的个性特征，创新出更适合他们使用的养老服务。④加强养老服务信息向低收入群体传递，激发低收入老年群体的消费潜力。

第二，对于全体老人而言，家庭因素和健康状况影响其养老服务使用意向，但观念认知的影响被群体差异所抵消。研究发现，家庭因素（照料压力、经济实惠、心理账户）会促进老年人的养老服务使用意向，结合家庭因素所包含的调查题目可知，期望减缓家庭照料压力、追求家庭利益最大化已成为老年人使用养老服务的关键决定因素，我们将这种现象称为养老服务使用的“家庭利益主导”倾向。照料类服务的使用通常与健康状况变差呈正相关关系不同，本研究中健康状况（健康自评、慢性疾病）变差总体上会弱化老年人的养老服务使用意向，一方面说明健康对于养老服务使用的影响会因服务类型的不同而存在差异，另一方面说明当前针对带病带残老年群体的养老服务还比较单一，与全国数据分析结果（杜鹏、王永梅，2017）相类似。①应针对失能半失能等健康状况较差的老年群体，不断地丰富其养老服务形式，满足他们的多层次需求。②可以从家庭利益最大化的角度出台促进文件，激发其养老服务消费潜力。

第三，养老服务使用的“家庭利益主导”倾向在低收入老年群体中更加明显，高收入老年群体的养老理念更加趋于现代化。家庭因素会促使低收入老年群体使用养老服务，但却会阻碍高收入老年群体的服务使用意向；观念认知对于促进高收入群体的养老服务使用非常敏感，但是对于低收入群体的影响并不显著。可见，低收入群体更关心养老服务是否经济实惠、能否减缓家庭照料压力、能否扩大家庭的整体利益等。相对于低收入老年人，高收入老年人并不十分在意养老

服务是否经济实惠、能否减缓照料压力以及购买服务的钱来自哪里等客观因素，他们更在意社会认知、文化观念等主观因素的影响。这就提示我们，①对于低收入老年群体，要着重使他们认识到养老服务对于家庭的意义。②对于高收入老年群体，要着力打通他们对于养老服务的观念认知，比如让他们认识到养老服务不仅是遇到养老困难时的“救命稻草”，更是他们追求美好生活的重要方式。

第四，对于收入水平为中等的大多数老年人来说，健康状况变差会弱化他们使用养老服务（不仅包含照料类服务，也包含非照料类服务）的总体意向。这里体现的仅仅是老年人的意愿，并不是实际的使用行为。原因可能在于：①老年人带病带残这一典型特征限制了某些养老服务的可及性，比如健康指导、聊天解闷和心理咨询等，都需要老年人具有正常的沟通能力甚至要走出家门，这就大大限制了健康状况较差的老年人的使用意愿。②养老服务供给存在偏颇，当前诸如健康指导、心理咨询、上门做家务等非照料类服务大多只针对健康老人或具有一定自理能力的老人提供，当老年人健康状况变差时很难再找到合适的非照料类服务。③老年人健康状况变差时更倾向于家庭养老，他们对于社会养老服务的帮助不太接受。这就提示我们：在发展养老服务时，应更加关注老年人带病带残这一典型特征，在不断发展完善针对健康老人和失能老人养老服务的同时，进一步丰富可供大多数带病带残老年人使用的非照料类养老服务。

### 5.7.3　关于教育程度调节效应的结论和建议

第一，教育提高了老年人的经济独立性，使其有能力购买并使用养老服务。以往研究发现，老年人经济状况中的收入水平是提高其购买并使用社会养老服务的关键因素，但本研究在进行细分时发现：预测作用显著的主要是老年人的经济独立性，而非单纯的收入水平。本研究还发现，教育提高了经济独立性对于老年人使用养老服务的预测作用，这也是首次采用直接证据验证了该假说。因此，要想提高老年人的养老服务使用率，就要努力提高老年人的经济独立性，不能单纯看其收入水平。从另一个角度来看，当前很多养老服务需求调查，一般都以老年人的收入水平甚至是家庭的收入水平来衡量其购买力，这可能会导致所获得的服务需求难以转化为有效需求。

第二，教育弱化了传统养老文化对于老年人的牵绊，使老年人更倾向于使用养老服务。虽然现代化进程弱化了家庭赡养关系，但养老文化的改变却相对滞后，传统养老文化在中国老人头脑中仍占据重要地位。研究发现，受教育程度较低的老年人对于传统养老文化的认同度还比较高，某种程度上阻碍了他们购买并使用社会养老服务。教育能使老年人对传统养老文化产生“扬弃”，从而提高其使用社会养老服务的意愿，本书首次采用直接证据验证了这一论断。以城乡差异为例，农村养老服务消费水平远低于城市，除了与养老服务供给较少、老人收入水平较低有关，或许还与农村老年人受教育水平较低导致的养老文化仍然比较传统有很大关系。所以，要想激发老年人的养老服务消费潜力，除了要做好养老服务供给侧改革，还要营造良好的现代化养老文化氛围。

第三，教育提高了老年人对于社会养老观念的认同程度，从而促使其使用养老服务。如果说第二点体现了教育对于老年人“扬弃”传统养老文化的影响，那么第三点则反映了教育对于老年人认同社会化养老方式的影响。在人口老龄化日趋严峻的背景下，老年人不仅面临着养老方式的变革，更面临着养老观念的变革，后者往往会影响到老年人对于养老资源的关注和选择。本研究采用直接证据，验证了教育确实可以提升社会养老观念对于老年人使用养老服务的预测作用，集中体现在高中及以上组的老年群体中。随着受教育程度普遍提高，“新老年群体”的养老观念也更趋于社会化，这不仅预示着养老服务必将迎来大发展，而且也对养老服务提出了更高的要求。

第四，自我实现等高级心理需求或许在老年知识分子使用养老服务中起到了促进作用。老年知识分子是老年群体中特点鲜明的一个群体，他们的受教育程度普遍较高、观念态度更趋于现代化，而且大多实现了经济独立和时间自由，对于精神层面的追求普遍较高，然而学界尚未能全面而精准地把握这一群体的养老服务需求。本研究尝试将老年人对待学习的态度作为自我实现的需求，结果显示这一特征确实可以正向地预测养老服务使用。尽管变量的选择还不太成熟，但也为探索老年知识分子的养老服务需求及其规律性打开了一个窗口。

# 第6章　居家养老服务对老年人生活质量的影响研究

本章将集中探讨居家养老服务对老年人生活质量的影响。分三步完成：第一步，将构建老年人生活质量指数（Quality of Life for the Elderly，QoL－E）；第二步，将采用2016年中国老年社会追踪调查数据（CLASS）进行实证分析，以老年人“是否使用”居家养老服务为自变量、采用倾向值分析技术进行反事实估计，获得居家养老服务的干预效应；第三步，将以2014年和2016年CLASS数据为基础，分城乡评估干预效应的纵向发展趋势。以期为相关研究和实践提供参考借鉴。

## 6.1　数据与方法

### 6.1.1　样本信息

前文已对CLASS进行了详细介绍，不再赘述。关于样本，参考李龙、宋月萍（2015）的研究，选取那些自我报告希望得到居家养老服务的老年人（即有居家养老服务需求的老年人）进行分析。

两期数据中有服务需求的老年人和使用了居家养老服务的老年人的数量和占比情况如表6－1所示。即在2016年11470位样本中有3524位老年人报告需要至少一种居家养老服务，而在2014年11511位样本中有1922位老年人报告需要至少一种居家养老服务。可见，有服务需求的老年人在两期数据中出现大幅增长，但是使用的老年人则几乎没有出现增长。

**表 6－1　两期数据中需要和使用居家养老服务的样本情况**

| 老年人类型 | 2014 年 | | 2016 年 | |
|---|---|---|---|---|
| | 频数 | 百分比（%） | 频数 | 百分比（%） |
| 需要居家养老服务的老年人* | 1922 | 16.70 | 3524 | 30.72 |
| 使用过居家养老服务的老年人* | 801 | 6.96 | 787 | 6.86 |
| 使用过居家养老服务的城市老年人# | 453 | 10.10 | 438 | 8.56 |
| 使用过居家养老服务的农村老年人# | 348 | 4.96 | 349 | 5.49 |

注：*标识总体样本的百分比，#分城乡的数据的百分比是指各占城市、农村老年人的百分比。

### 6.1.2　变量介绍

自变量是“是否使用居家养老服务”，是一个二分变量。基于表 6－1，在有居家养老服务需求的群体中再用一道题（即“是否使用过某种居家养老服务？”）进行筛选，只要使用过一种即赋值为 1，否则赋值为 0。

因变量是老年人生活质量指数（QoL－E），是一个连续变量，是由生活满意度和社会参与两个指标构成的，权重各占 0.5。关于生活满意度，得分越高表示生活满意度越高。社会参与是由政治活动参与和公益活动参与构成的，两道题共九项活动①，参与一项记 1 分。因为需要对两个变量进行等量加权，因此参考郑日昌和吴九君（2018）提出的方法，即先将其转换为标准分数，进而再操作。

控制变量包括老年人的人口学因素、生理性特征、心理性特征以及社会性特征等，可参考笔者的其他几篇文章。基本情况如表 6－2 所示。

① D16 询问：“近三年您是否参加过本地居民委员会/村民委员会的投票选举？” D18 询问老年人：“有没有参与以下活动以及参与频率如何？” 8 个选项为“社区治安巡逻、照料其他老人/小孩（如帮助购物、起居照料等）、环境卫生保护、调解邻里纠纷、陪同聊天、需要专业技术的志愿服务（如义诊、文化科技推广等）、关心教育下一代（不包括自己的孙子女）、其他（请注明）”。

表 6－2　因变量、控制变量和自变量的基本情况

| 变量 | 变量/变量含义 | 取值范围 |
|---|---|---|
| 因变量 | | |
| 老年人生活质量 | 由生活满意度（0.5）和社会参与（0.5）构成 | －2.15～5.26 |
| 自变量 | | |
| 居家养老服务使用 | 使用＝1，未使用＝0 | 0、1 |
| 控制变量 | | |
| 性别 | 男＝1，女＝0 | 0、1 |
| 年龄组 | 分为五组，最低年龄组赋值为0，得分越高年龄越大 | 0～4 |
| 城乡 | 农业户口＝0，非农业户口＝1，统一居民户口按转变之前处理 | 0、1 |
| 婚姻状况 | 在婚＝1，不在婚＝0 | 0、1 |
| 文化程度 | 文盲＝0，小学＝1，中学＝2，大专及以上＝3 | 0～3 |
| 居住方式 | 独居或空巢＝0，与他人合住＝1 | 0、1 |
| 积极生活事件 | 经历＝1，未经历＝0 | 0、1 |
| 消极生活事件 | 经历＝1，未经历＝0 | 0、1 |
| 慢性疾病 | 患病＝1，不患病＝0 | 0、1 |
| ADLs | 在六项活动上的得分总和，得分越高失能程度越高 | 0～22 |
| IADLs | 在十项活动上的得分总和，得分越高失能程度越高 | 0～16 |
| 自评健康 | 得分越高，自评健康状况越好 | 1～5 |
| 年收入水平 | 分为7组，收入最低组赋值为0，得分越高年收入越高 | 0～6 |
| 经济依赖性 | 完全独立赋值为0，得分越高表示经济依赖性越强 | 0、1、2 |
| 退休金 | 享受＝1，不享受＝0 | 0、1 |
| 城乡养老保险 | 享受＝1，不享受＝0 | 0、1 |
| 养老服务补贴 | 享受＝1，不享受＝0 | 0、1 |
| 健在子女数量 | 0表示没有健在子女，得分越高表示数量越多 | 0～10 |
| 子女关心 | 得分越高，表示子女越关系自己 | 1～4 |
| 子女情感亲近 | 得分越高，表示与子女的情感越亲近 | 1～3 |
| 子女资金支持 | 除去父母对子女的资金支持（“净”支持），得分越高支持越大 | －8～8 |
| 子女照料支持 | 除去父母对子女的照料支持（“净”支持），得分越高支持越大 | －4～4 |
| 亲属关系 | 得分越高，表示与朋友关系越好 | 0～5 |
| 朋友关系 | 得分越高，表示与朋友关系越好 | 0～5 |

资料来源：2016年的中国老年社会追踪调查（CLASS）。

### 6.1.3 分析方法

回归分析的前提假设是两类样本群体是同质的。然而，在是否使用居家养老服务上是存在群体差异的，即具有样本选择性，显然是不能直接用回归分析来研究。倾向值分析可以通过技术手段对样本群体进行匹配，从而得到纯净的干预效应，目前在公共政策分析、社会项目评估过程中广泛采用的方法。倾向值方法的思路是：如果两个个体的倾向得分相同，其中一个在接受项目的参与组（Treatment）另一个在未参与的控制组（Control Group）就可以将控制组个体的产出 Y0 作为“参与个体”的反事实（Counterfactual），从而更准确地评估政策或干预的效应。本研究是希望规避居家养老服务实用与否的样本选择问题，倾向值分析技术可以较好地剥离出纯净的干预效应，因此本研究将使用该方法进行研究。

## 6.2 主要变量的描述性分析

### 6.2.1 老年人生活质量指数

表6－3 内容比较了服务使用者或非服务使用者两个群体的生活质量指数。需要说明的是，这个比较是在有服务需求的前提下对是否使用了居家养老服务两个群体进行比较。通过比较可以看出，使用了居家养老服务的老年人其在各分位点上的生活质量得分都是高于非服务使用者的，似乎显示了服务使用可以提高老年人的生活质量，也为后续的研究提供了必要性。

### 6.2.2 两类样本群体的特征

进而，考察服务使用者和非服务使用者在各个变量上的特征差异性，如表6－3 所示。可见，服务使用者和非服务使用者在年龄、城乡、居住方式、婚姻状况、生活事件、基本生活能力、日常生活能力、收入水平、养老服务补贴、子女关心和亲戚关系等变量上都是存在显著差异的（如表6－4 所示）。这就说明，如果直接将这些变量放入回归方程，分析结果将不可避免地掺杂着样本群体的影响，无法剥离出净效应，这为进一步采用倾向值方法进行分析提出了必要性。

表6-3　居家养老服务使用者和非使用者的生活质量（标准分数）比较

| 因变量（标准分数） | 范围 | 均值 | 标准差 | 分位点 | | | | |
|---|---|---|---|---|---|---|---|---|
| | | | | 10% | 25% | 50% | 75% | 90% |
| | 居家养老服务使用者（N=459） | | | | | | | |
| 老年人生活质量（QoL-E） | -2.14～3.88 | 0.26 | 1.01 | -0.94 | -0.34 | 0.26 | 0.84 | 1.69 |
| 生活满意度（zsatisf） | -3.39～1.43 | 0.07 | 1.04 | -0.98 | -0.98 | 0.23 | 0.23 | 1.43 |
| 社会参与（zparti） | -0.91～7.49 | 0.46 | 1.57 | -0.91 | -0.91 | 0.49 | 0.49 | 3.29 |
| | 非居家养老服务使用者（N=3028） | | | | | | | |
| 老年人生活质量（QoL-E） | -2.19～5.12 | -0.05 | 0.79 | -0.94 | -0.34 | -0.24 | 0.36 | 0.96 |
| 生活满意度（zsatisf） | -3.39～1.43 | -0.23 | 1.05 | -1.10 | -0.98 | 0.23 | 0.23 | 1.43 |
| 社会参与（zparti） | -0.98～8.81 | -0.14 | 1.08 | -0.91 | -0.91 | 0.49 | 0.49 | 0.49 |

资料来源：2016年的中国老年社会追踪调查（CLASS）。

表6-4　居家养老服务使用者和非使用者的群体特征比较（独立样本t、卡方）

| 协变量 | | 服务使用者 | | 非服务使用者 | | 差异性（P） |
|---|---|---|---|---|---|---|
| | | 均值（或比例） | 标准差 | 均值（或比例） | 标准差 | |
| 性别 | 女性 | 52.58% | — | 48.01% | — | 0.080 |
| 年龄 | （单位：岁） | 72.46 | 9.23 | 70.07 | 77.88 | 0.000 |
| 年龄组 | 0～4 | 2.31 | 1.40 | 2.09 | 1.36 | 0.001 |
| 城乡 | 农村户籍 | 41.09% | — | 52.38% | — | 0.000 |
| 婚姻状况 | 不在婚 | 34.13% | — | 29.99% | — | 0.072 |
| 文化程度 | 文盲 | 29.52% | — | 27.22% | — | 0.053 |
| | 小学 | 32.71% | — | 30.60% | — | |
| | 初中或高中 | 30.85% | — | 37.35% | — | |
| | 大专及以上 | 6.91% | — | 4.84% | — | |
| 居住方式 | 独居或空巢 | 34.78% | — | 42.53% | — | 0.002 |
| 生活事件 | 经历积极事件 | 20.79% | — | 11.32% | — | 0.000 |
| | 经历消极事件 | 31.87% | — | 24.493% | — | 0.001 |
| 慢性疾病 | 患慢性疾病 | 56.30% | — | 57.02% | — | 0.773 |
| 基本生活能力 | 0～22 | 1.71 | 3.60 | 0.93 | 2.65 | 0.000 |

续表

| 协变量 | | 服务使用者 | | 非服务使用者 | | 差异性（P） |
|---|---|---|---|---|---|---|
| | | 均值（或比例） | 标准差 | 均值（或比例） | 标准差 | |
| 日常生活能力 | 0～16 | 2.23 | 3.62 | 1.33 | 2.78 | 0.000 |
| 健康自评 | 1～5 | 3.33 | 1.01 | 3.30 | 0.94 | 0.466 |
| 年收入 | （单位：万元） | 2.41 | 2.50 | 2.21 | 2.49 | 0.038 |
| 收入水平 | 0～6 | 3.51 | 2.01 | 3.24 | 2.04 | 0.018 |
| 经济依赖性 | 0～2 | 0.88 | 0.53 | 0.79 | 0.50 | 0.000 |
| 退休金 | 享受退休金 | 50.00% | — | 38.35% | — | 0.000 |
| 城乡养老保险 | 享受养老保险 | 31.96% | — | 35.12% | — | 0.184 |
| 养老服务补贴 | 享受补贴 | 5.00% | — | 0.91% | — | 0.000 |
| 健在子女数量 | 0～10 | 2.56 | 1.46 | 2.56 | 1.37 | 0.604 |
| 子女关心 | 1～4 | 3.32 | 0.96 | 3.50 | 0.72 | 0.000 |
| 子女情感亲近 | 1～3 | 2.81 | 0.38 | 2.82 | 0.36 | 0.697 |
| 子女经济支持 | -8～8 | 1.96 | 2.46 | 1.98 | 2.22 | 0.885 |
| 子女照料支持 | -4～4 | -1.93 | 1.38 | -0.85 | 1.41 | 0.246 |
| 亲戚关系 | 0～5 | 2.28 | 0.93 | 2.48 | 0.99 | 0.000 |
| 朋友关系 | 0～5 | 2.06 | 1.03 | 2.14 | 1.16 | 0.165 |

资料来源：2016 年的中国老年社会追踪调查（CLASS）。

### 6.2.3 养老服务的使用概况

4.3 部分显示了 2016 年我国老年人对于九种居家养老服务的使用情况，可见相对 2014 年而言，2016 年我国老年人对于除上门做家务之外的八种居家养老服务使用率都出现了上升。同时也可以看出，2016 年我国居家养老服务的使用率仍是非常低的，在日托站或托老所、心理咨询两项服务上有了较大提高。

## 6.3 居家养老服务的干预效应分析

按照倾向值分析的步骤（杨凡，2015；李龙、宋月萍，2017），首先采用多元线性回归分析方法，考察自变量和控制变量对因变量生活质量的影响，如表 6－5 所示。可以看出，模型回归结果显著，可以解释 16.9% 的变异量，而养老服务使用可以提高约 0.338 标准分的生活质量。但同时也可以看到，很多的控制变量对于因变量的影响也是非常显著的，样本群体的选择效应需要加以控制。

**表 6－5　老年人生活质量的 OLS 估计**

| 主要变量 | 系数估计值 | 稳健标准误 | Z 值 | P 值 |
|---|---|---|---|---|
| 居家养老服务使用（参照组：未使用） | 0.338 | 0.059 | 5.720 | 0.000 |
| 性别 | 0.066 | 0.035 | 1.870 | 0.062 |
| 年龄组 | －0.031 | 0.014 | －2.240 | 0.025 |
| 城乡 | 0.066 | 0.051 | 1.300 | 0.194 |
| 婚姻状况 | 0.028 | 0.043 | 0.660 | 0.508 |
| 文化水平 | －0.02 | 0.023 | －0.860 | 0.39 |
| 居住方式 | 0.112 | 0.038 | 2.930 | 0.003 |
| 积极事件 | 0.205 | 0.057 | 3.580 | 0.000 |
| 消极事件 | 0.051 | 0.046 | 1.110 | 0.267 |
| 慢性疾病 | －0.185 | 0.037 | －4.940 | 0.000 |
| 基本生活能力 | 0.008 | 0.011 | 0.680 | 0.495 |
| 日常生活能力 | －0.037 | 0.01 | －3.590 | 0.000 |
| 健康自评 | 0.126 | 0.021 | 5.900 | 0.000 |
| 收入水平 | －0.007 | 0.011 | －0.680 | 0.500 |
| 经济依赖性 | －0.049 | 0.038 | －1.280 | 0.201 |
| 养老金 | 0.222 | 0.056 | 3.980 | 0.000 |
| 养老保险 | 0.178 | 0.045 | 3.940 | 0.000 |
| 养老服务补贴 | 0.377 | 0.174 | 2.160 | 0.031 |
| 健在子女数量 | －0.001 | 0.014 | －0.090 | 0.931 |
| 子女关心 | 0.017 | 0.024 | 0.710 | 0.478 |
| 子女情感亲近 | 0.178 | 0.05 | 3.570 | 0.000 |
| 子女经济支持 | －0.009 | 0.007 | －1.260 | 0.206 |

续表

| 主要变量 | 系数估计值 | 稳健标准误 | Z值 | P值 |
|---|---|---|---|---|
| 子女照料支持 | 0.002 | 0.013 | 0.130 | 0.898 |
| 亲属关系 | -0.081 | 0.025 | -3.290 | 0.001 |
| 朋友关系 | 0.087 | 0.021 | 4.250 | 0.000 |
| 截距项 | -0.983 | 0.178 | -5.510 | 0.000 |
| 样本量 | 2138 | | | |
| $R^2$ | 0.169 | | | |

资料来源：2016年的中国老年社会追踪调查（CLASS）。

接下来需要对样本群体进行匹配。样本匹配的方法有很多种（杨凡，2015），而且对于不同的研究问题匹配结果可能会略有差异。参考（李龙、宋月萍，2017）的研究，采用核匹配的方法对样本进行匹配。可见，在匹配之前样本群体的差异性是显著的（P<0.001），经过匹配之后样本群体的差异性消失了（P=1.000），说明核匹配方法消除了样本群体的差异性。如图6-1、图6-2所示。

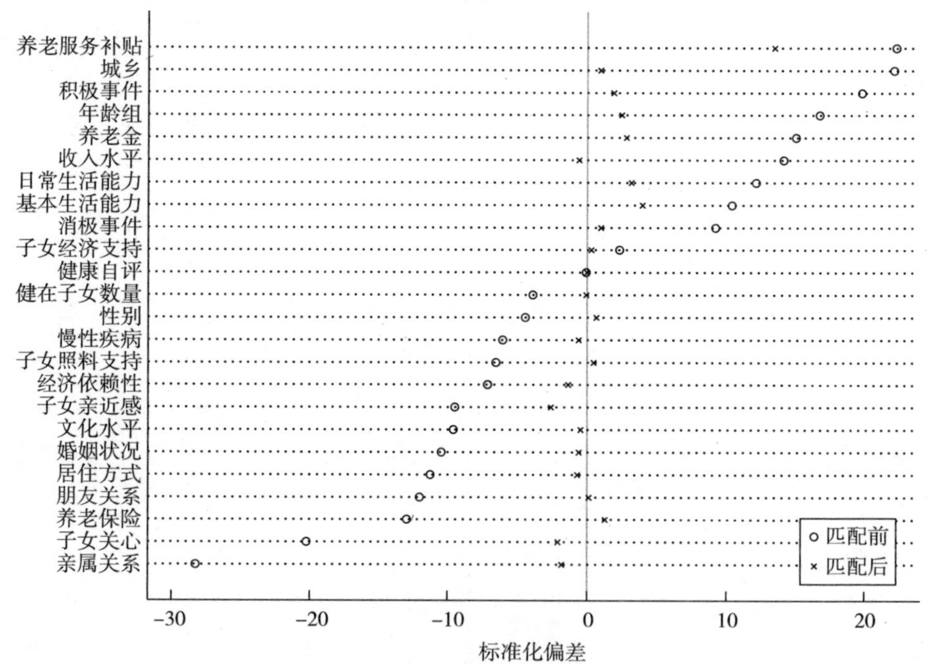


**图6-1　匹配前后变量标准化偏差**

资料来源：2016年的中国老年社会追踪调查（CLASS）。

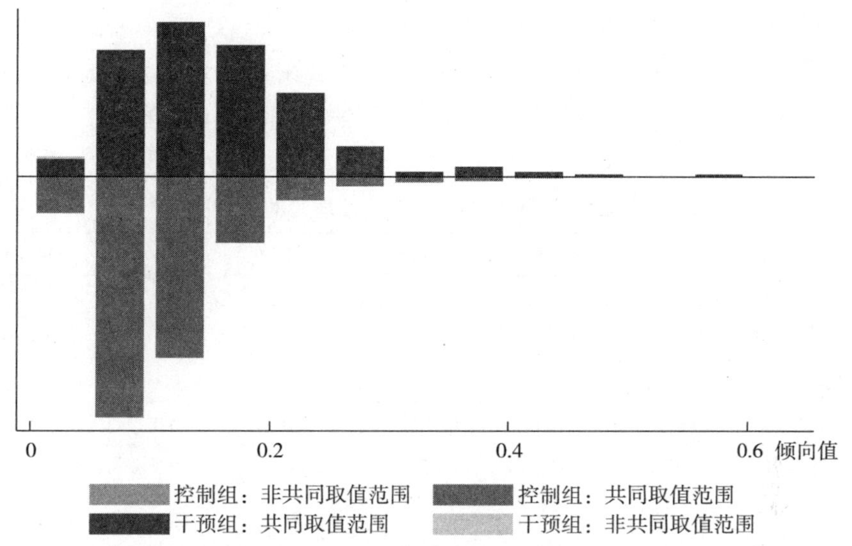


**图 6 -2　匹配前后变量取值范围**

资料来源：2016 年的中国老年社会追踪调查（CLASS）。

而后，对居家养老服务使用对于老年人生活质量的效应进行评估，结果如表 6 -6 所示。居家养老服务使用的干预效应大约为 0. 255 个标准分，在 0. 001 水平上显著。也就是说，居家养老服务使用大约可以提高 0. 255 个标准分的生活质量。

**表 6 -6　对老年人生活质量的 ATT 估计结果**

| 分析方法 | 效应值 | 标准误 | Z 值 | P 值 | 95% CI |
|---|---|---|---|---|---|
| OLS 估计 | 0. 338 | 0. 059 | 5. 720 | 0. 000 | [0. 195, 0. 416] |
| 正态核匹配（数据平衡） | 0. 337 | 0. 066 | 5. 130 | 0. 000 | [0. 209, 0. 447] |
| 偏差矫正匹配估计量（SATT） | 0. 255 | 0. 059 | 4. 310 | 0. 000 | [0. 139, 0. 371] |
| 偏差矫正匹配估计量（PATT） | 0. 255 | 0. 062 | 4. 090 | 0. 000 | [0. 132, 0. 377] |

注：（1）数据来源于 2016 年的中国老年社会追踪调查（CLASS）。

（2）效应值为对老年人生活质量标准分的改变量；ATT 标准误计算使用 Bootstrap 抽样，次数为 1000 次。

为了考察居家养老服务使用对城乡老年人的影响，分城乡样本考察居家养老服务使用的干预效应，结果如表 6 -7 所示。可以看到，居家养老服务使用可以提高农村老年人生活质量约 0. 387 个标准分，并且在 0. 001 水平上显著；但是对于城市老年人生活质量的改善仅约 0. 173 个标准分，而且不显著。

**表 6 -7　对城市和农村老年人生活质量的 ATT 估计**

| 分析方法 | 效应值 | 标准误 | Z 值 | P 值 | 95% CI |
|---|---|---|---|---|---|
| | 城市样本（N = 1139） | | | | |
| OLS 估计 | 0. 32 | 0. 078 | 4. 12 | 0. 000 | [0. 168, 0. 472] |
| 正态核匹配（数据平衡） | 0. 348 | 0. 087 | 4. 01 | 0. 000 | [0. 178, 0. 519] |
| 偏差矫正匹配估计量（SATT） | 0. 173 | 0. 078 | 2. 20 | 0. 028 | [0. 019, 0. 326] |
| 偏差矫正匹配估计量（PATT） | 0. 173 | 0. 078 | 2. 20 | 0. 028 | [0. 019, 0. 326] |
| | 农村样本（N = 1175） | | | | |
| OLS 估计 | 0. 347 | 0. 082 | 4. 22 | 0. 000 | [0. 186, 0. 509] |
| 正态核匹配（数据平衡） | 0. 303 | 0. 099 | 3. 06 | 0. 002 | [0. 109, 0. 498] |
| 偏差矫正匹配估计量（SATT） | 0. 387 | 0. 093 | 4. 14 | 0. 000 | [0. 204, 0. 571] |
| 偏差矫正匹配估计量（PATT） | 0. 387 | 0. 102 | 3. 79 | 0. 000 | [0. 187, 0. 588] |

资料来源：2016 年的中国老年社会追踪调查（CLASS）。

表 6 -8 显示了 2014 年和 2016 年两期数据中居家养老服务对于全样本、城市和农村老年人生活质量的改善效应。可见，除了 2014 年农村样本的偏差矫正匹配估计量不显著之外，其他的均高度显著，而且全样本的干预效应呈增长趋势。图 6 -3 直观地显示了两期数据中偏差矫正匹配估计量的纵向发展趋势。不难发现，尽管总体干预效应呈增长态势，但是城乡截然相反，即居家养老服务对于农村老年人生活质量的改善效应在提高，但是对于城市老年人生活质量的改善效应却出现了下降，尽管其干预效应仍然为正向显著。

**表 6 -8　居家养老服务对老年人生活质量影响的纵向发展趋势**

| 数据类型 | 2014 年 | | 2016 年 | |
|---|---|---|---|---|
| | 效应值 | P 值 | 效应值 | P 值 |
| OLS 估计 | 0. 261 | 0. 000 | 0. 338 | 0. 059 |
| 正态核匹配（数据平衡） | 0. 260 | 0. 000 | 0. 337 | 0. 000 |

续表

| 数据类型 | 2014 年 | | 2016 年 | |
|---|---|---|---|---|
| | 效应值 | P 值 | 效应值 | P 值 |
| 全样本偏差矫正匹配估计量（SATT） | 0. 260 | 0. 000 | 0. 257 | 0. 000 |
| 城市［偏差矫正匹配估计量（SATT）］ | 0. 265 | 0. 000 | 0. 173 | 0. 028 |
| 农村［偏差矫正匹配估计量（SATT）］ | 0. 204 | 0. 052 | 0. 387 | 0. 000 |

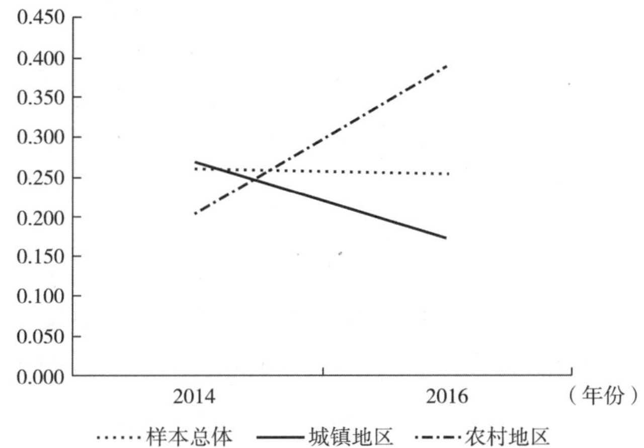


**图 6－3　2014 年和 2016 年两期数据中的干预效应**

## 6. 4　小结与讨论

第一，与 2014 年相比，2016 年老年人对于居家养老服务的需求增长近一倍，但服务使用的“扩面效应”并不明显且城乡有别，农村表现更强劲的服务使用势头。数据显示，在 2016 年 11471 个样本中，有 3524 位老年人报告需要至少一种居家养老服务，而这个数据在 2014 年只有 1922 位，服务需求率从 2014 年的 16. 70% 增长到了 2016 年的 30. 72%。但是，居家养老服务的使用情况并未出现明显上升。从人数来看，使用过居家养老服务的老年人由 2014 年的 6. 96% 下降到 2016 年的 6. 86%，其中农村使用居家养老服务的老年人增长了 0. 53%，城市却下降了1.54%；从服务使用量来看，除了上门探访和上门做家务两项服务外，不管是城市老年人还是农村老年人，每一项服务的使用率都有所上升。这就说明，服务使用的人数没有出现明显增长，而是原来使用养老服务的人由少量使用变为多种使用了，即服务使用的“扩面效应”并不明显，但“增量效应”还是存在的。分城乡来看，农村老年人在各项服务的使用率上都出现了明显增长，增长幅度为0.3～5.7倍，尤其在老年饭桌或送饭、日托站或托老所、心理咨询上服务使用出现了显著增长。

第二，使用居家养老服务可以提高老年人生活质量约0.255个标准分①，对于农村老年人生活质量的改善更为明显，达到0.387，对于城市老年人的影响为0.173。采用倾向值技术对我国居家养老服务使用的最新全国调查数据（即2016年第二轮CLASS追踪调查）进行分析，结果显示对于具有居家养老服务需求的老年人来说，那些使用了居家养老服务的老年人其生活质量确实提高了大约0.255个标准分，也可以说如果不是因为使用居家养老服务，那么这些老年人的生活质量可能会下降15.1个百分点，说明居家养老服务对于老年人还是起到了非常积极的影响。分城乡来看，农村老年人因为使用居家养老服务其生活质量提高了0.387，增幅显著，然而城市老年人使用居家养老服务其生活质量提高仅约为0.173。这就为我们尽快促进城市居家养老服务的高质量发展提出了现实要求。

第三，2014～2016年，使用居家养老服务对老年人生活质量的改善效应总体上没有显著提高，但是城乡趋势差异明显。对于农村的改善效应出现了大幅提高，而对于城市的影响反而出现了下降。为了考察居家养老服务对于老年人生活质量影响的纵向发展趋势，于是采用同样方法考察了2014年第一期CLASS数据的情况。结果显示，全部样本中居家养老服务对生活质量的干预效应由2014年的0.260上升到了2016年的0.257；出现了微弱的下降。分城乡来看，居家养老服务对于农村老年人生活质量的干预效应由2014年的0.204（不显著）上升到了2016年的0.387，而对于城市老年人的干预效应由2014年的0.265下降到了2016年的0.173。这可能与服务使用群体开始由“经济选择”向“政策选择”转变有关，居家养老服务由原来的锦上添花转向雪中送炭。

基于上述结论，提出如下建议。第一，要按照城乡有别的思路推进我国居家

---

① 2016年老年人生活质量标准分的取值范围为（-2.15，5.26）。

养老服务的高质量发展。对于城市，要在夯实目前居家养老服务供给的基础上，进一步探索丰富居家养老服务的类型，以适应“新”老年群体需求，从而推动居家养老服务的高质量发展；对于农村，要抓住干预效应的敏感期，扩大农村居家养老服务的覆盖面和供给规模，在稳步推进的基础上探索其高质量发展的规律性。第二，深入研究新时代“新一代”老年群体的美好生活内涵以及高质量生活的规律性，并以此为抓手来完善居家养老服务的发展路径与评价体系。

# 第 7 章　总论与对策建议

2016 年底，国务院办公厅颁布了《关于全面放开养老服务市场 提升养老服务质量的若干意见》，充分发挥市场配置养老资源的基础性作用必将推进我国社会养老服务的进一步繁荣发展；2019 年，国务院办公厅又颁布《关于推进养老服务发展的意见》，为打通“堵点”，消除“痛点”，破除发展障碍，健全市场机制，社会化养老方式必将被进一步夯实。根据马克思理论，市场和资本的本质是逐利的[①]，养老服务市场的繁荣必然会引起人们对于养老服务消费行为的关注，比如老年人最希望得到的服务效用是什么、在面对众多养老服务时应如何进行选择等。然而，养老服务不仅仅是一种商品，对于很多老年人而言它更是一种社会保障，全体老年人特别是弱势老人的服务需求能否被满足，不仅是人权保障的基本内容，也是检验社会养老服务体系完备性的重要指标。在中国厚重的家庭伦理式养老文化背景之下，注定了养老服务的“消费”并非是一种简单的经济行为，这无疑会对养老服务的市场化发展形成挑战。“社会政策要托底”[②] 是对养老服务保障制度的基本要求，那么我们在反思养老服务保障制度时不禁会问：当前究竟是哪些人在享用养老服务资源？他们为什么会选择使用这些资源？使用之后的效果又是怎样的？这即是本书关注的核心问题，在理论引导下，通过三个层次的实证研究由浅入深地回答了上述问题，对于认识我国养老服务使用或消费行为的规律性提供了启示。

围绕养老服务使用，笔者提出了三个研究问题，即目前究竟是“谁”在使用养老服务？他们“为什么”会选择使用养老服务？使用之后能否改善他们的

---

① 资料来源于马克思的《资本论》。

② 2013 年 4 月，以习近平为首的党中央明确提出“宏观政策要稳，微观政策要活，社会政策要托底”。

生活质量？如果可以，能改善多少？而后，结合文献梳理和理论分析提出了以“生物人—经济人—社会人”为核心的理论框架和三方面（六个）研究假设，实证研究对于研究假设的验证情况如表7－1所示，初步打开了养老服务使用的“行为黑箱”。由表7－1可见，除$H_2$和$H_3$两个假设属于部分验证之外，其他几个研究假设均得到完全验证。对于$H_2$，因为最终结果并未呈现出三个维度，而是呈现为八个子维度，所以说是部分验证。对于$H_3$，总体上居家养老服务的生活质量干预效应并未呈现增长趋势，但是对于农村老年人生活质量的改善效应出现了大幅提高，对于城市老年人生活质量的改善效应却出现了下降，所以说是部分验证。

**表7－1　研究假设的验证情况**

| 研究假设 | | 数据/方法 | 验证 |
|---|---|---|---|
| $H_1$ | 养老服务使用受到“老年人”生物属性、经济属性和社会属性的显著影响 | 2014年CLASS<br>多元线性回归 | 是 |
| $H_2$ | 养老服务使用源于行为主体（老年人及其家庭成员）对于其自身生理、经济和社会属性的综合考量，即服务使用者对于养老服务的行为态度 | 问卷调查（北京市）<br>因素分析 | 部分验证 |
| $H_{2-1}$ | 探索出来的行为态度可以较好地预测养老服务使用行为或行为倾向 | 问卷调查（北京市）<br>多元回归分析OLS | 是 |
| $H_{2-2}$ | 收入水平对于行为态度影响服务使用者养老服务使用情况起到调节作用 | 问卷调查（北京市）<br>结构方程模型 | 是 |
| $H_{2-3}$ | 教育水平对于行为态度影响服务使用者养老服务使用情况起到调节作用 | 问卷调查（北京市）<br>有序分类Logistic回归 | 是 |
| $H_3$ | 使用养老服务可以显著提高老年人的生活质量，并且呈现增长趋势 | 2014年、2016年CLASS<br>倾向值分析（PSM） | 部分 |

# 7.1　主要研究结论

## 7.1.1　养老服务使用呈“亲知识分子”“亲中高收入群体”和“亲社会资本”倾向

### 7.1.1.1　基本结论

采用2014年在全国28个省市进行抽样调查的CLASS数据，分析得知当前我国养老服务使用呈现如下三个特征。

（1）年收入水平越高的老年人使用养老服务的可能性越大。分城乡统计显示：1025位具有养老服务使用行为的城市老人年均收入为37171.38元，高于样本总体中城市老人（N=5649）年均收入的26163.24元；476位具有养老服务使用行为的农村老人年均收入为10958.16元，高于样本总体中农村老人（N=4753）年均收入的8886.24元，在某种程度上可以认为当前我国养老服务使用呈现出“亲中高收入群体”的倾向；考虑到CLASS样本中贫困发生率（即低于2300元/年/人）在城市和农村分别为11.9%和35.0%①，农村养老服务使用的这种倾向似乎更加明显。总的来看，目前，我国养老服务使用仍属于一种高消费行为，与老年人较低的支付能力形成了矛盾，证实了林宝（2017）所提出的我国养老服务业“低水平均衡陷阱”。尽管以往研究如Robert等（1993）、王莉莉（2012）、田北海和王彩云（2014）、施巍巍等（2015）等都发现了类似的结果，但由于他们均是从服务需求或使用意愿的角度进行考察，故而未能对研究结果加以提升。

（2）受教育水平越高的老年人越有可能去使用养老服务。分析显示，具有养老服务使用行为的1568位老年人其受教育程度均值为3.5（介于小学与初中之间），显著高于总体样本的均值2.9（小学及以下），在某种程度上可以说目前我国养老服务使用呈现出“亲知识分子”的倾向。这与王莉莉（2012）、陶涛和丛聪（2014）的研究结果是一致的，一则受教育程度的提高可以改善老年人的经济状况（孙鹃娟，2017），进而提高其对于健康的投资和服务购买能力（徐雷、余龙，2016）；二则受教育程度的提高可以扩大老年人的人际交往圈、拓宽其信息获取渠道，提高老年人的理性选择能力。总之，作为社会累积因素之一，受教育程度在某种程度上决定了个体在老年期使用养老服务的能力、意识与机会。

（3）社会交往越丰富比如亲属或朋友越多，那么老年人使用养老服务的可能性越大。研究发现，老年人的人际交往越丰富其养老服务使用水平越高，这是在国内研究中的首次发现，由于社会交往对象的多寡在某种程度上可以代表个体的社会资本状况，故而我们将这种人际交往越丰富使用养老服务的可能性越大的现象称为“亲社会资本”。一方面，人际交往越丰富其获取信息的渠道越多，老年人接触到养老服务信息的机会就越多；另一方面，社会资本所富含的积极情感

① 资料来源：本部分数据均是根据2014年中国老年社会追踪调查（CLASS）数据计算所得。

可以激发普遍信任（Paxton，1999），使得对于养老服务的信任与使用得以相互传递，这与村域社会资本可以激发农民参加新型农村养老保险的研究类似（吴玉锋、吴中宇，2011）。城乡调节效应显示，农村老年人的亲属关系影响其服务使用，而影响城市老年人的却是朋友关系，说明我国农村仍属于伦理社会，亲属关系对于老年人行为的影响占主导地位；城市老年人的行为则遵循现代市民社会规则。另外，城市老年人的社会融入性也起到显著影响，即是否认为自己是“社会人”也会预测养老服务使用。

7.1.1.2 制度反思：“雪中送炭”还是“锦上添花”

经济收入、教育水平和职业类型通常是划分社会阶层的重要标准（李培林、张翼，2008），当前在享用养老服务资源的群体与社会学上所讲的中间阶层在某种程度上有一定重合。如此一来，养老服务使用所呈现出来的这种结果不免会引起我们深思。政府和社会发展养老服务的初衷在于（至少是首要任务）：帮助那些自我养老或者家庭养老均存在困难的群体，满足他们的养老服务需求，即“雪中送炭”，按照“9073”或者“9064”来看，需要“雪中送炭”的老人占老年人口总量的10%。然而，事实上所发展的社会养老服务是激发出了原本不存在养老困难的群体的养老服务需求了，比如访谈对象3、4，他们就是为了省事、省心，即“锦上添花”，也就是说原本用于“雪中送炭”的养老服务却被用来“锦上添花”了，证实了辜胜阻等（2017）的猜想。养老服务市场的全面放开将会使市场配置资源的能力进一步增强，必然会导致养老服务“锦上添花”的效果更加明显，要全力保障诸如独居老人、残弱老人、未婚老人、留守老人等经济贫困、社会贫困（Social Poverty）（杨菊华等，2010）[①] 抑或是处于社会隔离（张硕、陈功，2015）[②] 的弱势老年群体的养老服务需求。

当前的养老服务保障制度可能存在“逆向补贴”和“成本转嫁”（赵曼、胡思洋，2015）的风险，因为若养老服务大多被那些能自行养老或者并不亟须的群体所使用，无疑会加大财政负担，激化社会矛盾。当然，并不是说所谓的“中高收入群体”“知识分子”等不存在养老困难，而是说以政府为主体的养老服务应

① 杨菊华等（2010）曾引用阿玛蒂亚·森的观点来研究老年社会贫困，认为社会贫困是因为物质和服务匮乏而引起的经济、社会、文化、身体和精神等方面的“落后”或“困难”，不仅可以映射社会总体发展水平、公共资源盈缺，而且可以反映出社会保障可及性和可得性的状况等。

② 张硕和陈功（2015）在研究老年人社会隔离状况时认为，社会隔离的核心即是缺乏与他人的联系与互动，也包括由此带来的社会网络缩小或缺失，在此我们认为老年人丰富的社会交往的反面即为社会隔离。

优先保障最弱势群体的需求，即“雪中送炭”，这也是由福利保障制度的本质所决定的。不可否认，从服务经济的角度来看，养老服务消费越多越能促进 GDP 发展，全面放开养老服务市场之后，市场配置资源的能力将会更强大，“锦上添花”则是必然的结果。我国将建成全面小康社会，全体老人都能公平地享有养老服务保障是其基本要求之一（国家发改委宏观经济研究院课题组，2004），“十三五”规划中也提出要“全面建立针对经济困难高龄、失能老年人的补贴制度”。这样看来，旨在保障最弱势群体养老服务需求的“兜底式”基本养老服务制度就显得尤为迫切了，如图 7－1 所示。

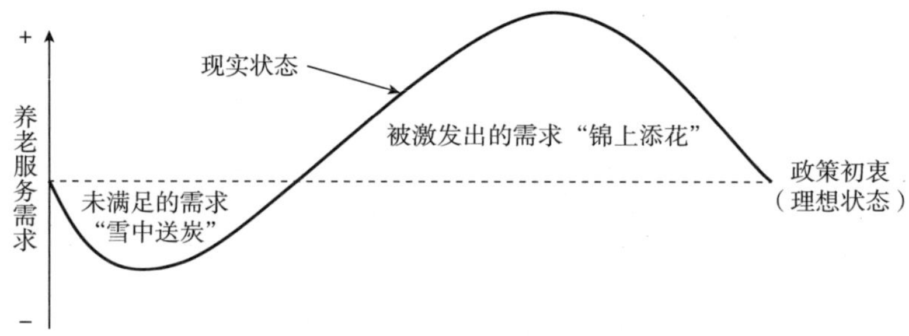


**图 7－1　养老服务保障的初衷与现实**

### 7.1.2　老年人的“生物—经济—社会”属性是其使用养老服务的动力基础

如果说老年人的生理状况、经济状况是政府或社会为其供给养老服务的逻辑基本，那么遵循行为学规律的养老服务使用则是以多元人性假设为理论基础的，由此得出的八维度的养老服务使用行为态度模型，填补了这一研究领域的空白，弥补了安德森卫生服务利用模型的不足。

7.1.2.1　基本结论

就生物属性而言，因为“生理和安全”是老年人最重要的生理性驱力（马斯洛，2007）：一则，老年人的基本生理性需求①主要是以生活是否自理加以表现的，只有那些失能的老年人才需要他人帮助，也才具有使用养老服务的动力；

① 根据马斯洛需求层次理论，生理性驱力包括吃喝拉撒性五个方面，最主要的目的是维持最基本的生存能力，根据本研究主题将研究集中于前四个方面，暂且不考虑老年人的性需求，并不是说不重要，而是由本研究主题所决定的。

二则，居住和出行安全是老年人个体最基本的安全需求，故而可能成为其使用养老服务的动力。研究发现，老年人对于“居行安全考虑”以及对于失能之后“家庭照料能力”的担忧成为其使用养老服务的生理性动力。这一研究结果与之前的相一致，也易于理解，不再赘述。

就经济属性而言，本研究从“经济人”的本质属性即追求利益最大化出发，丰富了当前的研究内容，如果说“亲中高收入群体”说明了经济水平的影响，那么“资金规划意识”“追求经济实惠”和“心理账户效应”则更体现了“经济人”的本质属性。图5－1表明，作为养老服务的等价物“钱”是老年人是否购买养老服务的砝码，钱的多少反映为经济水平，“钱来自哪里”反映了经济依赖性和心理账户，而用这些钱想要达到什么目的则是其利益追求。研究显示，追求经济实惠、心理账户效应以及追求精神效用是老年人经济属性对其养老服务使用所形成的行为动力。以往也有关于老年人追求经济实惠的研究，比如，本应用来购买照料、护理、小时工等服务的养老服务券，常常被老年人用来购买食品和日用品，尽管要面临“贬值”的风险（张汝立等，2012）；心理账户效应的发现尚属于首次，经济依赖于子女提供或政府补助是老年人的特性，老年人会把来自于他人（比如子女的、政府的）的钱置于不同的“账户”，这无疑会影响其服务消费；追求精神效用的发现也是首次得到证实，利益最大化不仅仅是指经济利益，心理或精神福利也属于利益的范畴，比如健康老年人选择入住养老院或者使用养老服务，他们看中的并非服务能否弥补自身生理机能或者带来多少经济利益，而是能让自己省时、省事、省心。

就社会属性而言，“观念、态度”是老年人作为“社会人”决定其服务使用行为的关键因素。由于当前养老方式分为伦理式家庭养老和契约式社会养老两种，大致可以看作一条直线的两端，是相互关联的，而老年人对于契约式养老服务的倾向性必然产生于其对待两种养老方式的观念和态度。本研究发现，对于传统养老伦理失序的考量以及对于现代养老服务的认同和信任构成了“社会人”老年人使用养老服务的动力基础。如果看中养老伦理失序对于养老服务利用的影响，说明老年人内心是比较认同传统养老观念的，期望“养儿防老”①，但现实

① 需要说明的是，“养儿防老”当中的“儿”并非只是儿子，虽然在费孝通阐述的养老“反馈模式”和“接力模式”中认为女儿并不是家庭养老提供者，但是由于生育政策调整使女儿也逐渐担负起了主要的养老职责；同时，由于家庭伦理观念的弱化加上女性地位的提升，媳妇在传统社会所担负的养老职责也在慢慢弱化，在能选择养老服务的情况下老年人一般不再选择寡居的媳妇进行养老。

又无法满足这一期望，故而会“无奈地”转向养老服务（施巍巍等，2014）；相比较而言，对于养老服务的认同和信任就显得更加“主动”，如果老年人觉得自己已经属于需要使用养老服务的那个群体，或者他们比较信任养老服务，甚至对养老服务产生了情感依赖，那么就会主动地去使用养老服务，然而目前我国对于养老服务的社会心理建设几乎是空白的。

7.1.2.2　模型评价

以“生物人—经济人—社会人”多元人性假设为基础的理论框架是对现有服务使用影响因素研究的一种高度概括，丰富了现有的研究内容。

一则，“社会人”属性非常具有张力。人的社会性具有时代性和世代性，处于不同历史时期或不同世代的个体其观念态度往往是不同的（刘能，2003；王菲，2014）。如果说目前70岁及以上的老年人还对“养儿防老”有所期待，那么刚刚步入老年期的独生子女一代的父母，已经不对“养儿防老”抱有太多期望，转而投向社会养老方式，这也与自身的生命历程（Life－Course）关系密切，“社会人”为深入研究养老服务使用的代际和队列差异提供了新视角。同时，作为“社会人”的观念和态度具有城乡差异和跨文化差异，例如相对于城市老年人，农村老年人受到乡土文化影响更重，自然“养儿防老”的观念更加浓厚；相对于西方个体主体文化而言，中国文化背景下的老年人则更注重家庭、家族和群体等集体主义文化的影响，这些无疑会反映在其养老服务使用上。“社会人”的发现为我们探究群体差异特别是跨文化差异奠定了基础。

二则，为评价养老服务绩效提供视角。研究发现，个体的IADLs而非ADLs对于其服务使用具有预测作用，这也说明当前的养老服务（至少是居家养老服务）主要是补偿个体工具性失能的，对于生活性自理能力丧失的补偿作用有限，然而事实上老年人的失能照料往往是最困扰家庭的，这就提醒我们应适当扭转当前的发展策略，重点建立以完善老年失能照料为核心的养老服务保障机制。同时，研究还发现，城乡老年人追求的养老服务效用不同，农村老年人更希望使用养老服务来弥补自身的生理性需求，但城市老年人的使用行为则更多地由经济和社会属性所驱动，更关注养老服务的其他效用，所以在发展时应城乡有别、服务类型分主次。

### 7.1.3　家庭在养老服务使用中扮演着重要角色，在低收入家庭中更为明显

如果说“生物人—经济人—社会人”是本研究养老服务使用行为模型的第

一个核心亮点，那么“家庭”在养老服务使用中的独特作用则是另一个核心亮点。一方面，笔者发现家庭因素打乱了单纯的“生物人—经济人—社会人”结构，突出表现在家庭的代际经济互动和老年人失能照料被“包裹”在家庭内部；另一方面，在对收入水平的调节效应研究时发现了“家庭利益主导”倾向，即照料压力、经济实惠和心理账户等与家庭相关的因素合力对养老服务使用产生影响，期望减缓家庭照料压力、追求家庭利益最大化成为老年人使用养老服务的关键决定因素。这一研究结果看似仅是“符合常识”而已，但得到实证数据验证尚属于首次，而且在研究和政策越来越重视家庭因素的当下，该研究的发现也是非常具有价值的。

一是研究结果让我们透过现象看到了家庭养老关系的本质。在我国，不论是社会养老的“9073”或“9064”布局，还是《老年人权益保障法》中的“老年人养老以居家为基础，家庭成员应当尊重、关心和照料老年人”都对家庭的基础性养老地位（尤其是经济支持、生活照料和精神慰藉）给予了规定，这是由我国厚重的“反哺式”养老文化（费孝通，1983）和“血亲价值论”（姚远，2000）所决定的，实践中往往也是如此，家庭成员在老年人的经济供养和失能照料方面均扮演着核心角色（郭志刚、陈功，1998；田北海、王彩云，2014）。从经济支持来看，家庭内部的经济互动不仅包含“刚性”的资金往来（张航空、孙磊，2011），而且也包括富有情感色彩的“柔性”经济体谅，本研究的发现主要体现在后者，分析题目不难发现，老年人希望用钱购买到的养老服务能切实地减轻子女负担，同时也不愿意用子女给的钱来买养老服务，这或许体现了转型时期代际经济互动的一种“理性合谋”，也流露出一种期望代际之间“合和”与“共生”的情感团结（刘汶蓉，2016）。从失能照料来看，配偶和子女是老年人失能之后的第一道屏障，只有在这道屏障难以保障老年人的照料需求时，才有可能产生使用养老服务的动力，也就是说失能照料服务的诉求是以家庭而非老年人个体产生的，这一认识对于长期照护服务的需求评估具有启示意义。另外，与家庭因素剥离出来相对应的是，老年人追求精神效用和居行安全考虑则成为以个体为驱动主体的行为动力。我们知道，失能老人毕竟占少数，而且失能也只是老年人生命周期中一个短暂时期，绝大多数老年人的大部分时间是健康自理的，这足以提示我们要更加关注老年人个体化的服务诉求，特别是在当今代际居住分离、老年空巢家庭越来越普遍的情况下，关注老年人因居行安全和希望省时、省事、省心而产生的养老服务需求。

二是研究结果对于家庭友好型养老政策的出台具有启示。费孝通（1983）早在20世纪80年代就根据家庭结构变化敏锐地提出了“费孝通之问”，即经济基础发生改变之后，传统的“养儿防老”模式是否会发生变化、发生怎样的变化，是否会与西方社会化养老模式变得接近或趋同？在社会养老日渐盛行以及越发重视家庭发展的当下，我们似乎仍然难以回答这个问题。但在家庭再次成为我国社会治理核心的政策背景下（徐晓新、张秀兰，2016），重建家庭养老功能、夯实家庭养老基础则是无疑的，最关键的是发挥社会养老对于家庭养老的支持作用，即养老要从“家庭支持”转变为“支持家庭”（石人炳、宋涛，2013），要从替代家庭进行养老到帮助家庭实现顺利养老（杜鹏，2016）。在2016年12月30日颁布的《国家人口发展规划》中也提出“建立完善包括生育支持、幼儿养育、青少年发展、老人赡养、病残照料、善后服务等在内的家庭发展政策”，诸如此类建立家庭友好型养老政策近年来也得到了重视。

具体到养老服务供给而言，虽然目前基本形成了“养老主要依靠家庭，家庭成员不能照料了，可以依靠社区照料服务，实在不行了再去养老机构进行养老”的供给逻辑或者说期望，但在养老服务需求评估上仍然是以老年人个体生理条件（有时也包括经济状况）为判断标准的，家庭因素并未能成为一个评估依据，家庭养老能力也未能有效地剥离出来。这与当前我国社会政策的个体化导向具有一定关系，即老龄政策一般都是直指老年个人，忽视了他们是“嵌入”在家庭当中的一分子，而且亲代重视情感、子代重视理性的行动者逻辑（刘汶蓉，2016）本身就使家庭内部的矛盾难以调和。虽然这有助于避免因家庭保护而被政策忽视的个体福利（张秀兰、徐月宾，2003），但也不免会使得家庭的养老功能难以更好地发挥，更重要的是不利于政府和社会认知养老服务供需、利用的规律性，难以实现福利最大化。总的来说，家庭养老的人力资本和经济资本是老年人使用养老服务的重要影响因素，要想做到精准供给、保障全体老人的服务需求，就需要在养老服务供给时科学考量其家庭养老资本。

#### 7.1.4 “社会人”某种程度上是“生物人”“经济人”影响服务使用的调节变量

经济发展、人口转变以及社会变迁将我国的养老活动推向了一个“岔路口”，借用莎士比亚的“To be or not to be，it's a problem”说法，不只是政府和社会在纠结怎么办，老年人及其家庭成员也时常在问自己：“养老靠家庭还是社会？

这是一个问题。”虽然行为上已经在服务需求和服务刺激的“推—拉”之下开始转向了社会养老方式，但文化观念的转变将注定是一个长期（杨帆、杨成钢，2016）且略带痛苦的过程。因为本研究是从老年人视角来考察其是否选择使用社会养老服务的，对于观念态度的探讨是不可避免的，研究结果也验证了假设，即老年人作为“社会人”的社会文化观念对于其因生理需求和经济利益而去使用养老服务的动力起调节作用，简单来说，养老服务是由属于一种“有限理性”行为。具体来讲，得出如下两点结论：

7.1.4.1 *受社会文化观念的影响会弱化老人因身心需要而去使用养老服务*

养老服务使用并非简单的“刺激（供给）—反应（使用）”行为模式。按照理性选择理论和马斯洛需求层次理论，老年人有身心需求（在本研究中是指居行安全考虑和追求精神效用）自然会去寻求养老服务来满足，但正因为人是人，所以问题才没有想象的那么简单，这种 X 与 Y 的直线关系受到社会文化观念的调节。研究结果显示：如果老年人受社会文化观念影响较深，那么他们因身心需要而去使用养老服务的动力越小，也就是说社会文化观念起到了“阻碍”作用。本书的社会文化观念包括养老伦理失序、养老服务认同以及养老服务信任，简单来说，对于伦理式养老文化越是依赖或者对于契约式养老服务越是缺乏认同与信任（方向是一致的），越会阻碍老年人因身心需要而去使用养老服务。施巍巍等（2014）在研究中也发现老年人对于养老服务缺乏信赖，自然不会去使用，这一点不难理解，正如中国的“父权、父系、父居”文化根源和价值取向会刺激人们的男孩偏好，进而影响人们的生育行为一样（刘爽，2006）。研究发现虽然看似简单，但阐释了养老服务的发展是一种饱含文化观念和价值取向的活动，并非只是一种简单的“刺激（供给）—反应（利用）”行为模式，而这也只有通过服务使用的规律性才能得以反映出来。

文化是一种“内在于心的主观结构”，是个体已习得或内化于心的一种规范、价值观念、生活态度和信仰，集中表现为一种特定的总体生活方式（周怡，2004；刘爽，2006），而且个体对待某一事物的观念和态度即是其文化取向的集中体现，对于个体行为具有重要影响（彭聃龄，2013）。正如西藏民众的宗教信仰和文化观念对于他们的就医行为具有显著影响一样（刘志杨，2006），老年人所固有的“养儿防老”观念和养老伦理等都不可避免地影响到他们的养老方式选择。如果说文化观念对于养老服务使用是一种“文化推力”，那么他们对于社会养老服务的认同与信任则就是一种“文化拉力”，表现在本研究中即是老年人越是在意“文化推力”或者“文化拉力”对于他们行为的影响，那么他们因身心需要而去使用养老服务的动力就越有可能被“阻碍”。虽然这一研究结果看似常识，但却为养老服务保障工作提供重要启示：需要在供给养老服务的同时更加注重转变和塑造人们的养老观念，从而将养老服务使用由一种资源受限的被迫行为转变为一种主动行为（施巍巍等，2014）。

当然，文化观念也是具有时代性、世代性和地域性的。本研究的调查对象为1956年之前出生的人，按照刘能（2003）的世代划分，他们可能属于战争和共和国的一代（1945年之前）、“文革”的一代（1945～1955年）或者恢复的一代（1956～1966年），对于前者，由于他们的子女数量较多，所以一般还秉持着根深蒂固的“养儿防老”观念；对于后者，虽然他们大多只有一个孩子，但由于兄弟姐妹数量较多，加上观念转变的滞后性，所以他们也在某种程度上认同“养儿防老”观念。再过10年左右，待“三明治”的一代（1968～1979年）步入老年之后，或许传统养老观念的影响将逐渐变小，而现代养老观念将更深入人心，社会文化的调节效应可能会消失或者变为另外一种形式。从地域性来看，虽然本研究没有调查农村老年人，可以想见的是，在乡土文化更加浓厚的农村地区和偏远地区，老年人受“养儿防老”观念的影响更深，而且因农村社会养老发展滞后，导致其对于养老服务的认同和信任也并未建立起来，所以在农村老年人中社会文化的这种调节效应或许会更大，有待进一步研究证实。

#### 7.1.4.2 “不知所措”的心理准备状态不利于老人因理性选择而去使用养老服务

相对于“受社会文化观念影响越大，那么老年人因身心需要而去使用养老服务的动力越小”的直线型调节关系，本部分所要探讨的调节效应比较复杂，是一种类似于曲线型的调节关系。

一则，明确的心理准备状态会促进老年人去使用养老服务。根据理性选择理论：如果老年人想要追求家庭利益最大化，而且使用养老服务可以实现老年人的这一想法，那么老年人就会去使用养老服务；如果养老服务不能给老年人的家庭带来最大利益，那么老年人就不会去使用养老服务。然而，事实上正因为人都是“有限理性”的，上述的关系并不成立。研究发现：受社会文化观念影响非常小或者非常大，都会正向地促进老年人因追求家庭利益最大化而去使用养老服务；反而是受社会文化观念影响中等程度时，它们对于老年人因追求家庭利益最大化而去使用养老服务的影响变为负向预测。对于低水平影响而言，它反映出老年人的理性选择能力比较强，不论是传统的还是现代的文化观念都不会影响他/她的选择，故而自变量X（追求家庭利益最大化）对于因变量Y（养老服务使用倾向）的预测保持正向；对于高水平影响而言，它反映的是非常认同“养老伦理失序了会去使用养老服务”或者“非常认同和信任养老服务了会去使用养老服务”，这对于X（追求家庭利益最大化）正向预测Y（养老服务利用倾向）的函数关系的影响类似于上述的模式，故而也仍然保持正向预测。

二则，“不知所措”的心理准备状态会阻碍老年人去使用养老服务。当受社会文化观念影响属于中等程度时（或者说态度不明确时），X（追求家庭利益最大化）对于Y（养老服务利用倾向）的正向预测变为负向预测，通俗解释是：老年人并不否认“养老伦理失序（或者说养儿难防老）了会去使用养老服务”，但也并非完全认同，毕竟已经进入现代社会，传统伦理的约束力在减弱；同样，老年人赞同“如果个体认同或者信任了社会养老服务就会去使用它”这种行为逻辑，但也持保留意见，毕竟“养儿防老”由来已久或者说天经地义，即使有养老服务这种外界刺激也不能忘了根本。进一步简单阐释为：模糊的、模棱两可的或者说“不知所措”的心理准备状态，会减弱甚至阻碍老年人出于理性选择而去使用养老服务的动力，不利于服务使用行为的发生。这一研究结果看似复杂，但并不难理解，当前，我国正处在“家庭养老基础削弱之后向新的社会支持体系下，养老方式建立过程中探索动态平衡”的过程当中，作为养老活动的当事人——老年人在选择养老方式时是处于一个“岔路口”上，头脑中固有的传统养老观念和当下社会给予的养老文化相互交融，使自己变得不知所措：这样做似乎可以，那样做似乎也不错；当考虑到想要实现家庭利益最大化时，这种“不知所措”的观念就会变得更加复杂，因为养老伦理（或面子）在某种程度上也属于家庭利益范畴，数据表现出来的是转X（追求家庭利益最大化）对Y（养老服务利用倾向）的正向预测为负向预测，也可以说养老服务使用行为变得越发“保守”了。

老年人在养老方式选择上这种“不知所措”的心理准备状态，固然与当前尚处于过渡阶段有关，但与当下养老服务保障政策大多只关注养老服务本身，而忽视了对社会成员的养老方式转变社会心理建设也不无关系，所以才导致了行为上虽然“不得不”接受养老服务，但观念上却依然保持着怀疑、审视或徘徊的姿态，进而导致养老服务使用水平低位徘徊。当然，我们并不是要鼓励所有老年人都去使用养老服务，而是希望通过观念的引导或重塑使得老年人在家庭养老难以为继的情况下，顺利且自然地转向社会养老方式，不希望看到因文化观念的牵绊而无法实现由传统向现代的平稳过渡。与其说这是一个养老方式变革的时代，不如说这是一个养老观念转变的时代。

### 7.1.5 居家养老服务在改善老年人生活质量方面存在明显的城乡差异

要想进一步完善我国的养老服务保障，首先就需要对已经做的事情进行客观准确的评估。笔者基于全国调查数据分析了居家养老服务对老年人生活质量的干预效应，其中最为值得关注的就是城乡差异显著。

2016 年数据分析显示，使用居家养老服务可以提高老年人约 0. 255 个生活质量标准分[①]，对于农村老年人生活质量的改善更为明显，达到 0. 387，对于城市老年人的影响为 0. 173。用 2014 年和 2016 年两期数据分析了纵向趋势，结果显示使用居家养老服务对老年人生活质量的改善效应总体上没有显著提高，但是城乡趋势的差异非常明显，即对于农村的改善效应出现了大幅提高，而对于城市的影响反而出现了下降。因为仅采用了两期数据进行了分析，这一结果是否稳定还需要第三期甚至更长时期的数据进行验证。需要说明的是，2014 年和 2016 年数据调查由不同的单位实施，或许在研究结果上也会有一定的影响。如果暂且不考虑数据本身的影响，居家养老服务干预效应的城乡差异需要引起关注。

一则，城乡居家养老服务的发展处于不同的阶段。与其他公共服务类似，养老服务在我国的发展也是先从城市开始的，因为经济体制改革使得城市的养老矛盾最先凸显，比如老弱病残干部安置、老干部离职休养、退休退职等，于是国家开始着力发展养老服务来应对城市的养老困境，而对于农村通常是政策予以倾斜而一笔带过。随着农村人口老龄化加剧、“乡—城”人口流动频繁、农村集体经济衰退等，农村养老困境日渐突出，农村养老服务发展才全面进入政策视野。这就使得我国城市和农村的居家养老服务发展处于不同的起跑线，目前也处在不同的发展阶段。而研究中九种服务是相同的，由于农村正处于发展的敏感期，所以呈现出了农村效应高于城市的现象。

二则，城市公共服务对养老服务的替代效应所致。我们知道，九种居家养老服务对于城市老人和农村老人的意义不完全相同。要想评估这些居家养老服务的效应，就需要看是否还有其他的替代性服务。在城市，养老服务只是众多公共服

① 2016 年老年人生活质量标准分的取值范围为（ -2. 15，5. 26）。

务中的一种，家政服务、餐饮服务、便民服务、“互联网+”服务等与老年人息息相关的生活性服务业蓬勃发展，老年人在遇到困难时可以选择其他的生活性服务甚至是智能化服务来进行对待。然而，在农村限于公共服务相对滞后，老年人在遇到困难时很难找到可替代的服务，所以这些居家养老服务对于农村老年人的意义非凡。故而，研究结果显示居家养老服务对于老年人生活质量的干预效应要高于城市地区。

三则，居家养老服务与城乡老年人供需不平衡所致。我们知道只有居家养老服务与城乡老年人的需求相匹配（暂且称为需求阈），那么才能最大限度地提高他们的生活质量。分析显示，农村老年人中绝大部分的文化程度都在小学及以下，但是城市老年人当中超过一半都受过初中及以上的教育，而且城市老年人的收入也远远超过农村老年人。这种社会经济上的差异，导致城市和农村老年人对于居家养老服务的需求存在很大差别。研究结果可能表明，现有调查中的居家养老服务可以很好地满足农村老年人的需求，但是距离城市老年人的需求还有很大差距。因此，供需不平衡导致了居家养老服务提升老年人生活质量的差异。

## 7.2　审思与对策建议

研究结论使我们对当下的养老服务保障工作产生了深思，回到问题的最初：政府和社会为什么要发展社会化的养老服务？当前的发展是否达到了这个目标，抑或是朝着既定的方向在发展？由于我国的老龄政策在制定之初，并未建立配套的评估机制，所以很少有人关注政策的效果和偏差。政策的科学性告诉我们，科学的社会政策是需要以动态评估为基础的（陈振明，2006；邓恩，2010），没有评估就难以了解政策绩效，也就无所谓“进步”与否。在此，仅就本研究的学术发现，对当前养老服务保障政策存在的问题予以梳理。

第一，养老服务供给欠精准，最需要的群体未必得到优先保障。“亲中高收入群体”“亲知识分子”和“亲社会资本”的服务使用倾向，导致那些最需要养老服务保障的贫困老人、文盲老人、独居老人或留守老人等处于不利地位，按照“9064”或“9073”的标准，至少有10%的老年人口未得到保障，这种“兜底”

保障的错位分配资源不仅与社会养老服务的初衷相偏离，而且“亲中高收入群体”的倾向还可能会导致“逆向补贴”和“成本转嫁”（赵曼、胡思洋，2015），从而增加财政负担，激化社会矛盾。第二，重视生理需求评估，忽视了服务使用的复杂性。不论是民政行业标准《老年人能力评估》（2013），还是《上海市养老服务需求评估表》（2015）和《北京市养老服务需求评估表》（2015），近90%的内容均是关于老年人生理状况的，比如自理能力、认知能力、情绪能力、视觉能力、重大疾病情况等，仅有的关于社会生活环境或者社会交往的内容也主要集中在居住环境、社区生活、家庭支持或者言语能力上，殊不知服务使用时并非只遵循“生理人”逻辑，供需出现偏颇也就在所难免了。第三，虽然重视家庭养老，但支持家庭养老的路径并不清晰。建立家庭养老支持计划虽已得到普遍认可[①]，但关于如果支持比较模糊，有的说带薪休假、有的说提供照护补贴，还有的说要对家人进行培训，这都没有错，但本研究发现根本在于：要想方设法补充家庭人力资源、提高照护效率、理顺代际之间的经济性互动，更重要的是要帮助家庭做出最有利于家庭发展的养老决策。第四，强调服务供给，忽视了对服务使用动力及其作用机制的把握。以行政手段“自上而下”地供给养老服务是我国养老服务保障的典型特点，然而与医疗卫生服务不同，养老服务是养老方式变革的一种产物，是一种饱含伦理和情感的一种“商品”，个体想要使用时需要与传统文化观念相“对抗”，因为世代不同其文化观念也不同，所以服务使用的动力及其机制也自然不同，目前政策并没有关注服务使用规律性的问题。第五，重视有形的服务发展，忽视了无形的社会心理建设。政策似乎希望通过大力发展养老服务来“倒逼”行为方式和思想观念的转变，事实也证明这种方式不无可能（顾杨丽、洪长晖，2015），但是从社会心理学的视角来看，在施行了千百年的家庭养老方式发生剧变之时，有关新型养老方式、价值取向与代际关系等社会心理的塑造也是非常重要的，毕竟由内而外、由观念到行为的转变才是更符合行为发展规律的，也才是更易于把握的。

党的十九大报告指出，我们已进入新时代，而且人口老龄化也将进入深度发展阶段，随着社会主要矛盾转型，新时期养老的主要矛盾也逐渐转变为老年人日益增长的美好生活需要和老龄事业发展不平衡、不充分的矛盾，养老服务领域所

① 2017年1月25日，由国务院发布的《国家人口发展“十三五”规划》中，明确写道“完善家庭养老支持措施”。

暴露出来的诸如目标不明确、均衡性不足、供需不平衡、可持续性较差等问题也日益凸显。在此，仅就本研究发现对我国养老服务保障提出如下对策建议。

### 7.2.1　创新养老服务保障理念，建立以服务使用为导向的保障思路

服务保障是社会保障制度的四大支柱之一，由现代社会福利制度发展规律可知：以“经济保障”为主的社会保障体系必将战略升级为“服务保障”为主的现代社会服务体系（刘继同，2016）。当前，我国养老保障制度的重点已经由资金支持向服务保障转变（杜鹏、王永梅，2016），虽然取得了突飞猛进的发展，但当前的养老服务保障仍存在诸多问题，“始生之物，其形必丑”，从粗糙到完善是一项制度必经的过程，关注养老服务利用或许是完善的思路之一。

#### 7.2.1.1　尽快建立基本养老服务制度，保障最弱势群体的服务需求

政府养老服务保障工作在“锦上添花”的同时更要以“雪中送炭”为重中之重。从服务均等化的视角来看，居民享受公共服务的机会均等和结果均等是两个衡量指标，相比之下结果均等更重要（安体富、任强，2007）。当前养老服务利用的“亲中高收入群体”“亲知识分子”等倾向说明了养老服务利用结果是不均等的。要想实现结果均等，那么首先就要建立保障机会均等的基本养老服务制度。事实上，在《国家基本公共服务体系“十二五”规划》中已明确提出了要发展“基本养老服务”，《“十三五”社会服务兜底工程实施方案》（2016）中也提到要“保障基本养老服务”。李兵等（2015）提出基本养老服务制度是以全体老人为总体、以“不能依靠自身和家庭实现自我照料和自给自足、需要政府‘兜底’的困难老年人及家庭照料者”为核心，同时包含优抚对象和失独家庭的一项养老服务保障制度，这与当下养老服务利用“亲中高收入群体”“亲知识分子”和“亲社会资本”的现状正好形成有效互补，突出了“雪中送炭”对象弱势老人的服务需求，也是对2020年全面建成小康社会的一种回应。新一届政府对于社会救助的“托底线”功能越发重视，如果说“低保制度”是对经济贫困群体的一种公共社会救助（胡思洋，2015），那么基本养老服务制度就是对老年服务保障弱势群体的一种“救助”。当然，基本养老服务制度的内容如何设定、对象如何选择以及如何保障等则需要经济学、管理学、社会学、人口学、社区治理等共同努力，那必将是另一项重大课题。

#### 7.2.1.2　动态评估养老服务“获得感”，确保最弱势群体享受到养老服务

2015年，习近平总书记在讲话中提到“让人民群众有更多获得感”，不仅凸

显了共享发展的理念，而且在某种程度上也成为检验政策效果的代名词。本研究所关注的养老服务利用即是考量“获得感”的最直接的手段，因此，可以在人口普查或者全国性老年调查中加入养老服务“获得感”的相关调查，以此来动态地监测我国养老服务保障工作的效果，比如城乡、区域、群体等的差异性以及发展状况。“获得感”的评价内容及评价方式至关重要，评价内容可以围绕日常照料、失能照料和精神慰藉等来设计；评价方式则可以采用主观和客观的方式来进行，客观指标可以用诸如获得服务帮助的人群比例情况，主观指标则可以通过比较的方式来获得，比如与过去的自己相比较、与过去的大多数老人相比较、与当前的其他老人相比较等，也可以考察老年人对未来养老服务保障的“获得感”等。

### 7.2.2 夯实家庭养老基础的同时，帮助家庭做出最优化的养老决策

养老服务支持的对象不只是老年人，还包括家庭成员，如此一来，“帮助家庭实现顺利养老”就成为我国发展社会养老服务的根本目的之一（杜鹏，2016）。就夯实家庭养老基础而言，要想法设法扩大家庭老年照料人力资源，比如施行老年照料带薪休假制度、发挥日间照料的补充功能、完善老年人口随迁制度等，同时也要理顺家庭的经济支持功能，在不影响家庭发展的前提下提高家庭成员对老年人的经济供养等。此类研究已非常多，不再赘述。

发挥老年社会工作的作用，开展家庭养老决策咨询工作。在本研究定性访谈当中，我们发现养老服务利用决策通常是一个家庭决策，那么，在兼顾家庭发展的前提下怎样选择才是最有利的？现实中，“家庭还是社会?”的问题已经成为困扰诸多老年人家庭的普遍性问题。针对此，可以借鉴国外社会工作的一些做法，比如“推进老年照料家庭决策模型”（Advance Elder Care Family Planning Model）社会工作项目（Donna，1999），即针对那些在面临老年人突发疾病或者临终时不知所措的家庭而开发的一类社会工作项目，旨在通过社会工作者的专业帮助而使家庭做出最有利的决策，国内目前尚没有类似的项目。近年来，我国社会工作得到了较快发展，而且老年社会工作的思想也日渐深入（赵丽宏，2013），可以借助社区治理创新对专业社会工作者的吸纳，开展家庭养老咨询服务，为存在养老疑惑的家庭排忧解难；同时，也可以借助大力发展养老服务人才的机会，培养一批家庭养老顾问或养老规划师，帮助老年人、准老年人及老年家庭做出最优化的养老决策。

### 7.2.3 对老人进行经济性赋权增能，提高其必要时购买养老服务的“资本”

本研究并非旨在鼓励老年人都去购买养老服务，而是希望老年人在依靠自我和家庭都无法实现顺利养老时，能积极主动地去使用社会养老服务来满足需求，不提倡盲目地占用社会养老资源，在此探讨的是必要时购买养老服务的情况。研究发现，老年人作为“经济人”决定其是否“购买”养老服务的两大要素：一是自己是否有钱，二是是否有这个意识。

#### 7.2.3.1 鼓励老人做好资金规划，逐渐提高服务补贴覆盖面和补贴水平

研究显示，自己有钱或者政府有服务补贴时，老年人购买养老服务的可能性较大，这就提示：要对那些必需使用养老服务的潜在群体（如空巢、留守以及养老保险水平较低的农村老人等）进行经济性赋权，提高其支配资金的能力。一方面，可以提倡老人做好养老资金储蓄，以备不时之需，改善农村地区一些老人“零消费”的情况（张岭泉等，2008），确保其在需要时能支配购买资金去养老服务；另一方面，政府可按照“补需方”的思路，逐渐提高养老服务补贴覆盖面和补贴水平。不可否认，“补供方”固然可以撬动更多的社会资金，但本研究显示“补需方”也可以通过提高服务利用率来促进养老服务发展。

#### 7.2.3.2 提高老年人及其家庭对于社会养老服务经济性价值的认知程度

理性经济意识较强的老年人，购买并使用养老服务的可能性较大，这就提示我们：可以对那些需要使用养老服务的潜在群体进行经济性增能，让其认识到社会养老服务的价值。一则重视养老服务对于家庭的价值，比如可以减轻子女负担、不拖累家庭发展、促进家庭和谐等；二则重视养老服务所饱含的“边缘”效用，比如可以享受独立生活、与“老朋友们”在一起获得精神快乐等。某种程度上，老年教育是提高老年人理性选择能力的重要途径。当然，这样的理性意识“培养”要适度，毕竟“反哺式”的养老在中国仍然是一种伦理的、情感的和文化的存在，过于理性的选择往往会适得其反。

### 7.2.4 完善养老服务需求评估标准和流程，建立精准服务的体制机制

供给失准是当前我国养老服务保障制度的根本问题，一方面与需求评估失准有关，另一方面与供给主体的对象识别机制不健全有关。与“低保制度”在识别贫困群体时因过分关注经济状况而导致失准类似（刘凤芹、徐月宾，2016），养老服务保障也因过多关注老年人的生理性需求在某种程度上导致了对象筛选的

失准，这也往往导致服务效果不如预期设想，比如养老服务券被老人用来买食品、送餐服务被老人骂来骂去，等等。根据本研究结果，希望能在养老服务需求评估标准中加强对老年人社会属性和经济属性的考量，深入认识老年人“全人”的属性特征，以期能获得更接近有效需求的养老服务需求。除此之外，还应该创新养老服务对象的筛选机制。

建立养老服务保障的社区瞄准（Community – Based Targeting）机制。如果说目前我国有养老服务保障的筛选机制，也是指民政部门的“三无”和“五保”老人筛选，这一机制是由养老服务的补缺型特征决定的，因指标客观清晰，往往比较准确。但在养老服务已由补缺型变为普惠型的当下（杜鹏、王永梅，2016），能否更有效地瞄准最需要的群体就成为政策落实的关键。在此，借鉴国际上“低保制度”用来识别穷人的一种方法来予以完善，即社区瞄准机制。这一方法的逻辑前提是：当地社区居民对于“什么是穷人，什么是值得救助的穷人”的理解比单纯依靠“收入贫困”的判断更准确、更有意义，也更能获得群众满意（Conning，Kevane，2002；Bardhan，Mookherjee，2005）。目前，也有学者尝试将其引入我国“低保制度”的完善当中（刘凤芹、徐月宾，2016）。

首先，建立以社区居委会和社区居民共同参与的社区养老服务需求评估小组，作为社区瞄准的执行主体；其次，依托社区瞄准初步确定养老服务保障的对象名单及排序，这一步的判断标准相对宽泛；最后，通过代理的家计调查[①]剔除不合格对象，防止权力寻租和精英控制，避免出现类似“低保制度”的“人情保、维稳保、指标保”等，从而获得养老服务保障的“兜底”对象。需要说明的是，这里讨论的只是弱势老年群体的服务保障，其他老人的服务保障应在遵循市场规则的前提下予以满足，毕竟养老服务市场已全面放开。

### 7.2.5 辩证地看待传统养老观念，重视现代养老方式的社会心理建设

这是一个养老方式变革的时代，更是一个养老观念转变的时代。几千年来形成的孝道伦理虽日渐式微，但“养儿防老”观念仍根深蒂固，伦理式养老思想的影响还很强大。虽然养老方式已经悄然发生变化，社会养老服务也在如火如荼地开展，但有关观念意识的引领似乎仍是一片空白，这就不难理解为什么当前老

---

① 家计调查（Household Surey 或 Means Test）是以居民家庭收入和支出为主要调查内容的综合性专门调查，亦称居民家庭收支调查，一般包括人口、家庭结构、出生、死亡、迁移、劳动力与就业、住房、卫生健康与文化教育等内容。在我国人口普查和老年专项调查中一般都会涉及家计调查。

年人出现了模糊的、不知所措的养老观念。总的来看，目前，我国施行的是家庭养老和社会养老相结合的混合式养老方式，如此一来，巩固家庭养老基础性地位的传统养老观念仍需在“扬弃”中与时俱进，同时对于现代社会养老方式的心理认同也应不断加强。正如彭希哲和郭德君（2016）在文章中提到的：老龄化的应对并非要进行现代养老就必须否定传统养老的非此即彼逻辑，而是应该在更高的层面建构一种适合混合式养老方式的一种理念和文化，这种文化取向是以老年人福祉而非家庭伦理为核心的，根本目的在于不影响家庭发展的前提下全面确保老年人的福祉。在此，我们认为可以从以下两个方面着手。

7.2.5.1 与时俱进地发展传统孝文化，巩固伦理式家庭养老

血亲价值是家庭养老的运行机制（姚远，2000），以此形成的传统养老文化成为齐家、治国乃至平天下的基础，时至今日诸如“孝养其身、孝养其心、孝养其志、孝养其慧”的养老观念仍具有强大的生命力。一方面，应充分肯定其积极作用，由于很难说明究竟什么才是正确的孝文化，但至少应在全社会树立这样一种价值判断即“合乎人之常情的对父母孝敬的纯朴感情不断弱化是不正常的”（彭希哲、郭德君，2016）；另一方面，应摒弃现代化愚孝，比如认为只要将父母带在身边就是孝，哪怕铁链拴住、牢笼锁住甚至棍棒交加也绝不放手，或者认为抛妻弃子、倾家荡产甚至以非正常的手段来“养”父母就是孝。总之，在“扬弃”中与时俱进是传统养老文化发展的必经之路。

7.2.5.2 提高对现代契约式养老方式的认同与信任，变被动为主动

一方面，要通过宣传引导使老年人及其家庭成员认识到，现在的社会养老服务已经不再是只针对特殊群体（如“三无”或“五保”）或者说带有“污名”特征的一种服务了，而是面向所有老年人的用于提高其生活质量的一种服务，谁都可以使用，而且谁用都无关乎面子或名誉。另一方面，要让老年人认识到当自我和家庭养老难以为继时，还有一扇社会养老服务的大门为其敞开；同时，要在这种因“无奈”而去使用养老服务的基础上，鼓励老年人本着提高自身生活质量、实现人的全面发展的态度，积极、主动地去寻找并利用社会养老服务，从而实现《联合国老年人原则》提到的“有尊严、有保障且不受剥削和身心虐待”的老年生活。

当然，本书并不是在宣扬使用养老服务的老年人越多越好，而是希望在社会养老服务的“兜底”保障之下存在养老困难的老人越少越好。毫无疑问，老年人越是健康、越是自理自立越好，所以要想确保老年人福祉最重要的并不是服务

保障，而是要想法设法提高老年人的健康预期寿命、延长其生活自理的时间。根据 WHO 新健康老龄化理念（杜鹏、董亭月，2015），一方面，要通过健康管理、康复护理等手段努力提高老年人的身心机能（Intrinsic Capacity）；另一方面，要为老年人创造宜居的生活环境，确保其自理生活功能得以充分发挥（Functional Ability），从而最大限度地实现人的全面发展。

## 7.3 创新、局限与展望

### 7.3.1 创新

第一，首次提出了养老服务使用的行为模型，填补了理论空白。服务使用环节是决定整个服务链价值产生的关键，因此，在政府和学界都在关注养老服务如何供给的当下，本研究创新性地将研究视角转向了服务使用，并开展了深入研究。一直以来，安德森医疗卫生服务利用模型可谓是国内外一家独大，甚至在养老服务使用研究当中也经常被采用（Krout，1984；Robert，Lauri，1993；Denise，Ada，1995；王莉莉，2012；张文娟、魏蒙，2014）。然而，养老服务与医疗卫生服务有着本质区别：一是性质不同，二是目的不同，本研究首先基于行为科学提出了养老服务使用的理论框架，而后在得到全国性抽样调查数据的验证之后，编制了行为调查问卷并在北京市进行抽样调查，进而通过因素分析法获得了养老服务使用的行为态度模型，填补了养老服务使用理论性研究的空白，为深入认识养老服务使用的规律性奠定了理论基础。

第二，多元人性假设的引入深化了对养老服务链的规律性认知。王莉莉（2013）曾指出应加强从多学科视角来研究养老服务使用的规律性，本研究即是将此想法走向了深入，结合行为学、经济学、心理学和社会学等知识提出了多元人性假设的研究思路，结果也很好地证实了研究假设。多元人性假设视角下的研究更全面、更系统、更深入且更符合实际，形象而生动地刻画了养老服务使用的行为规律。①丰富了以往研究中关于老年人经济属性的认知。以往学者通常以经济水平或收入状况来粗略地代表老年人的经济特征，本研究从“经济人”的本质属性即追求利益最大化角度出发考察了其对服务使用的影响，追求经济实惠、心理账户效应甚至追求精神效用等特征的发现，不仅有助于我们深入认识养老服务使用的动力因素，而且对于日常生活中诸如用养老服务券“低价”购买商品等一些现象也给予了理论解释。②拓展了以往有关老年人文化观念的影响研究。以往研究重点考察传统文化观念对于养老服务使用的影响，殊不知当下的养老方式是传统与现代并行、伦理与契约同在的，单方面的考察难以把握“社会人”整体的动力基础。本研究同时考察了个体对于传统与现代两种养老方式的态度观念（特别是对于养老服务的认同与信任）对于其服务使用的影响，具有重要启示，更重要的是由于文化观念具有时代性，使得模型更具有张力。

第三，率先关注了养老服务对于老年人生活质量的干预效应。治理绩效是评估治理能力的核心指标之一，也是发现治理症结、防止治理失灵并实现国家善治的重要手段。然而，过去几十年我国老龄化治理的重心似乎在“迈开步子”解决现实问题，各方都急于加大投入，而缺乏对老龄化治理绩效的评估。最典型的是星光老年之家的探索，国家大张旗鼓地投入了134亿元，最后却不了了之，而且正是由于缺乏绩效评估，导致这种低效的治理方式一再重复。在我国推进老龄社会治理现代化关键时期，对于养老服务的绩效评估也要跟上。在此背景下，笔者率先采用倾向值技术针对全国调查数据分析了居家养老服务对于老年人生活质量的改善效应，而且以两期数据考察了其纵向发展趋势。一方面，在构建老年人生活质量方面，吸纳了当前国际学界中新的趋势和思想，关注了个体主体性对于其生活质量的重要作用。另一方面，采用了无偏的估计方法，获得了纯净的居家养老服务干预效应。希望能引起学界和政府对于养老服务效应（特别是微观效应）评估的关注。

第四，首次实证分析了社会文化观念影响养老服务使用的机制。诸如“养儿防老”等传统文化观念会阻碍老年人的养老服务利用，这得到了诸多研究证实（李颖奕，2010；左冬梅、李树茁，2011；杨帆、杨成钢，2016），但它们是怎样产生影响的却不得而知，这可能与研究者通常将其与其他因素并行作为自变量进行考察有关。本研究是行为学视角下的研究，提示自变量的影响可能有主有次、有先有后，所以创新性地引入了调节效应的研究范式，社会文化观念作为调节变量，研究结果也证实了研究假设。一则，首次采用实证数据分析了养老文化观念对于养老服务利用的影响机制，验证了人们对于此问题的猜测；二则，了解了什么样的养老文化观念是不利于养老服务利用的，并据此提出了“要辩证看待传统养老观念，重视现代养老方式的社会心理建设”的论断。

另外，将因素分析和倾向值分析技术应用于养老服务研究当中。因素分析法经常被用于心理行为学研究当中，用来探查某一心理品质的结构，以往在社会科学研究中应用时，也只是简单地作为变量降维或整合的一种手段。本研究将因素分析法引入老年学研究当中，应用其探查心理品质结构的专长，探查了老年人对待养老服务的行为态度，对于把握老年人的行为规律性具有一定的启示意义。另外，将倾向值分析技术应用到本研究中，尽管仍然不十分成熟，但在养老服务使用的研究中为克服样本有偏性做出了一些探索。

### 7.3.2 不足

第一，理论框架有待进一步完善。尽管本研究已涵盖了老年人的核心属性，但是仍有特征并未考虑到，比如“自我实现人”（Self - actualizing Man）和“复杂人”（Complex Man），其中“自我实现人”认为每一个个体都有自我实现的需要（马斯洛，2007），而且《联合国老年人原则》也将自我实现作为老年人发展的五大原则之一[①]；“复杂人”的核心是认为人的动机与行为是会不断变化的，简单说就是面对不同的环境和不同的人，老年人的动机与行为可能是不同的，即权变的（Contingency），这些对于更深刻地认识老年人的服务使用行为也具有重要意义，希望在今后的研究当中予以考虑。

第二，自变量的设计需要精细化。行为特征表述语句是本研究获得养老服务使用行为态度模型的关键，但由于前期准备不甚充分，只做了一轮小范围的试测，导致所编制的调查题目可能不够成熟，正式施测过程中出现了一些题目区分度较差的情况，不得已而删除，丧失了一些关键信息，从而导致最终进入分析的自变量并不“完美”。而且，有个别题目虽然聚合在了一起，但是所涵盖的内容似乎并不十分一致。希望今后有机会能细细雕琢每一道题目，比如邀请相关领域专家进行把握、加大试测力度等，使该调查工具更加精致。

第三，因变量的维度应多元化。一方面，养老服务的内容不全面。本研究只调查了九种养老服务的使用情况，而有学者（胡宏伟等，2015；吕学静、康蕊，2016）则调查了近 20 项甚至更多的养老服务类型，全面放开养老服务市场之后，养老服务类型将更加丰富多样，这从侧面说明本研究还有较大改进空间。另一方

---

① 《联合国老年人原则》的五大原则为“独立、参与、照料、自我实现和尊严”。

面，服务使用的测量维度单一，服务使用的测量不仅有“是否”使用，还有使用了多少项目、使用频次如何等维度（Denise Burnett，Ada，1995），本研究只调查了“是否”使用和“是否”会使用。另外，将不同类型的养老服务放在一起予以考察，可能也存在不妥之处，因为不同的服务类型，其使用规律可能是不一样的，希望有机会分而研究之。

第四，数据的代表性有待加强。一方面，由于经费和能力有限，只在北京市区进行了抽样调查，虽然研究结论对于其他地区和农村具有启示意义，但就数据本身而言，它所反映的结果并不能推论到其他地区，特别是偏远的农村地区，因为农村地区传统养老观念的影响可能更深。另一方面，在做干预效应的纵向评估时只用了两期调查数据，能否反映纵向趋势，现在还不能下定论，希望待第三期、第四期数据出来之后，能分析出更稳定的纵向发展趋势。

### 7.3.2　展望

养老服务保障不仅关乎老年人福祉，也关乎家庭发展，更关乎国家和社会的发展（陆杰华、郭冉，2016），希望今后能在本研究的基础之上继续开展如下研究。

第一，完善养老服务使用的行为模型。一是希望纳入“自我实现人”和“复杂人”等因素，进一步完善理论框架；二是希望丰富和细化自变量和因变量的测量，从而获得更全面的研究结果；三是希望开展对农村地区和其他典型地区的调查，从而使获得的模型更具有代表性和科学性。

第二，开展养老服务使用状况及其效应的动态评估。服务使用关乎政策效果、关乎财政投入绩效、关于福利经济效率等，所以希望今后能将诸如养老服务使用的群体特征、养老服务使用水平、养老服务“获得感”、生活质量改善效应等指标纳入老龄工作年度调查，并针对试点开展试点评估研究，从而动态地监测我国的养老服务保障的执行情况，作为动态调整的依据。

第三，深入研究养老服务保障的非均衡特征。社会文化因素的发现，让我们看到了养老服务使用远比医疗卫生服务使用更复杂、更具有张力，也开拓了更广阔的研究空间。一则，可以开展队列比较研究，比较不同队列老年人使用养老服务的动力及其作用机制；二则，可以开展跨文化研究，比较不同文化背景下老年人使用养老服务的行为差异，为促进其均衡发展提供科学依据。

第四，开展用于指导实践的应用基础性研究。一则，研究开发用于指导家庭养老决策的社会工作项目；二则，开展用于干预老年人及其家庭成员养老观念的社会心理学研究；三则，研究设计用于培养诸如家庭养老咨询师、养老规划师等养老服务人才的路径、方法与课程；四则，为养老服务供给主体（如政府部门、养老企业、公益组织等）提供咨询类研究。

# 参考文献

［1］［美］A. P. 勒纳．统制经济学—福利经济学原理［M］．陈彪如译．北京：商务印书馆，2016.

［2］［美］S. 阿尔特曼，E. 瓦伦齐，R. 霍德盖茨．管理科学与行为科学—组织行为学：实践与理论（上）［M］．魏楚千，刘祖荫，卢兴华，孙建国译，尹毅夫校．北京：北京航空航天大学出版社，1990.

［3］A. C. 庇古．福利经济学（英）［M］．朱泱，张胜纪，吴良健等译．北京：商务印书馆，2014.

［4］陈卫，靳永爱．中国妇女生育意愿与生育行为的差异及其影响因素［J］．人口学刊，2011（2）．

［5］程翔宇．“社区为依托”的养老服务有效吗？——基于老年人生活质量的检验［J］．社会保障研究，2019（3）．

［6］戴海崎，张锋，陈雪枫．心理与教育测量（修订本）［M］．广州：暨南大学出版社．2007.

［7］艾尔·巴比．社会研究方法（第10版）［M］．邱泽奇译．北京：华夏出版社，2005.

［8］安体富，任强．公共服务均等化：理论、问题与对策［J］．财贸经济，2007（8）．

［9］贝塔朗菲．一般系统论［M］．秋同，袁嘉新译．北京：社会科学文献出版社，1987.

［10］鲍德里亚．消费社会［M］．南京：南京大学出版社，2001.

［11］边恕，黎蔺娴，孙雅娜．社会养老服务供需失衡问题分析与政策改进［J］．社会就保障研究，2016（3）．

[12] [美] 本尼迪克特 R. 文化模式 [M]. 张燕，傅铿译. 杭州：浙江人民出版社，1987.

[13] 陈振明. 政策科学——公共政策分析导论（第二版）[M]. 北京：中国人民大学出版社，2006.

[14] 陈传锋，李湘兰，胡珍玉，2011. 老年抑郁个体注意偏向的发生阶段 [J]. 心理科学，2011，34（3）.

[15] 蔡中华，王一帆，董广巍. 城市社区养老服务质量评价——基于粗糙集方法的数据挖掘 [J]. 人口与经济，2016（4）.

[16] 车文博. 西方心理学思想史 [M]. 长沙：湖南教育出版社. 2007.

[17] 程令国，张晔，刘志彪. "新农保"改变了中国农村居民的养老模式吗？[J]. 经济研究，2013（8）.

[18] 陈昌盛，蔡跃洲. 中国政府公共服务：基本价值取向与综合绩效评估 [J]. 财政研究，2007（6）.

[19] [美] 邓恩. 公共政策分析导论（第四版）[M]. 谢明译. 北京：中国人民大学出版社，2010.

[20] 丁志宏，王莉莉. 我国社区居家养老服务均等化研究 [J]. 人口学刊，2011（5）.

[21] 丁志宏，曲嘉瑶. 中国社区居家养老服务均等化研究——基于有照料需求老年人的分析 [J]. 人口学刊，2019（2）.

[22] 丁建定. 居家养老服务：认识误区、理性原则及完善对策 [J]. 中国人民大学学报，2013（2）.

[23] 冬青. 揭开行为的奥秘——行为科学概论 [M]. 北京：中国经济出版社，1987.

[24] 杜鹏，孙鹃娟，张文娟，王雪辉. 中国老年人的养老需求及家庭和社会养老资源现状——基于 2014 年中国老年社会追踪调查的分析 [J]. 2016，40（6）.

[25] 杜鹏，谢立黎. 中国老年人主要生活来源的队列分析 [J]. 人口与经济，2014（6）.

[26] 杜鹏，王永梅. 中国老年人社会养老服务利用的影响因素 [J]. 人口研究，2017，41（3）.

[27] 杜鹏，王永梅. 全面小康社会与老年长期照护：问题与对策 [J]. 中

国民政，2016（17）.

［28］杜鹏．回顾与展望：中国老人养老方式研究［M］．北京：团结出版社，2016.

［29］杜鹏，董亭月．促进健康老龄化：理念变革与政策创新——对世界卫生组织《关于老龄化与健康的全球报告》的解读［J］．老龄科学研究，2015，3（12）.

［30］范津砚，叶斌，章震宇，刘宝霞．探索性因素分析——最近10年的评述［J］．心理科学进展，2003，11（5）.

［31］费孝通．家庭结构变动中的老年赡养问题——再论中国家庭结构的变动［J］．北京大学学报（哲学社会科学版），1983（3）.

［32］费孝通．乡土中国［M］．北京：中华书局，2013.

［33］风笑天．生活质量研究：近三十年回顾及相关问题探讨［J］．社会科学研究，2007（6）.

［34］傅胜蓝，秦进．在线度假旅游产品消费者购买意向的实证分析——基于经验的调节作用［J］．管理现代化，2014（6）.

［35］国家发改委宏观经济研究院课题组．全面建设小康社会的目标与指标选择［J］．经济学动态，2004（7）.

［36］高启杰．福利经济学：以幸福为导向的经济学［M］．北京：社会科学文献出版社，2012.

［37］郭志刚，陈功．老年人与子女之间的代际经济流量的分析［J］．人口研究，1998（1）.

［38］郭林．中国养老服务70年（1949—2019）：演变脉络、政策评估、未来思路［J］．社会保障评论，2019（3）.

［39］郭申阳，马克·W. 弗雷泽．倾向值分析：统计方法与应用［M］．重庆：重庆大学出版社，2012.

［40］辜胜阻，吴华君，曹冬梅．构建科学合理养老服务体系的战略思考与建议［J］．人口研究，2017，41（1）.

［41］顾杨丽，洪长晖．融媒时代新闻教育：话题重启与观念变革［J］．中国出版，2015（22）.

［42］古洪能．论社会科学研究中的“文化—生物人”假设［J］．武汉理工大学学报（社会科学版），2013，26（5）.

［43］韩华为，高琴．中国城市低保救助的主观福利效应——基于中国家庭追踪调查数据的研究［J］．社会保障评论，2018（3）．

［44］何东平，关今华．论基本人权保障和实现路径的若干重要问题［J］．东南学术，2008（5）．

［45］侯玉莲．行为科学的奠基人：乔治·埃尔顿·梅奥［M］．石家庄：河北大学出版社，2005.

［46］胡宏伟，李延宇，张澜．中国老年长期护理服务需求评估与预测［J］．中国人口科学，2015（3）．

［47］侯蔚蔚，王玉环，冯雅楠，刘素香．居家非正式照护者与失能老年人生活满意度比较［J］．中国老年学杂志，2013（5）．

［48］胡湛，彭希哲．家庭变迁背景下的中国家庭政策［J］．人口研究，2012，36（2）．

［49］胡思洋．新常态下低保制度的功能定位研究［J］．人口与发展，2015，21（6）．

［50］金瑜．心理测量（第二版）［M］．上海：华东师范大学出版社，2009.

［51］吉鹏．社会养老服务供给主体间关系解析——基于委托代理理论的视角［J］．社会科学战线，2013（6）．

［52］加里·斯坦利·贝克尔．家庭论［M］．北京：商务印书馆，2005.

［53］姜向群，刘妮娜．老年人长期照料模式选择的影响因素研究［J］．人口学刊，2014，36（1）．

［54］姜向群，郑研辉．社区养老服务的供需失衡问题及对策研究［J］．社会建设，2015，2（4）．

［55］姜向群．养老转变论：建立以个人为责任主体的政府帮助的社会化养老方式［J］．人口研究，2007，31（4）．

［56］纪竞垚．我国家庭养老观念的现状及变化趋势［J］．老龄科学研究，2016，4（1）．

［57］康蕊，吕学静．农村老年人社区照顾发展与生活质量的相关性研究——以北京市为例［J］．人口与发展，2016（1）．

［58］李颖奕．居家养老服务使用观念与行为及社会工作的介入空间［J］．中南民族大学学报（人文社会科学版），2010，30（3）．

[59] 李兵．社会服务领域政策理论构建初探［J］．北京行政学院学报，2016（4）．

[60] 李兵．社会服务理论研究［M］．北京：中国人口出版社，2014.

[61] 李兵，李邦华，孙文灿．国家层面养老服务结果框架构建初探［J］．江苏社会科学，2019（1）．

[62] 李龙，宋月萍．工会参与对农民工工资率的影响——基于倾向值方法的检验［J］．中国农村经济，2015（3）．

[63] 李建新，刘保中．健康变化对中国老年人自评生活质量的影响——基于 CLHLS 数据的固定效应模型分析［J］．人口与经济，2015（6）．

[64] 李培林，张翼．中国中产阶级的规模、认同和社会态度［J］．社会，2008，28（2）．

[65] 李学斌．老年照顾问题的社会学分析［J］．宁夏社会科学，2009（8）．

[66] 李艳霞．浅析中国社会政策的价值选择与伦理定位——以公民权利为视角［J］．论理学研究，2007（4）．

[67] 廖楚晖，甘炜，陈娟．中国一线城市社区居家养老服务质量评价［J］．中南财经政法大学学报，2014（2）．

[68] 林宝．养老服务业“低水平均衡陷阱”与政策支持．新疆师范大学学报（哲学社会科学版），2017；38（1）．

[69] 林卡．社会福利、全球发展与全球社会政策［J］．社会保障评论，2017（2）．

[70] 李春根，夏珺．全面建成小康社会研究评述：理论、监测与路径［J］．山东财经大学，2019（2）．

[71] 卢淑华，韦鲁英．生活质量——主客观指标作用机制研究［J］．中国社会科学，1992（1）．

[72] 林南，王玲，潘允康，袁国华．生活质量的结构与指标［J］．社会学研究，1990（6）．

[73] 刘丹青．老人称儿子要接他去上海养老 14 年未实现［N］．中国新闻周刊，2014.

[74] 刘继同．中国现代社会服务体系构建论纲［J］．社会建设，2016，3（1）．

[75] 刘志杨．西藏农民在就医行为选择上的文化观念［J］．开放时代，2006（4）．

[76] 刘能．当代中国人的生活方式：多维度的解析［J］．广西民族学院学报（哲学社会科学版），2003，25（4）．

[77] 刘爽．对中国生育“男孩偏好”社会动因的再思考［J］．人口研究，2006，30（5）．

[78] 刘爽．对中国人口转变的再思考［J］．人口研究，2010，34（1）．

[79] 刘颂．积极老龄化框架下老年社会参与的难点及对策［J］．南京人口管理干部学院学报，2006（4）．

[80] 刘汶蓉．转型期的家庭代际情感与团结——基于上海两类“啃老”家庭的比较［J］．社会学研究，2016（4）．

[81] 刘威，郭永谨，鲍勇．信任/满意对消费者行为的影响研究［J］．现代管理科学，2010（1）．

[82] 陆杰华，郭冉．从新国情到新国策：积极应对人口老龄化的战略思考［J］．国家行政学院学报，2016（5）．

[83] 陆杰华，周婧仪．基于需求侧视角的城市社区居家养老服务满意度及其对策思考［J］．河北学刊，2019，39（4）．

[84] 吕学静，康蕊．京冀两地农村社区养老发展困境的实证研究［J］．人口与经济，2016（1）．

[85] 吕文慧．福利经济学视角下的效率与公平［J］．经济经纬，2007（2）．

[86] 刘菊芬，白铭文．京津沪渝高龄老人生活质量现状及影响因素分析［J］．中国人口科学，2004（增刊）．

[87] 刘凤芹，徐月宾．谁在享受公共救助资源？——中国农村低保制度的瞄准效果研究［J］．公共管理学报，2016，13（1）．

[88] 马文静，郑晓冬，方向明．社区养老服务对老年人生活满意度的影响——基于健康水平与闲暇活动的中介效应分析［J］．华南理工大学学报（社会科学版），2019，21（1）．

[89] 穆光宗，姚远．探索中国特色的综合解决老龄问题的未来之路——“全国家庭养老与社会化养老服务研讨会”纪要［J］．人口与经济，1999（2）．

[90] 穆光宗．家庭养老制度的传统与变革［M］．北京：华龄出版

社，2002.

［91］民政部政策研究中心课题组．关于社会服务发展演进与概念定义的探析［J］．中国民政，2011（6）．

［92］彭聃龄．普通心理学（第四版）［M］．北京：北京师范大学出版社，2013.

［93］彭希哲，郭德君．孝伦理重构与老龄化的应对［J］．国家行政学院学报，2016（5）．

［94］［美］乔治·梅奥．工业文明的人类问题［M］．陆小斌译．北京：电子工业出版社，2013.

［95］［美］乔治·赫伯特·米德．心灵、自我和社会［M］．霍桂桓译．北京：北京联合出版公司，2014.

［96］孙鹃娟．中国老年人的居住方式现状与变动特点——基于“六普”和“五普”数据的分析［J］．人口研究，2013（6）．

［97］沈可，程令国，魏星．居住模式如何影响老年人的幸福感［J］．世界经济文汇，2013（6）．

［98］施巍巍，罗新录，唐德龙．福利经济学视角下老年人养老方式的选择决策及影响因素分析［J］．学习与探索，2015（2）．

［99］石智雷．计划生育政策对家庭发展能力的影响及其政策含义［J］．公共管理学报，2014，11（4）．

［100］石智雷．多子未必多福——生育决策、家庭养老与农村老年人生活质量［J］．社会学研究，2013（5）．

［101］石人炳，宋涛．应对农村老年照料危机——从“家庭支持”到“支持家庭”［J］．湖北大学学报（哲学社会科学版），2013，40（4）．

［102］舒扬，杨洋．农村老年人居住偏好及影响因素分析［J］．中国人口·资源与环境，2014，24（11）．

［103］唐丹．城乡因素在老年人抑郁症状影响模型中的调节效应［J］．人口研究，2010：34（3）．

［104］陶涛，丛聪．老年人养老方式选择的影响因素分析——以北京市西城区为例［J］．人口与经济，2014（3）．

［105］谭琪琦，左停．信息不对称与社区养老信息化平台建设的探索——以北京市海淀区M街道为例［J］．农村经济与科技，2016，27（7）．

［106］唐钧．中国老年服务的现状、问题和发展前景［J］．国家行政学院学报，2015（3）．

［107］田玲，姚鹏．养老保险与家庭消费：基于中国综合社会调查的实证研究［J］．北京理工大学学报（社会科学版），2015，17（5）．

［108］田北海，王彩云．城乡老年人社会养老服务需求特征及其影响因素——基于对家庭养老替代机制的分析［J］．中国农村观察，2014（4）．

［109］万涛．信任与组织公民行为：心理授权的调节作用实证研究［J］．南开管理评论，2009（3）．

［110］王昶，刘丹霞，王三秀．国外老年生活质量研究的中心转移及其启示［J］．国外社会科学，2019（1）．

［111］王菲．中国城市老年人消费行为和消费观念研究［D］．北京：中国人民大学博士学位论文，2014.

［112］王莉莉．基于“服务链”理论的居家养老服务需求、供给与利用研究［J］．人口学刊，2013，35（2）．

［113］王莉莉．中国老年人居家养老意愿、需求与服务利用研究［D］．北京：中国人民大学博士学位论文，2012.

［114］王庆安，易立峰，李国鸿．美国20世纪60年代医疗制度改革及困境［J］．国外医学（国外医学）卫生经济分册，2006，23（4）．

［115］王孝哲．论人的社会属性［J］．天府新论，2006（1）．

［116］王营．中国养老业困境：家庭缺乏认知和准备　老人不愿意去机构［N］．21世纪经济报道，2016.

［117］王树新．中国养老保障研究［M］．华龄出版社，2004.

［118］王志刚，周永刚，朱艺云．“养儿防老”与“新农保”：替代还是互补［J］．中国经济问题，2013（6）．

［119］吴小英．公共政策中的家庭定位［J］．学术研究，2012（9）．

［120］温海红，王怡欢．社区养老服务政策实施效果评价体系构建及其应用——以西安市为例［J］．社会保障研究，2017（1）．

［121］温忠麟，叶宝娟．中介效应分析：分析和模型发展［J］．心理科学进展，2014，22（5）．

［122］温忠麟，侯杰泰，张雷．调节效应与中介效应的比较和应用［J］．心理学报，2005，37（2）．

［123］吴玉韶，党俊武．老龄老皮书：中国老龄产业发展报告（2014）［M］．北京：社会科学文献出版社，2014.

［124］邬沧萍．实行家庭养老与社会养老相结合是历史的选择［M］．北京：中国劳动出版社，1998.

［125］邬沧萍．提高对老年人生活质量的科学认识［J］．人口研究，2002（5）．

［126］吴玉锋，吴中宇．新型农村社会养老保险参与行为实证分析——以村域社会资本为视角［J］．中国农村经济，2011（11）．

［127］吴玉韶，郭平，苗文胜．2010 年中国城乡老年人口追踪调查数据分析［M］．北京：中国社会出版社，2014.

［128］吴桢，孟琛，魏岗之，孟家眉．痴呆老年人在社区中的生活状况［J］．中国老年学杂志，1995（6）．

［129］吴明隆．结构方程模型——AMOS 的操作与应用［M］．重庆：重庆大学出版社，2015.

［130］谢立黎．基于计划行为理论的老年人网络使用意愿影响因素研究［D］．中国人民大学硕士学位论文，2014.

［131］谢立黎，黄洁瑜．中国老年人身份认同变化及其影响因素研究［J］．人口与经济，2014（1）．

［132］许淑莲，申继亮．成人发展心理学［M］．北京：人民教育出版社，2006.

［133］徐小平．城市首批独生子女父母养老方式选择［J］．重庆社会科学，2010（1）．

［134］徐晓新，张秀兰．将家庭视角纳入公共政策——基于流动儿童义务教育政策演进的分析［J］．中国社会科学，2016（6）．

［135］许琳，赵明星．城市居家养老服务可获得性评价体系——基于因子分析和层次分析［J］．西北大学学报（哲学社会科学版），2017，47（6）．

［136］［美］亚伯拉罕·马斯洛．动机与人格［M］．许金生译．北京：中国人民大学出版社，2007.

［137］姚远．血亲价值论：对中国家庭养老机制的理论探讨［J］．中国人口科学，2000（6）．

［138］杨团．中国长期照护的政策选择［J］．中国社会科学，2016（11）．

［139］杨菊华，李路路．代际互动与家庭凝聚力——东亚国家和地区比较研究［J］．社会学研究，2009（3）．

［140］杨菊华，姜向群，陈志光．老年社会贫困影响因素的定量和定性分析［J］．人口学刊，2010（4）．

［141］杨凡．流动人口正规就业与非正规就业的工资差异研究——基于倾向值方法的分析［J］．人口研究，2015)，39（6）．

［142］杨帆，杨成钢．家庭结构和代际交换对养老意愿的影响［J］．人口学刊，2016，38（1）．

［143］叶宝林，钟云琴．论建设全面小康社会［J］．社会科学战线，2004（2）．

［144］叶浩生．西方心理学的历史体系（第二版）［M］．北京：人民教育出版社，2014.

［145］约翰·J. 麦休尼斯．社会学（第 14 版）［M］．风笑天等译．北京：中国人民大学出版社，2015.

［146］乐国安，汪建新．社会心理学理论与体系［M］．北京：北京师范大学出版社，2011.

［147］赵曼，胡思洋．社会救助制度的功能定位与改革逻辑［J］．财政研究，2015（2）．

［148］曾毅，顾大男．老年人生活质量研究的国际动态［J］．中国人口科学，2002（5）．

［149］张航空．社会变革背景下的代际支持研究［D］．北京：中国人民大学博士论文，2011.

［150］张文范．中国人口老龄化与战略性的选择［J］．人口与经济，1998（1）．

［151］章萍．社会养老服务发展的有效路径研究［J］．现代管理科学，2015（9）．

［152］张润彤，朱晓敏．服务科学概论［M］．北京：清华大学出版社，2011.

［153］张文娟，魏蒙．城市老年人的机构养老意愿及影响因素研究——以北京市西城区为例［J］．人口与经济，2014（6）．

［154］张文娟，李树茁．劳动力外流对农村家庭养老的影响分析［J］．中

国软科学，2004（8）.

［155］章晓懿，梅强．影响社区居家养老服务质量的因素研究：个体差异的视角［J］．上海交通大学学报（哲学社会科学版），2011，19（6）.

［156］章晓懿，梅强．社区居家养老服务绩效评估指标体系研究［J］．统计与决策，2012（24）.

［157］张文娟，刘瑞平．中国老年人社会隔离的影响因素分析［J］．人口研究，2016，40（5）.

［158］张劲松．“经济人”内涵的嬗变：在实证与规范之间［J］．学术论坛，2010（1）.

［159］张汝立，隗苗苗，许龙华．凭单制购买养老服务中的问题与成因——以北京市养老服务券政策为例［J］．北京社会科学．2012（3）.

［160］张航空，石郑．北京市居家养老服务券制度的评述与思考［J］．西南石油大学学报（社会科学版），2015，17（2）.

［161］张晶，Ramu Govindasamy，张利泱．“文化适应”对消费者购买行为的影响［J］．经济理论与经济管理，2013（12）.

［162］张文彤，董伟．SPSS 统计分析高级教程［M］．北京：高等教育出版社，2011.

［163］张厚粲，徐建平．心理与教育统计方法［M］．北京：北京师范大学出版社，2003.

［164］张硕，陈功．中国城市老年人社会隔离现状与影响因素研究［J］．人口学刊，2015，37（4）.

［165］张航空，孙磊．代际经济支持、养老金和挤出效应——以上海市为例［J］．人口与发展，2011，17（2）.

［166］张秀兰，徐月宾．建构中国的发展型家庭政策［J］．中国社会科学，2003（6）.

［167］张岭泉，邬沧萍，段世江．解读农村老年人的“零消费”现象[J]．甘肃社会科学，2008（1）.

［168］翟振武．“新一代”老年人呼唤养老政策设计新思路［J］．探索与争鸣，2015（12）.

［169］翟振武，陈佳鞠，李龙．中国人口老龄化的大趋势、新特点及相应养老政策［J］．山东大学学报（哲学社会科学版），2016（3）.

［170］詹姆斯.G. 马奇，约翰·P. 奥尔森. 重新发现制度：政治的组织基础［M］. 张伟译. 北京：生活·读书·新知三联书店，2011.

［171］赵丽宏. 老年社会工作视域下城市老人家庭照顾者的社会支持研究［J］. 学术交流，2013（6）.

［172］甄炳亮. 养老服务供给侧改革方向和重点［N］. 中国社会报，2016－09－12.

［173］郑功成主编. 中国社会保障改革于发展报告（救助与福利卷）［M］. 北京：人民出版社，2011.

［174］郑功成. 社会保障学——理念、制度、实践与思辨［M］. 北京：商务印书馆，2000.

［175］郑全红. 中国家庭史·民国时期［M］. 广州：广东人民出版社，2007.

［176］郑日昌，吴九君. 心理教育与测量［M］. 北京：人民教育出版社，2018.

［177］周怡. 文化社会学发展之争辩：概念、关系及思考［J］. 社会学研究，2004（5）.

［178］周长城. 东南亚国家的生活质量研究［J］. 国外社会科，2002（6）.

［179］左冬梅. 李树茁等. 中国农村老年人养老院居住意愿的影响因素研究［J］. 人口学刊，2011（1）.

［180］朱浩. 中国老年照顾服务政策：政策评估和展望——基于“生活质量—社会质量”理论分析框架［J］. 理论探讨，2014（6）.

［181］祝平燕. 社会关系网络与政治社会资本的获得—论妇女参政的非正式社会支持系统［J］. 湖北社会科学，2010（2）.

［182］朱晓，范文婷. 中国老年人收入贫困状况及其影响因素研究［J］. 北京社会科学，2017（1）.

［183］Alun. E. Joseph，Alison Poyner. Interpreting Patterns of Public Service Utilization in Rural Areas［J］. Economic Geography，1982，58（3）.

［184］Ajzen，I. The Theory of Planned Behavior［J］. Organizational behavior and human decision processes，1991（50）.

［185］Ajzen I，Driver B L. Prediction of Leisure Participation from Behavior,

Normative and Control Beliefs: An Application of the Theory of Planned Behavior [J] . Lerisure Science, 1991 (13) .

[186] Anderson R M. Revisiting the Behavior Model and Access to Medical Care: Does it Matter? [J] . Journal of Health and Social Behavior, 1995, 36 (1) .

[187] Andersen. Ronald, Newman F John. Societal and Individual Determinants of Medical Care Utilization in the United States [J] . The Milbank Memorial Fund Quarterly. Health and Society, 1973, 51 (1) .

[188] Bass, David M. , Wendy J. Looman, and Paul Ehrlich. Predicting the Volume of Health and Social Services: Integrating Cognitive Impairment into the Modified Andersen Framework [J] . The Gerontologist, 1992 (2) .

[189] Baron R M, Kenny D A. The Moderator – Mediator Variable Distinction on Social Psychological: Conceptual Strategic and Statical Considerations [J] . Journal of Personality and Social Psychology, 1986, 51 (6) .

[190] Bardhan P, Mookherjee D. Decentralizing Antipoverty Program Delivery in Development Countries [J] . Journal of Public Economics, 2005, 89 (4) .

[191] Baila Miller, Stephanie Mcfall. The Effect if Caregivers Burden on Change in Frail Older Persons' use of Forman Helpers [J] . Journal of Health and Social Behavior, 1991, 32 (2) .

[192] Berkman L F. The Role of Social Relation in Health Promotion [J] . Psychosomatic Medicine, 1995, 57 (3) .

[193] Bernice A Pescosolido. Beyond Rational Choice: The Social Dynamics of How People Seek Help [J] . American Journal of Sociology, 1992, 94 (4) .

[194] Cicirelli V G. Care – giving Decision Making by Older Mothers and Adult Children: Process and Expected Outcome [J] . Psychology and Aging, 2006: 21 (2) .

[195] Cohen J, Cohen P, West S G, Aiken L S. Applied multiple regression / correlation analysis for the behavioral sciences (3rded. ) [M] . Hillsdale, NJ: Erlbaum, 2003.

[196] Conning J, Kevane M. Community – Based Targeting Mechanisms for social safety nets: a critical review [J] . World Development, 2002, 30 (3) .

[197] Catriona M M, Brendan J W, Charles N. Formal Home – care Utilization

by Older Adults in Ireland: Evidence from the Irish Longitudinal Study on Aging (TILDA) [J] . Health and Social in the Community, 2015: 23 (4) .

[198] Denise Burnette, Ada C Mui. In – home an Community – Based Service Utilization by Three Group of Elderly Hispanics: A National Perspective [J] . Social Work Research, 1995, 19 (4) .

[199] Duy Nguyen, Rufina Lee. Asian Immigrants' Mental Health Service Use: An Application of the Life Course Perspective [J] . Asian American Journal of Psychology, 2012, 3 (1) .

[200] Donna L. Cochran. MSW. Advance Elder Care Decision Making: A Model of Family Planning [J] . Journal of Gerontological Social Work, 1999, 32 (2) .

[201] Durlauf, Steven. Neighborhood Effects [J] . J. V. Henderson, J. F. Thesse. Handbook of Regional and Urban Economics [M] . Amsterdam: North Holland, 2004.

[202] Giyeon Kim, Yuri Jang, David A Chiriboga, Grace X Ma & Laerence Schonfeld. Factors associated with mental health service use in Lation and Asian immigrant elders [J] . Aging & Mental Health, 2010, 14 (5) .

[203] Gordo F Demer. Psychological Predictor of Health Service Utilization in College Students [D] . Adelphi University, 1996.

[204] Hammond, K, Mc William G & Diaz A N Fun and Work on the Web: Differences in Attitudes Be – tween Novices and Experienced Users [J] . Advances in Consumer Research, 1998 (25) .

[205] Hendricks, J. , Applebaum, R. , & Kunkel, S. A World Apart? Bridging the gap between theory and applied social gerontology [J] . The Gerontologist, 2001, 50 (3) .

[206] James Kunz and Ariel Kalil. Self – esteem, self – efficacy and welfare use [J] . Social Work Research, 1999, 23 (2) .

[207] James L R, Brett J M. Mediators, Moderators and Tests for Mediation [J] . Journal of Applied Psychology, 1984, 69 (2) .

[208] Jr. Settersten, Richard. A Rethinking Social Policy: Lessons of a Life – Course Perspective [M] . Richard A. Settersten Jr. Invitation tothe Life Course: Toward New Understandings of Later Life. NewYork: Baywood Publishing Company, 2003.

［209］ Jing Tan. Measurement Issues of Service Use Among Elders ［J］. Journal of Human Behavior in the Social Environment, 2009, 19 (2).

［210］ John A Krout. Utilization of Services by the Elderly ［J］. Social Service Review, 1984, 58 (2).

［211］ Kevin B. Smith, Christopher W. Larimer. The Public Theory Primer ［M］. Philadelphia: Westview Press, 2013.

［212］ Kimberly A. Skarupski, Judith J. McCann, Julia L Bienias ScD, Fredric D. Wolinskky, Neelum T. Aggaarewal & Denis A. Evans. Use of home - based formal service by adult day care clients with alzheimer's disease ［J］. Home Health Care Service Quarterly, 2008, 27 (3).

［213］ King, Debra. Toward "Life Course Policy": Capturing Complexity in the Work - Centred Life ourse ［EB/OL］. 2007 - 08 - 01.

［214］ Lawrence Dalzine, Ali Akbar Mahdi, Patricia Johnson - Dalzine and Charles. Predictions of Service Utilization of Older African Americans and Whites with Mental Retardation: A Race Interaction Analysis ［J］. Michigan Sociological Review, 1994 (8).

［215］ Leisering, L. & Leibfried, S. Time and poverty in Western welfare states: United Germany in Perspective ［M］. Cambridge: Cambridge University Press, 1999.

［216］ Lin Chen. The Decision to Institutionalize Among Nursing Home Residents and their Children in Shanghai ［D］. University of California, 2013.

［217］ Mieke B Thomeer, Stipica Mudrazija, Jacqueline Angel. How and Why Does Nursing Home Use Differ by Race and Ethnicity ［J］. Journals of Gerontology: Social Sciences, 2015 (1).

［218］ Miller I W. Ryan C E et al. The McMaster approach to families: theory, assessment, treatment and research ［J］. Journal of Family Therapy, 2000 (22).

［219］ Neil Thompson. Theory and practice in human services ［M］. Maindenhead: Open University Press, 1995.

［220］ Paxton, Pamela. Is social capital declinling in the Unites Stated? A multiple indicator assessment ［J］. American Journal of Sociology, 1999, 105 (1).

［221］ Proctor, E. K., Morrow - Howell, N., Dore, P., Wentz, J., Ruben, E., Thompson, S., et al.. Comorbid Medical Conditions among Depressed Elders Discharged Home after Acute Psychiatric Care [J] . American Journal of Geriatric Psychiatry, 2003, 11 (3) .

[222] Robert J. Calsyn, PhD. Laurie A. Roades. Predicting Perceived Service need, service awareness and service utilization [J] . Journal of Gerontological Social Work, 1993, 21 (1/2) .

[223] Roger Sibeon. Comments on the Structure and Forms of Social Work Knowledge [J] . Social Work and Social Sciences Review, 1989, 1 (1) .

[224] Scott W. Allard, Richard M. Tolman and Daniel Rosen. Proximity to Service Providers and Service Utilization among Welfare Recipients: the Interaction of Place and Race [J] . Journal of Policy Analysis and Management, 2003, 22 (4) .

[225] Steven Lozano Applewhite. Homeless Veterans: Perspectives on Social Service Use [J] . Social Work, 1997, 42 (1) .

[226] Sha – Lai L. Williams. Mental Health Service Utilization Rates among African American Emerging Adults [D] . Washington University, 2013.

[227] Song – Iee Hong. Understanding Patterns of Service Utilization among Informal Caregivers of Community Older Adults [J] . The Gerontologist, 2009, 50 (1) .

[228] Skinner H, Steinhauer P. Family Assessment Measure and Process Model of Family Functioning [J] . Journal of Family Therapy, 2000, 22 (2) .

[229] Thaler R. Mental Accounting and Consumer Choice [J] . Marketing Science, 1985, 4 (3) .

[230] Ting Li, Yang Claire Yang, Zhao – Xue Yin et al. Social relationship and cumulative physiological dysregulation among Chinese at Advanced Ages: Finding from the CLHLS [C] . 2013 年社会网络研究国际大会（第九届社会网及关系管理研究研讨会), 西安, 2013 年 7 月 .

[231] Tara McKee Cousineau. Psychological Predictors of Health Service Utilization [D] . Institute of Advanced Psychological Studies, Adelphi University, 1996.

[232] Virginia L. Smerglia & Gary T. Deimling. Care – Related Decision – Making Satisfaction and Caregiver Well – Being in Families Caring for Older Members [J] . The Gerontologist, 1997, 37 (5) .

[233] Valkila, Noora. , Litja, Heli. , Aa; to, Leen and Saari, Arto. Consumer Pannel Study on Elderly People' s Wishes Concerning Services [J] .

Archives of Gerontology and Deriatrices, 2010, 51 (1) .

[234] Inglehart, R. Modernization and Post - modernization: Cultural, Economic and Political Changes in 43 Societies [M] . Princeton, New Jersey: Princeton University Press, 1997.

[235] Baldwin S, Godfrey C, Propper C. Quality of Life: Perspectives and Policies [M] . London: Routledge, 1990.

[236] Fayers, P, Bjordal, K. Should Quality - of - Life Needs Influence Resource Allocation? [J] . Lancet, 2001, 357 ( 9261) .

[237] Archana Yadav & Sangya Tripathi, Twilight Years - study on Quality of Life Elderly People Living in Old Age Home [J] . International Journal of Applied Research, 2015 (11) .

[238] World Health Organization. World Report on Ageing and Health [R]. 2015.

# 附　　录

## 北京市老年人使用养老服务的状况调查

尊敬的老人家，您好！

我们正在进行有关“老年人使用养老服务状况”的学术调查。希望通过了解您有关使用养老服务态度和观念，全面掌握我国老年人使用养老服务中存在的问题和难题，从而为进一步完善养老服务政策提供决策参考。本研究为匿名调查，请您放心填答。感谢您的支持与配合！

祝您健康长寿、万事如意！

调查地点：

北京市：__________区__________街道/乡镇__________居/委会

家庭住址：__________

本社区的地理位置：□中心城区　□边缘城区　□城乡结合部

调查员签名：______；调查员电话：__________；日期：____月____日

被访者签名：______；被访者电话：__________

**A. 基本信息**

A1. 被访老年人性别：□男　□女

A2. 您是哪一年出生的？（请回答公历年）__________年__________月

A3. 您的文化程度是：

□不识字　□私塾/扫盲班　□小学　□初中

□高中/中专　□大专及以上

A4. 您的婚姻状况是：

□已婚有配偶　□丧偶　□离婚　□未婚

A4 – 1.（有配偶的老人填答）您跟老伴的关系好吗？

□好　□一般　□不好

A5. 您健在子女数量是：

□儿子____人；　□儿媳____人；□女儿____人；　□女婿____人

A5 – 1（有子女的老人填答）子女平常定期来看望您或跟您联系吗？

□是　□否

A6. 现在您家（与您同吃同住）有哪些人？（请按照与被访老人的关系选择，并写明人数）

□自己单独居住　□配偶　□（岳）父母______人

□儿子______人　□儿媳______人　□女儿______人　□女婿______人

□（外、重）孙子女______人　□保姆______人　□其他______人

A7. 您目前的身体健康状况是怎样的？

□很健康　□比较健康　□一般　□比较不健康　□很不健康

A8. 您是否患有慢性疾病？

□是　□否　□不好说

A8 – 1（患有慢性疾病的老人填答）对您生活影响最大的慢性疾病是什么？______

A9. 您的日常生活需要别人帮助吗？

□不需要别人帮助　□需要一些帮助　□完全做不了

A10. 过去半年，您的日常生活需要别人照料吗？

□需要　□不需要（跳问 A11）

A10 – 1. 主要的照料者是谁？

□老伴　□儿女　□孙子女　□保姆　□其他______

A10 – 2. 他们每周用来照顾您的时间大概是______小时。

A11. 您目前的工作状况是：

□在职　□离、退休后未工作　□退休后有偿　□从未工作

A12. 上个月，您（和老伴）的月收入大致共多少钱？

□1000 元以下；　□1000～1999 元；　□2000～2999 元；

□3000～3999 元；　□4000～4999 元；　□5000～7999 元；

□8000～11999 元　□12000 元以上

A13. 您最主要的生活来源是：

□自己的离/退休金/养老金　□自己劳动或工作所得　□配偶的收入

□子女的资助　□其他亲属的资助　□政府/社会组织补贴/资助

□以前的积蓄　□房屋/土地等租赁收入　□其他______

A14. 您觉得自己的经济状况怎么样？

□非常宽裕　□比较宽裕　□基本够用　□比较困难　□非常困难

A15. 您在这个社区里居住了______年？

A16. 您是本市户口吗？

□是　□否

A17. 您享受居家养老服务补贴（服务券）吗？

□享受　□不享受

A17－1 每月享受的服务补贴价值多少元？______元

A18. 近一年来，您自己或您家发生了哪些重大事件？（多选题）

□退休/离开工作岗位　□配偶/家庭成员亡故　□亲友亡故

□亲人生病　□子女失业　□子女离异　□纠纷/官司

□都没有　□其他______

**B. 养老服务使用情况**

B1. 您住过养老机构（如养老院、敬老院、护理院）吗？　□住过　□没住过

B2. 您使用过居家养老服务吗？了解社区养老服务吗？是否需要这些服务呢？（请务必逐一询问）

| 服务项目 | 是否用过全部<br>是“否”，跳答 D5 | 是否有 | 是否需要 |
|---|---|---|---|
| 1. 个人照护（如保姆） | 1. 是　2. 否 | 1. 是　2. 没有　3. 不知道 | 1. 是　2. 否 |
| 2. 助餐服务（送餐/老年餐桌） | 1. 是　2. 否 | 1. 是　2. 没有　3. 不知道 | 1. 是　2. 否 |

续表

| 服务项目 | 是否用过全部<br>是"否"，跳答 D5 | 是否有 | 是否需要 |
|---|---|---|---|
| 3. 上门做家务 | 1. 是　2. 否 | 1. 是　2. 没有　3. 不知道 | 1. 是　2. 否 |
| 4. 助浴服务 | 1. 是　2. 否 | 1. 是　2. 没有　3. 不知道 | 1. 是　2. 否 |
| 5. 日间照料（社区） | 1. 是　2. 否 | 1. 是　2. 没有　3. 不知道 | 1. 是　2. 否 |
| 6. 短期托养（社区或邻居） | 1. 是　2. 否 | 1. 是　2. 没有　3. 不知道 | 1. 是　2. 否 |
| 7. 上门探访 | 1. 是　2. 否 | 1. 是　2. 没有　3. 不知道 | 1. 是　2. 否 |
| 8. 康复护理（治疗） | 1. 是　2. 否 | 1. 是　2. 没有　3. 不知道 | 1. 是　2. 否 |
| 9. 健康指导（健康课） | 1. 是　2. 否 | 1. 是　2. 没有　3. 不知道 | 1. 是　2. 否 |
| 10. 聊天解闷/心理咨询 | 1. 是　2. 否 | 1. 是　2. 没有　3. 不知道 | 1. 是　2. 否 |

B3. 您主要通过什么渠道了解社会养老服务信息？（可多选）。其中，最信任哪个渠道的信息？______

A. 社区宣传　B. 新闻媒体　C. 子女家人　D. 亲戚　E. 朋友/邻居

F. 推销人员　G. 其他______

B4. 当初考虑是否使用社会养老服务时，谁参与了这个决定？（最多选三项）

□老伴　□儿子　□女儿　□兄弟姐妹

□其他亲属　□社区人员　□朋友　□教友

□邻居　□没有人参与　□其他______（请填写）

B5. （未使用者）您为什么没有使用社会养老服务呢？（可多选）

□不了解养老服务　□价格太高，负担不起　□子女不让使用

□觉得养老服务不实用　□距离太远，不方便　□养老服务质量不可靠

□对外人的服务不放心　□不需要

B6. 您对下列说法的认同程度是怎样的？（答案没有对错，请在相应的数字上画"√"）

|  | 题目 | 完全赞同 | 比较赞同 | 说不清 | 不符赞同 | 完全不赞同 |
|---|---|---|---|---|---|---|
| 1 | 我觉得养老是家庭的事，不能指望社会养老服务 | 1 | 2 | 3 | 4 | 5 |
| 2 | 我觉得社会养老替代不了家人（子女们）的养老责任 | 1 | 2 | 3 | 4 | 5 |
| 3 | 在未来，将有更多的老人依靠社会力量进行养老 | 1 | 2 | 3 | 4 | 5 |

续表

| | 题目 | 完全赞同 | 比较赞同 | 说不清 | 不符赞同 | 完全不赞同 |
|---|---|---|---|---|---|---|
| 4 | 社会养老服务确实可以减轻家人（子女）的养老负担 | 1 | 2 | 3 | 4 | 5 |
| 5 | 最好的养老方式是自我养老（只靠自己和老伴养老） | 1 | 2 | 3 | 4 | 5 |

B7. 总体而言，您认为您目前的养老生活是否得到了保障？

□完全得到了保障　　□大部分得到了保障

□大部分没有得到保障　　□完全没有得到保障

B8. 与以往的老人相比，您认为您目前得到的养老保障如何？

□比以往的好　　□与以往的保障差不多

□不如以往的保障好　　□不好说

B9. 与身边其他的老人相比，您认为您目前得到的养老保障如何？

□好于其他老人　　□跟其他老人差不多

□不如其他老人好　　□不好说

B10. 在未来，您觉得您的养老需求能得到保障吗？

□肯定能得到保障　　□应该能得到保障

□可能难以得到保障　　□根本得不到保障

B11. 根据您的经验，您和您身边的老人在决定是否使用社会养老服务时，可能会考虑哪些因素？［社会养老服务包括养老院、敬老院、护理院、居家养老服务（B2 题所示内容）］（1 完全不符合　2 不符合　　3 说不清　4 比较符合　5 完全不符合）

| | 题目 | | | | | |
|---|---|---|---|---|---|---|
| 1 | 生活完全不能自理时，会考虑使用养老服务 | 1 | 2 | 3 | 4 | 5 |
| 2 | 但凡有一些自理能力，也不会使用养老服务 | 1 | 2 | 3 | 4 | 5 |
| 3 | 老两口能相互照顾，一定不会去使用养老服务 | 1 | 2 | 3 | 4 | 5 |
| 4 | 当子女们照顾不了时，会考虑使用养老服务 | 1 | 2 | 3 | 4 | 5 |
| 5 | 即使身体健康、生活自理，也可能会使用社会养老服务 | 1 | 2 | 3 | 4 | 5 |
| 6 | 为避免安全隐患（水电燃气），可能会使用养老服务 | 1 | 2 | 3 | 4 | 5 |

续表

| | 题目 | | | | | |
|---|---|---|---|---|---|---|
| 7 | 上下楼都比较吃力时，会考虑去使用养老服务 | 1 | 2 | 3 | 4 | 5 |
| 8 | 需要花子女的钱去买养老服务，可能不会去使用 | 1 | 2 | 3 | 4 | 5 |
| 9 | 只有当老两口的养老钱够买养老服务时才会去使用 | 1 | 2 | 3 | 4 | 5 |
| 10 | 要是政府有服务补贴，很可能会使用养老服务 | 1 | 2 | 3 | 4 | 5 |
| 11 | 挑选养老服务时非常在意服务的性价比（实惠） | 1 | 2 | 3 | 4 | 5 |
| 12 | 有些老人为了减轻子女负担才去使用养老服务 | 1 | 2 | 3 | 4 | 5 |
| 13 | 很多老人使用养老服务是为了省时/省力/省事 | 1 | 2 | 3 | 4 | 5 |
| 14 | 有些老人为了保持生活独立和自理，所以才去使用的 | 1 | 2 | 3 | 4 | 5 |
| 15 | 有些老人使用养老服务就是图个乐趣（摆脱孤独寂寞） | 1 | 2 | 3 | 4 | 5 |
| 16 | 有些老人可能会碍于子女的面子才没有去使用养老服务 | 1 | 2 | 3 | 4 | 5 |
| 17 | 子女因养老产生矛盾时老人更可能去使用养老服务 | 1 | 2 | 3 | 4 | 5 |
| 18 | 老人对于社会养老服务比较信任时可能会去使用 | 1 | 2 | 3 | 4 | 5 |
| 19 | 若朋友/邻居在使用养老服务，老人就更愿意去尝试 | 1 | 2 | 3 | 4 | 5 |
| 20 | 有些老人使用社会养老服务，完全是听子女们的安排 | 1 | 2 | 3 | 4 | 5 |
| 21 | 若子女去世，需要靠媳妇/女婿养老就很可能去使用 | 1 | 2 | 3 | 4 | 5 |
| 22 | 是否使用养老服务，可能需要先咨询一下原来的单位 | 1 | 2 | 3 | 4 | 5 |
| 23 | 有些老人担心被歧视（看不起），所以不愿意去使用 | 1 | 2 | 3 | 4 | 5 |
| 24 | 有些老人自己还没有到使用养老服务的年纪，所以没用 | 1 | 2 | 3 | 4 | 5 |
| 25 | 有些老人担心使用养老服务会让子女摆脱责任，故没用 | 1 | 2 | 3 | 4 | 5 |

B12. 假如您将来不得不依靠社会力量（政府/社会）进行养老，您的态度是怎样的？

□相信政府/社会能保障我的需求　□有点怀疑政府/社会的保障能力

□肯定得不到有效保障

B13. 您觉得您将来使用社会养老服务的可能性有多大？（包括养老院或居家养老服务）

□肯定会使用　□可能会使用　□应该不会使用

□肯定不会使用　□说不准